Bernd Kötting

MIT DEM RÜCKEN ZUR THEKE

Roman

DRACHENMOND VERLAG

DRACHENMOND VERLAG

Astrid Behrendt
Rheinstraße 60
51371 Leverkusen
http: www.drachenmond.de
E-Mail: info@drachenmond.de

Satz, Layout:
Astrid Behrendt
Umschlaggestaltung:
Sarah Buhr / covermanufaktur.com
table and bar: S_Photo / shutterstock.com

Druck: EuroPB, Tschechien

ISBN 978-3-95991-091-0
Alle Rechte vorbehalten

INHALT

I. Jahreswechsel

II. Menetekel

III. Delieren geht über studieren

IV. Feste Beziehungen

V. Abwesenheit von Vernunft

VI. Immer aufs falsche Pferd

VII. Schlechte Gesellschaft

VIII. Absturz

IX. Traumata

X. Endzeit

Episodenguide

I.

Jahreswechsel

Es waren genau fünf Spatzen, die in der riesigen Kotzlache herumhüpften und um die schmackhaftesten Zutaten der erbrochenen Pizza stritten. Schinken, Oliven, Mais, Paprika, vielleicht ein paar Sardellen. Daneben ein letzter schmutzig-grauer Schneehaufen im verzweifelten Kampf gegen den Nieselregen, ringsum durchnässte Überreste von Knallfröschen, Kanonenschlägen und Silvesterraketen. Nicht ein einziges Auto fuhr durch meine Straße. Selbst die Vietnamesen, die für gewöhnlich rauchend an meinem Punto lehnten, verweigerten sich der trüben Szenerie. Deutschland am ersten Januar. Es gab mit Abstand nichts Trostloseres auf dieser Welt.

Ich wandte mich vom Fenster ab, der Blick in meinen Schlafzimmerspiegel bot allerdings auch kein wesentlich erbaulicheres Bild. Einen knapp dreißig Jahre alten Kerl, der noch immer die Klamotten der vergangenen Nacht am Leibe trug. Meine schwarze Stoffhose war kaum weniger zerknittert als mein hellblaues Oberhemd, in dessen Brusttasche seltsamerweise ein plattgedrücktes Softpack Ernte 23 steckte. Allein meiner Lederschuhe hatte ich mich vor dem Schlafengehen entledigt. Neben dem Bett, aus dem ich mich eine halbe Minute zuvor herausgequält hatte, da lagen sie. Der eine auf der Seite, der andere mit der Sohle nach oben. Wie zwei Autos, die einen Unfall gebaut hatten. Tragische Schuh-Karambolage. Keine Überlebenden.

Mein Radiowecker zeigte zehn Uhr einundzwanzig an. Eigentlich viel zu früh, um aufzustehen. Die diffuse Übergangszeit zwischen dem abklingenden Vollrausch und den zu erwartenden Kopfschmerzen verbrachte ich eher ungern im Wachzustand, doch war es vermutlich meine volle Blase gewesen, die meinem Schlaf ein vorzeitiges Ende bereitet hatte.

Beim Pissen kam mir der Gedanke, dass es ein durchaus vermeidbarer Fehler gewesen war, Silvester zu feiern. Schon Anfang Dezember hatte ich herumposaunt, ich bliebe beim Jahreswechsel zu Hause. Und wie sehr hatte ich das Unverständnis genossen, auf das ich mit diesem Plan bei meinen Freunden gestoßen war!

Nur Clara hatte mir beigepflichtet. »Du feierst eben antizyklisch«, hatte sie gesagt. *Antizyklisch*. Woher kannte sie bloß solche Wörter? Clara lebte seit unserer Trennung in Berlin und war dort ins neue Jahr gerutscht, wahrscheinlich mit Lego, von dem sie derzeit auffällig oft am Telefon erzählte.

Ich drückte die Spülung, ging zurück ins Schlafzimmer und sah erneut aus dem Fenster. Die ganze Nacht hatte ich allein herumgestanden. Das hatte mich fast wahnsinnig gemacht. Allein in einer Kneipe herumzustehen gehörte ja prinzipiell zu meinen Lieblingsbeschäftigungen, aber an Silvester konnte ich das einfach nicht ertragen. Als ich noch mit Clara zusammen gewesen war, hatte sich diese Problematik gar nicht ergeben. Allerdings war unser letzter gemeinsamer Jahreswechsel mittlerweile auch schon Ewigkeiten her.

Wieso hab ich mich nur auf diese Scheißparty eingelassen, überlegte ich, doch die Antwort lag auf der Hand: Der tolle Mike war schuld! Er hatte mich überredet. »Ich mach Musik im *Stonehenge*«, hatte er getönt, »das wird der Hammer! Du *musst* kommen!«

Der tolle Mike hatte mal wieder auf die Art gefeiert, die ihm die liebste war. Freigetränke schlürfen, gelegentlich eine Disk in den CD-Player schieben, um zum guten Schluss mit den Taschen voller Geld nach Hause zu torkeln. Satte vierzig Mark hatte ich beigesteuert, obwohl mir die Summe für den lediglich angekündigten »Willkommensdrink« von vornherein ein wenig übertrieben schien. Zudem hatte ich von einem Laden namens *Stonehenge* noch nie etwas gehört. Und überdies wurde ich das Gefühl nicht los, dass Mike als DJ die Karten ohnehin umsonst bekommen, und er mich schlicht abgezockt hatte.

***

Bei der Sparkasse am Bahnhof wollte ich am Morgen des Silvestertages noch schnell Geld ziehen, aber die Schlange vor dem Automaten war mir dann doch zu lang. Deswegen besorgte ich mir nur im Kiosk nebenan ein Päckchen Luckies und ging wieder nach Hause. Bares könnte ich ja auf dem Weg ins *Stonehenge* noch holen. Hatte ich gedacht.

Doch am Abend war der Geldautomat außer Betrieb, und der Anlass für diesen Zustand war dem flimmernden Bildschirm in fahlgrauen Buchstaben abzulesen: *Aufgrund der Umstellung von DM- auf Eurobanknoten ist eine Auszahlung vorübergehend nicht möglich. Ab dem 01.01. um 0:00 Uhr sind wir wieder für Sie da. Ihr Sparkassen-Team.*

Panisch rannte ich von Bank zu Bank, jedoch waren sämtliche Automaten der Stadt abgeschaltet, weil sie schon mit Euro-Scheinen befüllt waren, die erst ab Mitternacht ausgezahlt werden durften. Also tauchte ich letzten Endes mit nur einigen Münzen in meinem Portemonnaie im *Stonehenge* auf und hoffte, das Geld würde wenigstens für zwei kleine Bier reichen.

Von einem Willkommensdrink wusste der Barkeeper natürlich nichts, aber immerhin stellte sich meine Befürchtung, es könnte sich bei dem Schuppen um eine Art Esoterik-Disko handeln, als unbegründet heraus – der Bezug zu den englischen Steinkreisen beschränkte sich auf ein paar triste Schwarz-Weiß-Fotos an den gewollt rustikal verputzten Wänden. Im Grunde war das *Stonehenge* eine Mischung aus Kneipe und Restaurant, wie sie in unserer Stadt an jeder Ecke zu finden war.

Mein Kleingeld langte gerade für ein einziges Pils. Ich drehte mich mit dem Rücken zur Theke, nippte an meinem Drink und registrierte eine Handvoll Leute, die gegenüber des Tresens an mehreren Stehtischen herumlungerte. Der tolle Mike war nicht dabei. Lustlos schlenderte ich in den hinteren Bereich des Ladens, wo man Tische und Stühle an den Wänden gestapelt hatte, offenbar um Platz für die erwarteten Scharen tanzwütiger Gäste zu schaffen. Hinter einer hüfthohen Durchreiche zur Küche sah ich den tollen Mike an einem CD-Player sitzen. »Hi Mike!« rief ich und beugte mich zu ihm herunter.

»Hey, da bist du ja«, erwiderte er und reichte mir seine schlaffe Hand.

Wie üblich hatte ich keine Ahnung, worüber ich mit dem tollen Mike reden sollte, also stellte ich ihm die Fragen, die ich ihm jedes Mal stellte, wenn ich ihn traf: »Alles klar bei dir?«

»Klar!«

»Wie geht's deiner Schwester?«

»Immer noch lesbisch.«

»Und dein Vater?«

»Immer noch im Knast.«

Um finanzielle Unterstützung wollte ich Mike nicht bitten. Er wurde beim Thema Bargeld meist etwas komisch. Zumindest dann, wenn er es herausrücken sollte.

»Wir haben ja grad erst zehn. Bis Mitternacht kommen garantiert noch jede Menge Leute«, versprach Mike, doch auch um elf konnte von *Party* nicht ernsthaft die Rede sein. Zwar tat der tolle Mike was er konnte, um die Sache in Schwung zu bringen, aber der Kampf gegen die Lethargie der Anwesenden war von Anfang an ein verlorener. Selbst durch die abgedroschensten Gute-Laune-Hits von Robbie Williams und Tom Jones ließen sich die auf ihren Hockern klebenden Gäste nicht in ihren leidenschaftslosen Theken-Konversationen stören, und bei diesem bitteren Anblick kam mir unwillkürlich die

Zeile eines Gedichts in den Sinn, an das ich seit meiner Kindheit nicht mehr gedacht hatte: *Drinnen saßen stehend Leute, schweigend ins Gespräch vertieft.* Hatte ich früher für unmöglich gehalten, so was.

Inzwischen waren etwa dreißig Vollblut-Langweiler im *Stonehenge* aufgelaufen, um gemeinsam ins neue Jahr zu gähnen, und ich hatte den Eindruck, dass es überwiegend Pärchen waren. Ist ja auch logisch, dachte ich, Silvester verbringt man nun mal zusammen.

An den Stehtischen beobachtete ich einige Gäste, die sich nicht eindeutig in Liebespaare einteilen ließen. Vielleicht waren sie Singles, vielleicht schon so lange liiert, dass sie auf körperliche Nähe verzichteten. Und letztlich erweckte keine der weiblichen Trantüten den Anschein, als wäre sie daran interessiert, sich mit einem Menschen zu unterhalten, den sie noch nie zuvor gesehen hatte.

Meine Güte, überlegte ich, Silvester muss doch was Besonderes sein! Im Geiste sah ich die drögen Weiber plötzlich auf die Theke springen, sich sämtliche Klamotten vom Leib reißen und flaschenweise Champagner über ihre nackten Körper gießen, um die bis eben völlig apathisch herumstehenden Typen das sündhaft teure Gesöff mit gierigen Mäulern wie die Tiere von ihren Zehen lutschen zu lassen.

Aber es geschah nichts dergleichen. Niemals. Einen beschissenen Samstagabend im März oder Oktober hatte man ja spätestens nach einer Woche vergessen. Doch war Silvester nicht gut, vergaß man das bis zum Lebensende nicht. Und Silvester war nie gut.

Ich bückte mich ein weiteres Mal, um den tollen Mike hinter der Durchreiche anzusprechen, allerdings hatte er gerade seine Kopfhörer aufgesetzt und war mit seinen CDs beschäftigt. Dass ich außer Mike niemanden im *Stonehenge* kannte, war kein Wunder, denn ich war erst vor vier Monaten hergezogen. Mit dem tollen Mike hatte ich seit meiner Kindheit zu tun, und trotz all seiner Macken war ich froh, dass ihn sein Job ebenfalls in diese Stadt geführt hatte. Irgendwas mit Immobilien.

Im Minutentakt sah ich auf meine Uhr. Das Gefühl, nicht eine Mark in der Tasche zu haben, war mir vollkommen fremd. In aller Regel hatte ich genügend Scheine bei mir, um mich zu besaufen und notfalls mit dem Taxi nach Hause zu fahren. Daran war im Augenblick nicht zu denken. Stattdessen wartete ich an der dämlichen Durchreiche einzig darauf, dass die Zeit verging. Und so langsam wurde auch noch mein Zigarettenvorrat knapp.

Von nur wenigen Sätzen mit dem tollen Mike unterbrochen, stand ich mir eine weitere frustrierende Dreiviertelstunde die Beine in den Bauch. Längst richtete sich mein Blick nicht mehr auf die frigiden Tanten, die sich noch immer strikt weigerten, zu tanzen – obwohl sich Mike mittlerweile dazu herabließ, *It's raining Men* aufzulegen. Hinter der Theke hatte ich eine Bedienung erspäht, die mir recht gut gefiel: Weit jünger als ihre beiden Kollegen, schlank und blond, und obendrein ein bisschen tollpatschig. Ständig fragte sie die anderen Kellner irgendwas oder schaute einfach hilflos in der Gegend rum. Kellnerinnen hatte ich schon immer gemocht. Keine Frau, die als Gast an einer Theke saß, könnte jemals so sexy aussehen wie eine Bedienung bei der Arbeit, so viel war klar. Wie gern hätte ich ein paar Worte mit ihr gesprochen! Aber dummerweise hatte ich mein Bier bei einem ihrer Kollegen geordert, und nun war nicht einmal genug Geld übrig, um bei ihr ein Glas Wasser zu bestellen. Wieder sah ich auf meine Uhr. Nur noch einige Minuten bis zwölf. Es war an der Zeit. Ich machte mich auf den Weg.

Die nächste Bank fand sich keine dreißig Meter vom *Stonehenge* entfernt. Ganz allein stand ich vor dem Geldautomaten und zögerte noch. Ein letztes Mal prüfte ich die Uhrzeit. Punkt Mitternacht. Die Kirchenglocken begannen zu läuten, erste Raketen stiegen in den Himmel. Vorsichtig schob ich die Karte in den Automaten und gab meine Geheimzahl ein. Auf dem Touchscreen berührte ich das 50-Icon, und wenige Sekunden später schob sich der Schein aus dem Schlitz. Dem Himmel sei Dank, dachte ich, steckte das Geld ein und trat den Rückweg an, vorbei an unzähligen Pärchen, die knutschend den Bürgersteig blockierten oder eng umschlungen das Feuerwerk betrachteten.

Das *Stonehenge* war menschenleer. Nur die blonde Bedienung hatte man zurückgelassen, sie sollte vermutlich auf die Kasse aufpassen.

»Ein großes Pils, bitte«, sagte ich lächelnd und legte den Schein auf den Tresen.

Die Kellnerin sah sich die druckfrische Banknote unsicher an. »Hm ... « Nervös schaute sie hin und her, doch war kein Kollege in der Nähe, der ihr hätte helfen können. Dann blickte sie mich verlegen an. »Ich kann leider keine Euros annehmen ... wir haben gar kein Wechselgeld in Euro.«

Wortlos steckte ich den Schein in mein Portemonnaie, drehte mich um und ging aus der Tür. Auf dem Bürgersteig drängelte ich mich abermals zwischen den knutschenden Liebespaaren hindurch und blieb planlos in einem Hauseingang stehen.

Verdammte Schlampe! schrie ich unhörbar in mich hinein und nahm die verschmähte Note aus der Geldbörse. *50 Euro.* Erst jetzt wurde mir bewusst, dass ich umgerechnet einhundert Mark in Händen hielt. Schon die Münzen des *Starter Kits*, das mein Vater mir zu Weihnachten geschenkt hatte, waren mir wie die Währung eines fremden Landes erschienen. Und das exotische Stück Papier, welches ich soeben am Automaten abgehoben hatte, stellte in diesem Moment nichts anderes dar als wertloses Spielgeld. Wie kann man bloß so bescheuert sein, dachte ich, wenn es ein einziges Datum im Jahr gibt, an dem die Menschen mitten in der Nacht Geld brauchen, dann von Silvester auf Neujahr! Wieso hat man die Umstellung nicht ganz bequem an Heiligabend vorgenommen, wo doch sowieso alle Leute vollgefressen in ihren verkackten Häusern vor ihren Scheiß-Weihnachtsbäumen sitzen?

Missmutig trat ich den Heimweg an, vergeblich bemüht, die fröhlichen Gesichter der Feiernden zu ignorieren. Da bemerkte ich auf der gegenüberliegenden Straßenseite ein kleines beleuchtetes Schild: *Erwin's Braustübchen*. Ich beschloss, mein Glück dort noch einmal zu versuchen.

***

Erwin's Braustübchen war ein klassischer Alkoholikertreff. Hinter einer halbkreisförmigen Theke stand ein dickbauchiger Wirt. Das musste Erwin sein. Und vor dem dicken Erwin saßen vier dürre Greise kettenrauchend auf ihren Barhockern herum. Aus einer alten Kompaktanlage dudelten noch viel ältere deutsche Schlager, die jedoch kaum das nervtötende Piepen des Geldspielautomaten zu übertönen vermochten. Rechts und links des Eingangs waren billigste Baumarkt-Bretter an die Wände geschraubt, an denen jeweils zwei weitere Hocker standen. Mit zehn Gästen wäre das *Braustübchen* rammelvoll gewesen, aber so viele Menschen hatten sich gewiss noch nie gleichzeitig dort aufgehalten.

In Wild-West-Manier warf ich die Fünfzig-Euro-Note auf den Tresen. »Bekomm ich dafür was zu trinken?«

Erwin nahm den Schein in die Hand, beäugte ihn genau und gab ihn weiter an den Alkoholiker zu seiner Linken. Der reichte ihn an seinen Nebenmann weiter, und nachdem jeder Alkoholiker das unheimliche Papier mit glasigen Augen angeschaut und zwischen den faltigen Fingern gerieben hatte, legte der Wirt die fünfzig Euro neben die Kasse. »Ich geb einfach auf hundert Mark raus. Was darf's denn sein?«

Schlauer als die Schlampe von gegenüber, dachte ich, bestellte ein großes Pils, setzte mich an eines der Baumarkt-Bretter und zwang mich, die politischen Diskussionen der Alkoholiker so weit wie möglich zu überhören. Sie nahmen die Silvesternacht offensichtlich zum Anlass, um lallend ihre tumben Ansichten zu den Ereignissen des gerade abgelaufenen Jahres auszutauschen. Im Ergebnis drehte sich ohnehin wieder alles um die Anschläge vom 11. September, in dessen Folge sich Deutschland innerhalb kürzester Zeit zu einem Staat von Experten in Sachen Taliban und al-Qaida entwickelt hatte.

Ich widmete mich meinem Handy und sandte einige Neujahrsgrüße per Kurzmitteilung an meine Freunde. Eine SMS für Clara in Berlin, eine für meinen Arbeitskollegen Jens und dann noch eine für David, den ich seit meinem Studium kannte. Auch dem tollen Mike schickte ich eine Nachricht, obwohl er wahrscheinlich irgendwo auf der anderen Straßenseite herumstand. Ich schrieb ihm, ich hätte Kopfschmerzen gekriegt und wäre längst zu Hause. Mir war die Lust auf das *Stonehenge* samt seiner verblödeten blonden Bedienung und seiner langweiligen Gäste vergangen.

Als ich nach meinen Zigaretten tastete, fiel mir ein, dass ich die leere Lucky-Strike-Schachtel bereits im *Stonehenge* weggeworfen hatte. Zwischen dem unaufhörlich piependen Geldspielkasten und dem unvermeidlichen Bild der auf einem Stahlträger pausierenden Bauarbeiter entdeckte ich einen abgenutzten mechanischen Zigarettenautomaten. Ich glitt von meinem Hocker und sah mir die Auswahl an: Roth Händle, R 6, Ernte 23, L&M und Reval. Da fiel die Entscheidung schwer.

Eher zufällig zog ich eine Schachtel Ernte, bestellte ein zweites Bier und zündete mir eine Zigarette an. Während ich nachdenklich den Rauch in das ohnedies schon total verqualmte Kabuff blies, fielen mir an der Wand einige Holzbrettchen mit Säufersprüchen ins Auge: *Lieber zwei zu viel getrunken als einen zu viel bezahlt.* Sogar Reime waren dabei: *Trinkt der Bauer zu viel Bier, melkt der Trottel seinen Stier.* Doch die Kreativität der Berufsalkoholiker kannte keine Grenzen: *Wo früher meine Leber war, ist heute eine Minibar.* Gleich daneben ein mit nikotingelben Vorhängen verunziertes Fenster, durch dessen verschmierte Scheibe ich erahnen konnte, dass es zu schneien begonnen hatte. Und eingeschneit werden wollte ich bei Erwin bestimmt nicht.

Zügig leerte ich mein Glas und knöpfte meine Jacke zu. »Alles Gute fürs neue Jahr!«, rief ich zum Abschied in die Runde, wobei ich mich fragte, was diesen jämmerlichen Gestalten in ihrem Leben überhaupt noch an Gutem widerfahren könnte.

Ich ließ die Tür hinter mir ins Schloss fallen, stapfte griesgrämig durch den jungfräulichen Schnee, und mit einem Mal war mir kotzschlecht. Den ganzen Tag hatte ich nichts Richtiges gegessen. Aber möglicherweise lag es auch nur an der Ernte 23. Am Kiosk vor dem Hauptbahnhof würde ich mir noch eine Schachtel Luckies holen. Eine Pizza vom *Milano* nebenan würde mir ebenfalls guttun. Mit Schinken, Oliven, Mais und Paprika, vielleicht ein paar Sardellen.

***

Ich hob die Lederschuhe vom Boden auf und stellte sie in den Schuhschrank. Vor meinem CD-Regal hielt ich kurz inne, hatte jedoch keine Idee, welche Musik zu meiner Stimmung passen könnte. Blondie viel zu fröhlich, Joy Division nicht depri genug. Und auf Sixties keinen Bock. Also gar nichts. Gerade wollte ich die Kleidung der letzten Nacht durch einen Bademantel ersetzen, da klingelte mein Festnetztelefon. Auf dem Display sah ich, dass es meine Mutter war. Sie würde sich wohl niemals abgewöhnen, mich an Neujahr bereits am Vormittag anzurufen. Zum Glück war ich schon wach. Ich hasste es, von meiner Mutter geweckt zu werden. Nach dem vierten Klingeln ließ ich mich in meinen Schreibtischsessel fallen und nahm den Hörer ab. »Hallo!«

»Prosit Neujahr!«, rief meine Mutter viel zu laut, »ich bin's, Marianne.«

»Ja, ja, weiß ich doch«, entgegnete ich und erwiderte lustlos den Gruß.

»Wie hast du denn Silvester verbracht?«, wollte sie wissen.

»Ich hatte einen phantastischen Abend, die Stimmung war super! Und das Essen auf der Party war wirklich gut.«

»Schön! War Mike auch da?«

Auf diese Frage war ich vorbereitet. Meine Mutter sah es äußerst gern, wenn ich mich mit Mike traf. Zwar saß sein Vater seit Jahren im Gefängnis, weil er sich in Ostdeutschland bei krummen Geschäften hatte erwischen lassen, doch sein guter Ruf als Großindustrieller hatte in meiner Heimatstadt in keinster Weise darunter gelitten. Und da Mike zufälligerweise sein Sohn war, fanden die Leute dort alles an ihm toll. Er sah toll aus, erzählte tolle Geschichten und was er trieb, war noch viel toller. Er war der tolle Mike! Dass es sich bei ihm in Wahrheit um einen recht spröden Geizkragen handelte, hatten außer mir bislang die wenigsten erkannt. »Ja, ich hab mich den ganzen Abend mit ihm unterhalten. Mike ist mit dem Veranstalter befreundet und hatte mir die Eintrittskarte geschenkt.«

»Das ist ja toll!«, freute sich meine Mutter. »Wir waren im *Kaiserhof*, da war es eigentlich auch ganz gut«, fuhr sie fort, und bei dem Wort *eigentlich* ahnte ich schon, was auf mich zukam. »Nur die Musik war etwas zu laut. Und am Nebentisch haben Leute geraucht. Da hat sich Hermann ziemlich drüber aufgeregt.«

Ungerührt lehnte ich mich zurück und zündete mir eine Ernte 23 an. »Wer war denn sonst noch dabei?«, fragte ich, bemüht so zu klingen, als ob es mich tatsächlich interessierte.

»Die Stockhausens, die Olbrichts und die Münsteraner.«

Oh nein, Onkel Werner und Tante Gisela aus Münster, dachte ich und hauchte den Qualm meiner Zigarette lautlos in den Hörer.

»Weiß der Himmel, warum die Münsteraner überhaupt da hingekommen sind«, ereiferte sich meine Mutter, »die können nicht mal Walzer tanzen!«

Ich beugte mich unter den Schreibtisch und schaltete meinen PC ein. Während ich die neuen E-Mails durchsah, schwadronierte Marianne über Onkel Werners allzu langen Fingernägel, über Reformhaus-Kekse in Tante Giselas Handtasche und all die anderen Dinge, die sie bei der *eigentlich ganz guten* Silvesterfeier so massiv gestört hatten.

»Fabian hatte auch einen schönen Jahreswechsel«, ließ mich meine Mutter noch wissen, »er hat im *Crystal Palace* gefeiert.«

Das hätte ich mir denken können. Mein Bruder vertat die Silvesternacht immer in der gleichen spießigen Bar. Zwei Jahre war er älter als ich, doch aus unserer Heimatstadt würde er es voraussichtlich nie herausschaffen. Und sein streng legales, stets politisch korrektes, wenn nicht sogar gemeinnütziges Leben kotzte mich schon seit Jahren an. Fabian war letztlich nur eines: Schrecklich fabianig.

Im Anschluss an das Telefonat fragte ich mich für einen Moment, warum ich Marianne nicht schlicht die Wahrheit erzählt hatte. Wahrscheinlich, weil ich das niemals tat. Meine Eltern lebten in einem anderen Universum. Weder schauten sie Privatfernsehen noch hatten sie eine Ahnung von der Existenz des Internets. Stattdessen lasen sie jeden Nachmittag bei Kaffee und Kuchen die örtliche Tageszeitung. Sie konnten sich nicht vorstellen, dass man heutzutage auf dem Display bereits erkennen konnte, wer anrief, obwohl man den Hörer noch gar nicht abgenommen hatte. Aber wie sollten sie auch? Sie wussten ja nicht mal, was ein Display war.

Ich räumte die zahlreichen Bierflaschen, die ich nach meinem Besuch in *Erwin's Braustübchen* noch vor meinem Fernseher geleert haben musste, vom Couchtisch und überlegte, was ich mir überhaupt bis zum frühen Morgen angeschaut hatte.

Irgendwelche Uralt-Wiederholungen mit unbegreiflich albernen Sketchen aus dem verstaubten Witz-Archiv des Öffentlich-Rechtlichen.

Nach der ersten Dusche des Jahres betrachtete ich mich erneut in meinem großen Schlafzimmerspiegel. Immerhin, dachte ich, im vergangenen Jahr nicht einen Tag Sport getrieben, und trotzdem nicht fett geworden.

Aber dann war es soweit. Die Frage, die mir bis tief in die Nacht den Schlaf geraubt, und die ich mit dem Ärger über die lausige Silvesterparty und das überflüssige Geschwätz meiner Mutter mühsam in die hintersten Windungen meines Hirns verbannt hatte, schob sich langsam aber sicher in mein Bewusstsein. Ich fand keinen Gedanken mehr, der dieser Frage, die bedrohlich in meinem Hinterkopf gelauert hatte, Widerstand zu leisten in der Lage war. Und ausgerechnet in diesem Augenblick spürte ich die herannahenden Kopfschmerzen. Verdammt nochmal, überlegte ich, wo war denn bloß gestern meine Freundin?

II.

Menetekel

Es klingelt unaufhörlich, aber niemand reagiert auf den gellenden Ton. Die absonderlichen Geschöpfe in meinem Blickfeld scheinen das Geräusch gar nicht wahrzunehmen. Das Klingeln ist offensichtlich nicht von dieser Welt, will und will jedoch nicht enden. Plötzlich schaut eine der seltsamen Figuren suchend umher.

»Bist *du* das, Anton?«, frage ich, »hörst *du* das Klingeln?«

Soeben glaube ich Antons Lächeln in dem fremden Gesicht erkannt zu haben, da ist er mitsamt allen anderen Gestalten verschwunden, und ich finde mich zusammengekauert auf meiner Couch wieder. Schlaftrunken wanke ich zum Schreibtisch.

Es ist Clara, die anruft. »Mach den Fernseher an!«

»Welchen Sender denn?«

»Egal, es ist auf allen Sendern!«

Ich schalte n-tv ein und sehe das World Trade Center in Großaufnahme. Aus beiden Türmen quellen dicke Rauchschwaden. »Scheiße, was'n da los?«

»Da sind zwei Flugzeuge reingekracht, in jeden Turm eines. Das kann kein Unfall sein. Das ist ein Terroranschlag, ganz sicher!«

Verwirrt gucke ich mir die surrealen Szenen auf der Mattscheibe an. »Ist das denn jetzt live?«

»Klar ist das live. Das passiert in diesem Augenblick!«

Im gleichen Moment bimmelt mein Handy. David ruft an.

Eine Begrüßung spare ich mir. »Ich seh's auch. Das darf doch nicht wahr sein!«

»Total krass«, entgegnet David, »bin grad im Kaufhof. Elektroabteilung. Das läuft hier auf mindestens fünfzig Fernsehern!«

Wie versteinert starre ich auf den Bildschirm.

»Bist du noch dran?«, höre ich Clara fragen.

»Ja, warte mal eine Sekunde … entschuldige, David, ich hab Clara am Festnetz.«

»Okay, grüß sie schön. Wir reden später!«

»Ja, bis dahin … so, Clara, bin wieder bei dir. Schöne Grüße von David.«

»Da springen Leute aus den Fenstern, siehst du das?«

Mit zusammengekniffenen Augen beobachte ich, wie einige kleine schwarze Punkte von den oberen Stockwerken in die Tiefe sinken. »Unfassbar … «

»Meinst du, die können das Feuer nicht löschen? Die Menschen stürzen doch in den Tod! Die Türme sind über vierhundert Meter hoch.«

»Keine Ahnung, Clara, keine Ahnung … «

Clara war erst im vergangenen Jahr in New York im Urlaub, und ich spüre, dass das makabere Szenario sie noch wesentlich mehr erschüttert als mich. »Ich ruf mal meine Eltern an«, sagt sie besorgt, »vielleicht haben die das noch gar nicht mitbekommen. Lass uns nachher nochmal telefonieren.«

»Ja, gute Idee«, erwidere ich, drücke kurz auf die Gabel und wähle die Nummer meiner Eltern. Meine Mutter geht ans Telefon. Sie geht ja immer ans Telefon. Ich kann mich nicht erinnern, dass jemals mein Vater den Hörer abgenommen hätte. »Mach den Fernseher an!«, ahme ich Clara nach.

»Ach, Junge, du bist es. Wieso soll ich denn jetzt fernsehen? Wir wollen gleich Kaffee trinken.«

»Das World Trade Center steht in Flammen. Beide Türme!«

»Also, wenn das wirklich schlimm ist, dann zeigen die das bestimmt auch am Abend in der Tagesschau. Bist du denn so früh schon von der Arbeit zurück?«

Ich sehe auf die Uhr. Halb vier. »Ja, heute war nicht so viel zu tun.«

***

Seit Anfang September bin ich bei der Unternehmensberatung *Meirowski & Partner*, kurz *M&P*, als Betriebswirt im Bereich *Organisationsdiagnose* beschäftigt. In Wahrheit arbeite ich gar nicht dort. Tatsächlich bin ich freier Mitarbeiter auf Provisionsbasis. Ein Freelancer, wie es heißt. Bis ich selbst zum Freelancer geworden war, hatte ich dieses Wort noch niemals im Leben gehört. Und was sich hinter diesem angelsächsischen Euphemismus verbirgt, ist bei Lichte betrachtet etwas recht Gewöhnliches: Scheinselbständigkeit.

Jeden Freitag hole ich einige Akten bei *M&P* ab, begutachte sie zu Hause und bringe sie am darauffolgenden Freitag wieder zurück. So spart man sich dort nicht nur meine Lohnnebenkosten, sondern – was mindestens gleichermaßen wichtig ist – auch meinen Schreibtisch. Denn anstatt in einem repräsentativen Bürokomplex residieren *Meirowski & Partner* in einem eher bescheidenen Einfamilienhaus am anderen Ende der Stadt. Zwar ließ man sämtliche Räume notdürftig zu Arbeitszimmern umbauen, ihre ursprüngliche Funktion ist allerdings nach wie vor unschwer zu erkennen. Meirowski, der Chef des Ladens, hager und faltig, mit dem freundlich-verschlagenen Blick eines korrupten Monsignore der Vatikanbank, sitzt im Schlafzimmer im ersten Stock. Meine Akten übernehme ich im danebenliegenden Kinderzimmer und gebe sie eine Woche später unten in der Küche wieder ab. Selbstverständlich ist es betriebsintern strengstens verboten, die Büros als *Kinderzimmer* oder *Küche* zu bezeichnen, doch vermeidet man diese Begriffe allenfalls, wenn Monsignore Meirowski gerade in Hörweite ist. Wer die *Partner* von Meirowski sein sollen, weiß niemand so genau. Vielleicht sind ja seine Freelancer damit gemeint.

Den Job bei *M&P* hat mir David besorgt. Kaum einen Monat zuvor hatte er noch geprahlt, er kenne den alten Meirowski höchstpersönlich (»Ein Duzfreund von mir!«), und er werde bei ihm gern ein gutes Wort für mich einlegen. Aber als ich es nach Beginn meiner Arbeit einmal gewagt habe, David auf einige seltsame Vorgänge im Hause *M&P* anzusprechen, hat er sein Verhältnis zu meinem Chef urplötzlich vollkommen anders dargestellt (»Der alte Meirowski ist mit 'ner Freundin von meiner Mutter verheiratet. Ich selbst hab den Schmock nie gesehen!«).

Das ist absolut typisch. David hat sich niemals darum geschert, wohin seine »guten Tipps« führen. Sobald er nur den Verdacht wittert, jemanden in eine heikle Situation gebracht zu haben, weist er umgehend jede Verantwortung meilenweit von sich. Doch letztlich spielt das alles sowieso keine Rolle. Ich bin in diese Stadt gezogen, und nun gibt es kein Zurück mehr. Dass ich völlig unterbezahlt bin, stört mich eigentlich nur am Rande, denn es reicht für ein halbwegs sorgenfreies Dasein. Und ich habe schlechtere Zeiten erlebt.

Für die Verwaltung bei *M&P* ist Jens Barlage zuständig, er organisiert alles von der Küche aus. Vom ersten Tag an habe ich mich sehr gut mit ihm verstanden, wir sind etwa im gleichen Alter und haben uns direkt geduzt. Schon früh hat Jens mir anvertraut, dass die internen Sachbearbeiter bei *M&P* ebenso ausgebeutet würden wie die Freelancer, und dass ich froh sein dürfe, nicht immer im Büro hocken zu müssen. Er hingegen sitzt den ganzen Tag dort. Um die Tristesse seines Zimmers einigermaßen erträglich zu machen, hat Jens die Wände mit Bildern zugepflastert, die sein ausgeprägtes technisches Interesse offenbaren: Flugzeuge in allen Variationen, Autos, Boote, sowie ein paar historische Aufnahmen von Dampflokomotiven. Auch hat er sogar selber einige Modellflieger konstruiert, von denen mehrere Exemplare an Nylonfäden unter der Küchendecke baumeln.

An der braun gekachelten Wand hinter seinem Schreibtisch hat Jens, zwischen einem sinnlos aus der Wand ragenden Wasserhahn und einem abgeklemmten Starkstromanschluss, ein kleines Foto von sich aufgehängt. Man kann Jens auf dem Bild allerdings gar nicht erkennen, weil sein Kopf fast restlos mit Mullbinden umwickelt ist, die lediglich Schlitze für Augen und Mund offen lassen. Auf dem Foto sieht er aus wie eine Mumie. Jens hat mir einmal erzählt, es habe in seiner Kindheit insgesamt sieben Operationen bedurft, bis er mit einem menschlichen Gesicht ausgestattet war. Das Ergebnis ist jedoch alles andere als zufriedenstellend. Jens ist der hässlichste Mensch, der mir je begegnet ist. Welchem medizinischen Umstand sein Leiden geschuldet ist, habe ich ihn nie gefragt, aber mich überraschend schnell an sein schauderhaftes Aussehen gewöhnt.

Von Discotheken weiß Jens nur aus mündlichen Überlieferungen und ich könnte mir ihn dort auch nicht vorstellen. Er trinkt keinen Alkohol und er raucht nicht. In den frühen Neunzigern hätte man Jens noch ehrfürchtig als *Straight Edge* bezeichnet – im gerade angebrochenen Jahrtausend hingegen hat sich für einen Menschen wie ihn ein gänzlich neuer Begriff gefunden: *Nerd*. Über irgendeine Frau hat Jens sowieso noch niemals ein Wort verloren. Für mich ist ein solches Leben nicht auszudenken, doch mag ich Jens aus einem ganz anderen Grund: Seine Hilfsbereitschaft ist nicht zu überbieten. Und anders als bei David muss ich mir bei seiner Hilfe keine Sorgen um deren katastrophale Folgen machen. Als ich mal beiläufig erwähnt hatte, dass mein Computer nicht richtig funktioniert, ist Jens sofort nach der Arbeit zu mir gekommen. Stundenlang hat er die gesamte Software neu installiert, obwohl ich ihn eigentlich kaum kannte. Nicht allzu lange Zeit später habe ich die Tür hinter mir zugezogen und meinen Schlüssel in der Wohnung vergessen. Jens konnte das Schloss in Sekundenschnelle öffnen. Ich habe gar nicht gewusst, wie ich ihm danken soll – er dagegen schien einfach nur glücklich, sein handwerkliches Geschick unter Beweis stellen zu dürfen. Jens ist mein einziger Freund in der neuen Stadt. Abgesehen vom tollen Mike.

Die Hin- und Rückfahrt zu *M&P* kostet mich jeden Freitag etwa eine Dreiviertelstunde. Zwar fahre ich äußerst ungern Auto, aber der Weg zu *M&P* läutet das Wochenende ein, und so gehe ich voller Vorfreude auf den anstehenden Abend zu meinem Punto, um meine Akten zu Jens in die Küche zu bringen. Die an meinem Wagen herumlungernden Vietnamesen grüßen freundlich und begeben sich nach meiner Abfahrt gleich in die frei gewordene Lücke. Bisweilen beschleicht mich das Gefühl, sie hielten den Parkplatz bewusst für mich frei. Denn jedes Mal, wenn ich in meine Straße zurückkehre, stehen sie noch immer plaudernd dort und schlendern, wiederum freundlich grüßend, aus der Parklücke heraus, damit ich meinen Wagen abstellen kann. Ein nettes Völkchen, diese Vietnamesen!

Bei *M&P* angekommen, eile ich zu Jens' Büro, doch eine Sekretärin fängt mich vor der Küchentür ab. »Herr Barlage ist in einer Besprechung. Möchten Sie einen Kaffee, solange Sie warten?«

»Nein danke, ich trinke keinen Kaffee.«

»Ach, ein Teetrinker«, erwidert die Frau lächelnd.

»Danke, ich trink auch keinen Tee. Ich möchte wirklich nichts, vielen Dank!«

Abrupt verschwindet das Lächeln aus ihrem Gesicht. »Das ist aber ungewöhnlich. Weder Kaffee noch Tee.«

Genervt lasse ich mich neben der Küchentür auf einem Stuhl nieder. Vor genau einer Woche habe ich mit genau der gleichen Tippse genau den gleichen Dialog geführt. Wenn es denn so ungewöhnlich ist, dass ich weder Kaffee noch Tee trinke, warum hat sie sich das dann nicht merken können, überlege ich. Was haben überhaupt Kaffee und Tee miteinander zu tun? Kaffee wird aus trockenen Bohnen gemacht, Tee aus verwelkten Blättern. Kaffee kommt aus Arabien, Tee aus Asien. Wieso muss man sich in Mitteleuropa ausgerechnet zwischen zwei solch exotischen Getränken entscheiden? Schon öfter hatte ich das Gefühl, mich mit meiner Abneigung gegen Kaffee und Tee irgendwie verdächtig zu machen. Denn ich gehöre weder zu den einen, noch zu den anderen. Und das ist wohl manchen Leuten etwas unheimlich.

Endlich öffnet sich die Küchentür und ich traue meinen Augen nicht. Gleichzeitig versuche ich mir jedes Detail zu merken: Schulterlanges blondes Haar und ein beigefarbenes Kostüm, dessen Rock kurz genug ist, um die absolute Perfektion ihrer Beine zu erkennen. Unglaublich, denke ich, diese Beine! Noch nie im Leben habe ich so schöne Beine gesehen! Bislang habe ich Beine bei Frauen für vollends überflüssig gehalten, weil sie beim Ficken ja sowieso nur im Weg sind. Aber dieser Anblick dürfte meine Meinung nachhaltig ändern.

Sie ist fast bei der Eingangstür. Ich schaue ihrem Hintern nach, der in ihrem hautengen Rock so knackig aussieht, dass ich es kaum ertragen kann. Dann ist sie schon weg. Dabei war nicht einmal genug Zeit zur Begutachtung ihrer Titten. Und ihr Gesicht ist auch viel zu schnell an mir vorübergegangen.

Wie verzaubert betrete ich die Küche und sehe Jens an. Seine hässliche Visage könnte in keinem krasseren Gegensatz zu der Schönheit stehen, die mich vor Sekunden beinahe um den Verstand gebracht hat. »Wer war das denn?«, frage ich aufgeregt.

»Frau Kronenberg«, antwortet Jens in derart neutralem Ton, dass es mich geradezu ärgert, »sie war hier die vergangenen Wochen Praktikantin und hatte heute ihren letzten Tag. Gib mal die Akten rüber.«

»Was? Ach ja.« Ungläubig lege ich die Ordner auf den Schreibtisch und schüttele fassungslos den Kopf. Wenn Jens allen Ernstes nicht bemerkt hat, welch märchenhaft schöne Göttin soeben vor ihm stand, dann muss er blinder als blind sein. Und sein fliederfarbenes Oberhemd, trotz kurzer Ärmel mit seidener Krawatte kombiniert und zum guten Schluss in eine unsagbar hässliche Moonwashed-Jeans gestopft, lässt mich für einen Moment tatsächlich an seiner Sehkraft zweifeln.

***

Zu einem gelungenen Wochenende gehört eine angemessene Vorbereitung. Ritualmäßig rasiere ich mich erst trocken, dann nass, stelle mich kurz unter die Dusche, und wenn nötig, schneide ich mir die Fingernägel oder putze den gröbsten Dreck von meinen Sneakers. Üblicherweise lasse ich nebenher lautlos eine Knoppsche Nazi-Doku laufen, höre dazu Sixties und kippe schon mal ein paar Bierchen. Je näher der Zeitpunkt rückt, an dem ich das Haus verlasse, desto mehr steigt die Spannung. Es ist schließlich unvorhersehbar, welche überraschenden Wendungen sich das Schicksal für die bevorstehende Nacht ersonnen hat. Ausgehen ist immer ein Abenteuer! Und das auch noch nach all den Jahren.

Nachdem ich mich ausgiebig mit Eau de Toilette eingenebelt habe, mache ich mich auf den Weg. Ich ziehe stets allein los. Jens kommt als Gefährte ohnehin nicht in Betracht, und der tolle Mike legt fast jedes Wochenende bei Hochzeiten oder runden Geburtstagen als DJ auf. Längst habe ich mich daran gewöhnt, ohne Begleitung auszugehen, und ich empfinde es mittlerweile als durchaus vorteilhaft, weil ich auf nichts und niemanden Rücksicht nehmen muss.

Mein erstes Ziel ist das *Betty Ford*. Drei Mal bin ich bereits dort gewesen, und es ist ganz nett – zwei Theken, dazwischen eine kleine Tanzfläche. Die Musik ist ein Querschnitt der aktuellen Charts, doch alles in allem recht erträglich: Gorillaz, Outkast, Linkin Park. Zunächst steuere ich die Toilette an. Durch meine unerwartete Anwesenheit kurz aufgeschreckt, flattern unzählige Fliegen zwischen den Urinalbecken umher, widmen sich alsbald aber wieder unbeteiligt ihrer Nahrungsaufnahme. Dabei hat das Klo des *Betty Ford* nicht einmal ein Fenster. Reine Scheißhaus-Existenzen, überlege ich. Sie werden hier gezeugt und geboren, fristen ihr Leben im Dreck und verenden letztlich in irgendeiner dunklen Ecke. Doch aus ihrer Sicht ist's wahrscheinlich das Schlaraffenland.

Nach meinem Toilettenbesuch stelle ich mich in der Nähe des Eingangs mit dem Rücken zur Theke. Denn mein eigentliches Interesse gilt gar nicht dem, was im Inneren des *Betty Ford* geschieht. Die Eingangstür steht immer offen, und eine grelle Leuchtschrift auf der anderen Straßenseite hat schon die letzten Male meine Aufmerksamkeit erregt: *Bienenstock*.

Der *Bienenstock* ist ein Mysterium. Vor dem Laden treiben sich so viele Türsteher herum, dass ich mich bislang kaum in die Nähe getraut habe. Ab und zu stehen die Gäste dort Schlange, und es raubt mir buchstäblich den Atem, wenn ich die Bräute sehe, die dort auf Einlass warten: Hochgradig aufgetakelt, die Miss-Sixty-Jeans so knapp über der Hüfte hängen, dass man selbst aus dem *Betty Ford* die über den Hosenbund lugenden String-Tangas erkennen kann – genau die Art von Bräuten, bei denen man sich fragt, wo sie wohl abends hingehen, wenn man sie tagsüber in der Stadt sieht.

Nur drei Pils später fasse ich mir ein Herz. Ich zahle die Rechnung, spaziere über die Straße, die Türsteher mustern mich flüchtig, und ich bin drin. Und ich bin überwältigt! Die Ausmaße des *Bienenstocks* sind schlichtweg gigantisch. Allein die Tanzfläche ist größer als das gesamte *Betty Ford* und die Masse von Menschen, die sich darauf tummelt, schier unüberschaubar. Am Rande der Tanzfläche entdecke ich eine Treppe. Das muss der Weg zum Klo sein, denke ich, schiebe mich an Dutzenden verschwitzten Körpern vorbei, stiefele nach oben und erlebe prompt die nächste Überraschung. Denn dort befindet sich nicht nur die Toilette, sondern eine zweite Etage, ebenso groß und überfüllt wie das untere Stockwerk. Ich gehe kurz pissen, stelle mich anschließend in eine Reihe von Wartenden, um meine Jacke abzugeben. Der Garderoben-Homo ist allerdings eine glatte Fehlbesetzung. Nach mindestens zehn vergeudeten Minuten bin ich meine Jacke endlich los und platziere mich neben einem Durchgang an der Theke. Erstmal ein Bier!

Mit dem Glas in der Hand lehne ich mich rücklings an den Tresen. *Bienenstock.* Der Name passt wie die Faust aufs Auge. Ein unglaubliches Gewimmel. Ständig scheinen die Leute unterwegs zu sein. Die einen zur Toilette, die anderen zur Garderobe, die nächsten zur Theke, wieder andere zur Tanzfläche. Die dazu aus den Boxen dröhnende Musik ist mir völlig unbekannt, offenbar moderne Schlager. Und bald habe ich den Eindruck, es gebe zu jedem einzelnen Lied einen entsprechenden Tanz.

Friiiiiiiep! Der ohrenbetäubende Ton einer hinter mir schrillenden Trillerpfeife lässt mich auf der Stelle herumfahren.

»Platz da!«

Rasch mache ich einen Schritt zur Seite. Eine Kloschüssel vor sich hertragend, als sei es die gewöhnlichste Sache der Welt, passiert ein Kellner den Thekendurchgang und bringt die Keramik zu einem Stehtisch.

»Was ist denn da drin?«, will ich auf dem Rückweg von ihm wissen.

»Sangria«, antwortet der Kellner knapp, marschiert hinter den Tresen, greift in ein Literglas mit überdimensional langen Strohhalmen, bringt sie zu dem Stehtisch, steckt sie in die Kloschüssel und rührt die Plörre ein paar Mal kräftig um.

So etwas habe ich noch nie gesehen. Aber ich weiß genau, wo ich gelandet bin: *Ballermann-Gastronomie.* In den vielen Jahren, die ich bereits abends ausgehe, galten diese Schuppen als absolutes Tabu. Doch das ungewohnte Flair dieses Panoptikums fasziniert mich in höchstem Maße. Keiner meiner Freunde würde mir glauben, was hier geschieht, denke ich. Und noch viel weniger darf einer von ihnen je erfahren, wie gut ich mich an diesem Ort fühle. Sie würden mich für geisteskrank erklären.

Mein Augenmerk richtet sich wieder auf die Tanzfläche. Ich bestaune einen Schwarzen, der sich zu den Schlagern bewegt, als sei es Soulmusik. Die Arme in die Luft gehoben, schnippt er mit den Fingern zum Takt der Lieder und vollführt gleichzeitig mit seiner Hüfte rhythmische Fickbewegungen. Es ist zum Schreien komisch. Einige Meter weiter bleibt mein Blick an einer Dunkelhaarigen hängen. Sie sieht mich an. Ich schaue sofort weg. Dunkelhaarige Bräute haben mich noch nie interessiert. Schon Bianca, meine erste Freundin, ist blond gewesen. Clara ebenfalls. Jede Frau, die ich sexy finde, ist blond. Unwillkürlich denke ich an die Göttin, die erst am Mittag aus Jens' Büro geschwebt ist. Natürlich auch eine Blondine. Doch die Neugier, ob mich die Dunkelhaarige immer noch anstarrt, lässt mich nicht los. Ich sehe zu Boden, drehe meinen Kopf zur Seite und schiele hoch. Sie ist verschwunden. Auch egal, denke ich und begebe mich zur Treppe.

Im unteren Stockwerk ordere ich ein weiteres Bier, und es hat den Anschein, als sei das Parterre-Publikum eine Spur älter als im ersten Stock. Danach steht mir wirklich nicht der Sinn. Ich leere flugs mein Glas und gehe zurück zur Treppe. Während ich den Aufgang hochschreite, stiere ich ungewollt auf ein Hinterteil. Die dazugehörige Braut geht gerade so viele Stufen vor mir, dass sich ihr draller, in eine schwarze, glänzende Hose gezwängter Arsch exakt auf meiner Augenhöhe befindet. Was für ein geiler Arsch, überlege ich, wie gern würde ich diese Prachtbacken jetzt berühren! Wie gut würde sich das anfühlen! Ich müsste nur meine Hand ausstrecken. Mein Blick wandert weiter nach oben. Sie hat pechschwarzes Haar und trägt eine weiße Bluse. Das erinnert mich ein wenig an Kellnerinnen-Outfit, aber die Bedienungen im Bienenstock stecken ausnahmslos in schwarz-gelb gestreiften Oberteilen und sehen mit ihren orangefarbenen Perücken allesamt aus wie Schnaps servierende Biene Majas.

Als die Arschbesitzerin in der oberen Etage angekommen ist und sich Richtung Tanzfläche bewegt, kann ich sie kurz im Profil erkennen. Ich bin etwas irritiert. Es ist die Dunkelhaarige, die mich zuvor angestarrt hat.

Von der Theke aus beobachte ich sie eine Weile beim Tanzen. Sie ist verdammt sexy. Obwohl sie gar keine blonden Haare hat. Und es passiert erneut. Sie sieht mich an. Diesmal halte ich dem Blick stand. Sie lächelt. Ich lächele zurück. Was nun, überlege ich. Schließlich kann ich nicht direkt lospurten, um sie anzuquatschen. Es müssen noch ein paar Minuten vergehen. Aber bloß nicht zu viele! Zieht sich der Blickkontakt über eine halbe Stunde hin, hat man längst den richtigen Zeitpunkt verpasst. Dann ist es zu spät. Dann ist es peinlich. Wieder lächelt sie mich an.

Mit klopfendem Herzen gehe ich auf sie zu. »Hi, hab gesehen, du hast eben zu mir rüber geschaut. Ich dacht, ich kann dich vielleicht auf 'nen Drink einladen. Ist das okay?«

Stirnrunzelnd schreit sie mich an: »WAS? KEIN WORT VERSTANDEN!«

Ich versuche es mit der Kurzversion: »THEKE?«

»JA!«, kreischt sie und folgt mir zur Bar.

»Wie heißt du denn?«, frage ich sie am Tresen und bestelle nebenbei zwei Wodka-Red-Bull.

»Liria.«

»Oh, wie schön. Woher kommt denn der Name?«

»Aus Spanien«, erklärt Liria, »meine Mutter stammt aus der Nähe von Valencia. Aber ich bin hier geboren.«

»Aha.«

Liria und ich plaudern die beim Kennenlernen unvermeidlichen Themen herunter. Ich erzähle, wo ich aufgewachsen bin, wo ich studiert habe und was ich in etwa beruflich mache. Oberflächlich plätschert das Gespräch vor sich hin, doch Liria sieht mich unentwegt mit beinahe magischem Blick an. Das dunkle Braun ihrer tellergroßen Augen scheint im Thekenlicht mit ihren Pupillen zu zwei funkelnden schwarzen Diamanten zu verschmelzen. Ich habe eindeutig zu viel gesoffen. Und ich rede zu viel. Das ist ein Fehler. Wenn man sich stundenlang unterhält, besteht die Gefahr, dass man sich irgendwann mit der Feststellung verabschiedet, es sei ein schöner Abend gewesen. Und das ist tödlich. Das war es nämlich dann auch. *Ein schöner Abend*, mehr nicht. Ein solcher darf mir heute keinesfalls unterlaufen. Denn Liria ist ein Volltreffer. Auf der Stirn hat sie eine kleine Narbe, genau in der Mitte. Und einen Leberfleck, links, zwischen Wange und Ohr. Ich liebe solche Unvollkommenheiten. Überdies trägt Liria tatsächlich kitschig-pinken Lippenstift. Und diese prallen Titten! Ich muss Liria schnellstmöglich küssen.

Gerade als das Gespräch in die totale Belanglosigkeit abzudriften droht, berührt mich Liria. Erst fasst sie mir beim Sprechen kurz an die Schulter, dann an den Unterarm. Jetzt kann nicht mehr viel schieflaufen. Ich greife nach ihren Fingern. Sie zieht sie nicht weg. Streichelnd arbeite ich mich zu den Ellenbogen vor. Sie wehrt sich immer noch nicht. Nun bin ich an ihren Oberarmen angelangt. Gleich habe ich sie im Griff. Langsam schließe ich meine Hände auf Lirias Rücken und küsse sie.

***

Ich stehe vor dem Spiegel und zupfe mir die winzigen Härchen von der Nasenspitze. Für jeden anderen sind sie wahrscheinlich gar nicht zu erkennen, aber ich weiß, dass sie da sind, deswegen stören sie mich. Und ich habe ein Date mit Liria.

Noch in der Nacht, in der wir uns kennengelernt haben, hatte sie mir eine SMS geschickt: > *Schlaf schön! Kussi* <

Das war am Freitag. Heute ist Montag. Dazwischen zwei Tage Ungeduld.

Auf dem Weg in die Stadt überlege ich, wie ich Liria begrüßen soll. Ein Kuss auf den Mund wäre wohl zu gewagt. Zwar hat Liria mir per Kurzmitteilung mehrfach versichert, sie fände mich sehr nett, doch worauf die Sache hinausläuft, ist schwer einzuschätzen. Eine Verabredung am helllichten Tag ist mir ohnehin nicht ganz geheuer. Lieber hätte ich mich am Abend mit Liria in einer Bar auf ein paar Drinks getroffen. Aber sie hat anders entschieden.

Mit zehnminütiger Verspätung taucht Liria am Hauptbahnhof auf. Sie sieht umwerfend aus. Ein wenig größer, als ich sie in Erinnerung hatte, ihr Haar zum Zopf gebunden. Zur Begrüßung küsse ich sie einmal auf jede Wange, und wir machen uns auf den Weg.

Ziellos schlendern wir durch die Fußgängerzone, bleiben hier und da vor einem Laden stehen, um uns die Auslagen im Schaufenster anzugucken. Auf den blankpolierten Glasscheiben achte ich in Wahrheit nur auf Lirias Spiegelbild.

»Ich würd' gern was kaufen. Gehen wir mal rein?«, fragt Liria mit engelsgleicher Stimme vor einer *H&M*-Filiale.

»Klar. Was willst du denn holen?«

»Ach, mal sehen. Irgendwas Schönes.«

Kaum haben wir die Schwelle überschritten, nimmt Liria Kurs auf die Unterwäsche-Abteilung. Das kann sie doch nicht ernst meinen, denke ich. Selbst wenn ich allein unterwegs bin, mache ich in jedem Kaufhaus einen großen Bogen um die Damenunterwäsche. Mir ist es äußerst unangenehm, wildfremde Frauen dabei zu beobachten, wie sie sich Sachen aussuchen, die ich sowieso niemals zu Gesicht bekommen soll. Das ist schließlich ihre Privatangelegenheit. Außerdem werde ich bei dem Anblick der ganzen Höschen und BHs immer ziemlich geil. Und nun stehe ich mittendrin in der verbotenen Zone.

»Wie findest du das hier?« Liria hält einen schwarzen Doppel-D-BH samt Stringtanga in ihren Händen.

»Sehr schick, wirklich«, erwidere ich, und ich würde dir am liebsten sofort die Kleider vom Leib reißen, um dich an Ort und Stelle durchzuficken, denke ich heimlich hinterher.

Irgendwann sucht sich Liria wahrhaftig ein Teil aus, und nachdem wir den Laden endlich verlassen haben, ergreife ich ihre Hand. Langsam lotse ich sie an den Rand der Fußgängerzone. Fragend sieht Liria mich an. Anstatt etwas zu sagen, küsse ich sie. Meine Finger streicheln unter ihrer Jacke über ihren samtweichen Rücken, meine Lippen suchen ihren lieblichen Leberfleck. Nichts auf dieser Welt könnte schöner sein, denke ich, für den Rest meines Lebens möchte ich nichts anderes tun, als Liria zu küssen. Ich muss ihr einfach sagen, wie viel sie mir bedeutet. Doch bloß nicht allzu offenherzig, sonst hält Liria mich gar für vollkommen verdreht. »Ich hab dich lieb«, flüstere ich.

»Ich dich auch«, flüstert sie zurück.

Sanft küsse ich die kleine Narbe auf ihrer Stirn, und während wir Hand in Hand weiterbummeln, beobachte ich in den Schaufenstern wiederum unser Spiegelbild. Wir sehen aus wie ein Liebespaar. Und ich genieße diesen Anblick, so lange ich nur kann.

»Darf ich mal dein Handy benutzen?«, fragt Liria unversehens, »meine Karte ist leer.«

»Klar, bitte!«

»Muss nur rasch meine Mutter anrufen und Bescheid sagen, dass ich was später komme. Ich mach's auch ganz kurz.« Liria tippt so schnell auf die Tasten, als habe sie in ihrem Leben nichts anderes getan. »Hallo Mama, bin noch in der Stadt. Ich komm erst gegen sechs Uhr nach Haus ... Okay, bis dann.«

Erneut nehme ich Liria bei der Hand, und mit einem Mal bin ich furchtbar schlechter Laune. *Sechs Uhr* hat sie gesagt.

Es ist schon halb. Eigentlich hatte ich gehofft, sie nähme sich etwas mehr Zeit für mich. Keine Stunde sind wir unterwegs, und allein ihre Verspätung hat uns zehn Minuten gekostet.

»Das war schön mit dir«, sagt Liria, als wir zum Bahnhof zurückgeschlendert sind.

»Ja, ich fand's auch schön. Wann sehen wir uns denn wieder?«

»Weiß noch nicht.«

»Vielleicht am Wochenende?«

»Mal schauen. Lass uns die Tage nochmal simsen.«

Zum Abschied küssen wir uns in der geöffneten Tür der Straßenbahn, bis ein erbarmungsloses Piepen die Schließung des Zugangs androht. Ich winke Liria noch einmal zu. Sie streckt mir die Zunge raus und lacht.

Verrücktes Huhn, denke ich, das war mit Abstand das kurioseste Date seit Jahren.

***

»Hi Clara!«

»Hey! Schön, dass du anrufst. Was gibt's?«

»Meine Verabredung hat abgesagt.«

»Ach, mit wem warst du denn verabredet?«

»Mit Liria, hab sie vor 'ner Woche kennengelernt.«

»Und *warum* hat sie abgesagt?«

»Na ja ... ich hab sie tausendmal angerufen, aber das Handy ist ausgeschaltet. Dann hat sie mir eben geschrieben, sie wär krank. Hab direkt zurückgerufen, da war das Handy schon wieder aus.«

»Ist ja merkwürdig. Woher kennst du diese Liria überhaupt?«

»Aus so 'nem Schlagerschuppen. *Bienenstock* heißt der.«

»*Bienenstock* ...«

»Drei Tage danach haben wir uns dann getroffen. Und ich glaub, ich hab mich verliebt.«

»Verliebt? Das hab ich ja noch nie von dir gehört. Mir hast du in all der Zeit kein einziges Mal gesagt, dass du mich liebst.«

»Hey, ich meine *verliebt* und nicht, dass ich sie *liebe*.«

»Du hast immer behauptet, du benutzt das L-Wort nicht. Und in *verliebt* kommt das L-Wort vor! Ach, egal jetzt. Was treibt deine Liria eigentlich beruflich?«

»Sie hat Abitur gemacht und keinen Studienplatz zum Wintersemester bekommen.«

»Oh. Wie alt ist sie denn?«

»Einundzwanzig.«

»Ein bisschen sehr jung … Und was will sie studieren?«

»Hm, hat sie gar nicht erzählt.«

»Wie, das hat sie nicht erzählt? Ich denk, sie hat sich um 'nen Studienplatz beworben.«

»Ich blick bei ihr nicht so ganz durch. Sie redet kaum über sich. Aber wir haben uns ja erst zwei Mal gesehen. Sie hat nie viel Zeit.«

»Wieso hat sie denn so wenig Zeit? Jobbt sie nebenher?«

»Weiß nicht. Sie sagt immer nur, sie wär *unterwegs*.«

»Na, wenn sie zwischen Abitur und Studium steckt, müsste sie doch jede Menge Zeit haben. Wohnt sie denn bei dir in der Stadt?«

»Nee, irgendwo außerhalb. Bei ihren Eltern.«

»Bei ihren Eltern? Ist ja witzig. Und da kannst du nicht mal durchklingeln?«

»Na ja, bei unserem Date hatte sie ihre Mutter von meinem Handy aus angerufen. Ich hab eben in die Wahlwiederholung geschaut. Und wie's aussieht, hat sie die Nummer gelöscht. Seltsam, oder?«

»Bist du mal auf den Gedanken gekommen, dass die Braut dich verarscht?«

»Vielleicht liegt das ja auch alles nur an ihrem Alter. Ach, da fällt mir was ein. Liria dachte, das World Trade Center wär 'n Einkaufszentrum gewesen!«

»Oh Gott, oh Gott! Also, ich fass das jetzt mal zusammen: Du hast dich in 'ne total hohle Nuss verknallt, die fast zehn Jahre jünger ist als du, über die du nichts weißt und die nie Zeit für dich hat.«

»Clara!«

»Was ist denn so toll an ihr, dass du dich in sie *verliebt* hast?«

»Die sieht so geil aus, das kannst du dir gar nicht vorstellen!«

»Und hat riesige Möpse.«

»Japp.«

»Da haben wir's mal wieder. Du spinnst wirklich!«

»Clara, ich glaub, das könnte echt was Ernstes werden!«

»Hm, ich weiß ja auch nicht, was dahintersteckt, das hört sich alles schon etwas sonderbar an. Ruf die Schnalle morgen nochmal an. Wenn sie keine Zeit hat, dann vergiss sie. Und falls du dich mit ihr triffst, quetsch' sie mal so richtig aus. Frag sie, wo sie wohnt, was sie studieren will und wo sie sich ständig rumtreibt! Verstanden?«

»Ja, mach ich!«

»Und spätestens Sonntag meldest du dich und erzählst mir, was daraus geworden ist, ja?«

»Geht klar. Und danke!«

***

Meine Wohnung ist penibelst aufgeräumt. Alle Fenster sind weit geöffnet, es soll keinesfalls nach Zigarettenrauch riechen. Denn ich erwarte Liria. Und Liria raucht nicht.

Ich habe Claras Rat befolgt. Gegen Mittag hab ich Liria angerufen und gefragt, ob wir uns sehen könnten. Überraschenderweise hat sie mir eine Audienz zugesagt. Am Nachmittag bin ich noch kurz in der Stadt gewesen, um ein Geschenk für sie zu besorgen. Meine Wahl ist auf einen silbernen Armreif gefallen, der nun – eingepackt in rosarotem Papier – in einer Küchenschublade auf seine neue Besitzerin wartet.

Um neun will Liria bei mir sein. Und gleich ist es soweit. Ich stehe völlig unter Strom. Mein Herz hämmert wie verrückt, und es kribbelt in meinem ganzen Körper. Ohne Unterlass gehe ich in meiner Wohnung auf und ab. Immer wieder prüfe ich, ob irgendetwas an einer falschen Stelle herumliegt oder sich womöglich eine Wollmaus in einer Ecke versteckt hält. Es ist nichts zu beanstanden. Beinahe fabianig. Ob Liria bei mir übernachten wird, ist vollkommen ungewiss, aber allein die Vorstellung erscheint mir viel zu fantastisch, als dass ich sie mir im Detail auszumalen wage.

Um zehn nach neun piept mein Handy. > *Es wird was später, bin unterwegs.* <

Gern würde ich noch eine Zigarette rauchen, doch ich habe bereits die Fenster geschlossen und die Heizung angestellt, damit Liria nicht frieren muss. Also verzichte ich auf den Glimmstängel und gehe weiter fahrig in meiner Wohnung umher. Vor meinem großen Schlafzimmerspiegel bleibe ich bei jeder Runde einen Moment stehen und betrachte mich von Kopf bis Fuß. Besser kann ich nicht aussehen!

Erst kurz vor zehn klingelt es an der Tür. Ich drücke den Öffner und lausche Lirias Schritten. Klack-klack, klack-klack, klack-klack, klack-klack. Jetzt hat sie die Treppe erreicht. Stufe für Stufe kommt sie höher. Erster Stock. Ich atme tief durch. Zweiter Stock. Meine Hände beginnen zu zittern. Schließlich erreicht Liria den letzten Treppenabsatz. Bei ihrem Anblick stockt mir der Atem. Wieder hat sie ihre Haare zum Zopf gebunden, trägt dazu riesengroße Ohrringe.

»Hi!«, begrüße ich sie und setze zu einem Kuss auf ihren Mund an.

»Lass mal, hab Lipgloss drauf!«

Verunsichert nehme ich meiner Prinzessin die Jacke ab. Durch Lirias schwarzes, nahezu durchsichtiges Oberteil schimmert ihr neuer *H&M*-BH. Ich muss mich zwingen, nicht permanent auf ihre Titten zu starren.

»Darf ich mich mal umschauen?«

»Klar.«

Bedächtig schreitet Liria durch mein Wohnzimmer. Jedes Möbelstück und jedes Bild sieht sie sich genau an, sämtliche Details sorgfältig analysierend. Ihr Gesichtsausdruck besorgt mich allerdings ein wenig.

»Ist ja 'ne richtige Männerwohnung«, bemerkt sie beiläufig und geht ins Schlafzimmer. »Da sieht's wenigstens ganz nett aus«, murmelt sie, als sie zurück ins Wohnzimmer kommt. »Du rauchst hier ziemlich viel, kann das sein?«

»Ja, kann sein.«

»Riecht man«, entgegnet Liria, rümpft die Nase und setzt sich in meinen Schreibtischsessel.

»Magst du was trinken?«

»Was hast du denn da?«

»Bier, Sekt, Cola und Wasser. Und Milch hab ich auch.«

»Ach, ich möchte nichts, danke.«

Liria ist eiskalt. Sie hat mir noch kein einziges Lächeln geschenkt. Und ich stehe wie ein Trottel inmitten meines Wohnzimmers.

»Lass uns doch auf die Couch setzen«, schlage ich vor.

»Nein, die sieht aus, als würde sie fusseln.«

»Ist das dein Ernst? Du hast Angst vor Fusseln?«

»Wenn ich *eines* hasse, sind das Fusseln auf meinen Klamotten!« Unwirsch kramt Liria eine Kleiderrolle aus ihrer Tasche und hält sie in die Höhe. »Sogar die hab ich immer dabei.«

Meine Besucherin scheint die Prinzessin auf der Erbse zu sein.

»Wo du die Rolle schon dabei hast«, sage ich schmunzelnd, »da kannst du dich doch auf mein Sofa setzen. Und die Fusseln roll ich dir nachher mit dem Ding ab.«

»Darf ich nicht einfach hier sitzen bleiben? Und sollen wir noch weiter über Fusseln reden?«

»Entschuldige.« Ich muss schleunigst etwas tun. Zur Auflockerung solch verkrampfter Unterhaltungen fehlen mir zwar jegliche Erfahrungswerte, aber ich habe ja noch ein As im Ärmel. »Ich hätte da eine Kleinigkeit für dich … «

»Wie, was denn?«, fragt Liria mit hochgezogenen Augenbrauen.

Ich husche in die Küche, hole das Päckchen aus der Schublade und überreiche es untertänigst meiner Angebeteten. »Bitte sehr!«

Mit kritischem Blick packt Liria ihr Geschenk aus. »Oh … « Vorsichtig legt sie den Reif um ihr Handgelenk. »Der ist ja schön«, flüstert sie, lächelt zum ersten Mal und gibt mir einen Kuss.

Ihr Lipgloss klebt auf meinem Mund. Jeder einzelne Partikel ein Schatz von unsagbarer Kostbarkeit. Alles an Liria ist heilig. Ich möchte vor ihr niederknien und die Sohlen ihrer Stiefel lecken. Zum Glück kann ich mich gerade noch beherrschen, setze mich stattdessen allein auf die Couch. »Was hast du denn heute so gemacht?«

»Ich war unterwegs.«

»Und wo?«

»Hier und da.«

»Verstehe … «

Clara würde mich ohrfeigen.

»Wie ist das eigentlich mit deinem Studium? Möchtest du hier studieren, oder gehst du dann in 'ne andere Stadt?«

»Weiß ich noch nicht.«

»Gibt's denn den Studiengang an dieser Uni? Was war das nochmal?«

»Architektur«, erwidert Liria, mittlerweile unüberhörbar genervt.

»Oh, das ist ja interessant. Mein Vater ist Architekt.«

»Ich meine Innenarchitektur.«

»Ach so, ist ja durchaus ein Unterschied, ob man Häuser entwirft oder ob man sie einrichtet.«

»Warum willst du das denn alles wissen?« Liria stützt sich mit den Ellenbogen auf meinen Schreibtisch und vergräbt das Gesicht in ihren Händen. »Hab schon genug Stress gehabt den ganzen Tag.«

Erneut spüre ich das Zittern meiner Finger. Die Wirkung des Armreifs ist verpufft, unsere zweite Verabredung steht an der Schwelle zum ersten Streit.

Unvermittelt nimmt Liria ihre Tasche in die Hand und steht aus meinem Schreibtischsessel auf. »Können wir endlich mal losgehen?«

»Wohin möchtest du denn?«

Liria schaut mich überrascht an. »In den *Bienenstock*, wohin sonst?«

Oje, denke ich, der *Bienenstock* ist nun wirklich kein Laden, in den man eine Frau hineinbringt – dort holt man sie heraus. »Okay, gerne.«

»Ich wasch mir nur vorher kurz die Hände.«

»Klar.«

Als sich nach einer halben Minute die Badezimmertür wieder öffnet, stehe ich schon mit Lirias Jacke bereit. Sie schiebt ihre Hand in den Ärmel, und ich glaube meinen Augen nicht zu trauen. Der silberne Reif ist von ihrem Gelenk verschwunden.

Auf dem Weg in den *Bienenstock* habe ich fast kein Wort gesagt. Ich hab nicht einmal versucht, Lirias Hand zu berühren, und irgendwann ist sie schlicht dazu übergegangen, einen halben Meter vor mir herzulaufen. Mich überkommt das Gefühl, mit einer tickenden Zeitbombe unterwegs zu sein.

Nun stehen wir an einem der oberen Tresen des *Bienenstocks*, und ich hoffe, ich kann den Abend ohne größeren Eklat über die Bühne bringen. Während ich mich krampfhaft bemühe, Liria mit meinen umfangreichen Kenntnissen über die hinter der Theke aufgereihten Alkoholika zu unterhalten, rührt sie gelangweilt mit dem Strohhalm die Eiswürfel ihres Wodka-Red-Bull im Kreis herum.

»Da bist du ja!«, höre ich plötzlich eine Männerstimme sagen.

Lirias Gesichtsausdruck hellt sich auf. »Hallo!«

Neben mir drängelt sich ein Typ vorbei, der mindestens zehn Jahre älter ist als ich. Auf seinem Eierkopf trägt er lediglich einen Haarkranz, über seinem karierten Sakko einen lächerlichen Trenchcoat. Liria umarmt ihn und lacht. Ich spüre einen Adrenalinstoß. Was ist denn das für 'n Clown, denke ich und überlege, ob es ihr Vater sein könnte. Aber das kann nicht sein. Dann geht der alte Mann zur Garderobe.

»Was wollte denn der Spinner?«, frage ich Liria gereizt.

»Wieso Spinner?«, erwidert Liria und zieht die Stirn in Falten, »du kennst ihn doch gar nicht.«

So langsam macht Liria mich wütend. »Was ist eigentlich hier los«, schnauze ich sie an, »den ganzen Abend hast du schlechte Laune und behandelst mich, als hätte ich dir irgendwas angetan. Und kaum taucht der Typ hier auf, bist du gut drauf. Ich kapier das nicht!«

»Ich hatte keine schlechte Laune«, faucht Liria, »wieso gehst du mir denn jetzt schon wieder auf die Nerven?«

»Liria, ich wollte nur einen schönen Abend mit dir verbringen. Aber mittlerweile glaub ich, dass du das gar nicht willst.«

Im Augenwinkel sehe ich den Spinner erneut neben uns stehen. Seine Hand betatscht Lirias heiligen Arsch. Mein Herz schlägt mir bis zum Hals. Ich bin nur eine Sekunde davon entfernt, dem alten Mann die Nase zu brechen. »Entschuldige, das ist gerade 'ne etwas ungünstige Gelegenheit, um uns kennenzulernen«, sage ich zu ihm, »du machst besser mal 'nen Abgang.«

Ungläubig starrt mich der alte Mann an. »*Sie* gehen wohl besser«, schnauft er unerwartet heftig, »und lassen mich mit meiner Lebensgefährtin allein!«

Der Satz zwingt mich beinahe in die Knie. Liria sieht mich gar nicht an. Stumm glotzt sie zu Boden. Wie in Panik laufe ich zur Treppe, nehme gleich fünf Stufen auf einmal, renne durch das Gedränge zum Ausgang, aber ich muss noch weiter weg. Die Straße geradeaus, die nächste rechts, dann nach links. Atemlos bleibe ich stehen. Ich habe keine Ahnung, wo ich bin. *Meine Lebensgefährtin*! Mit meinen zittrigen Händen habe ich Mühe, mir eine Zigarette anzuzünden. Liria hat also einen Typen! So simpel ist das. Ockhams Gesetz: *Die einfachste Erklärung ist meist die richtige.* Und ich naiver Ochse hab mich in diese Schlampe verliebt, denke ich. Seit einer Woche kenne ich Liria. Nur drei Mal haben wir uns gesehen. Und doch bin ich fix und fertig. Für einen Augenblick überlege ich, Clara anzurufen. Nein, es ist viel zu spät! Sie wird sich bis morgen gedulden müssen, um zu erfahren, dass ich auf eine verdammte Schwindlerin reingefallen bin.

Erst jetzt spüre ich die Kälte der Nacht. Ich bin aus dem *Bienenstock* geflüchtet, ohne meine Jacke aus der Garderobe zu holen. Aber die Jacke ist mir scheißegal. Ich kann es nicht fassen. *Meine Lebensgefährtin*. Warum können mich so wenige Worte nur dermaßen treffen? Dabei habe ich Liria nicht mal gefickt.

***

Ganze sechs Wochen bin ich nicht im *Bienenstock* gewesen. Und es kommt mir vor, als sei der Laden der Tatort eines Verbrechens. Eines Verbrechens, dem ich selbst zum Opfer gefallen bin. Die irrsinnige Verabredung mit Liria und ihrem Freund will mir nicht mehr aus dem Kopf gehen. Seither habe ich Liria weder gesehen noch gesprochen. Doch jedes Mal, wenn ich in der Stadt eine große Frau mit dunklem Teint und schwarzem Haarschopf bemerke, zucke ich sogleich zusammen.

Wie konnte ich mich bloß so schnell verlieben, überlege ich, und dann auch noch in eine solch schräge Braut! Mund abwischen und nach vorne schauen, das müsste eigentlich die Devise sein. Allerdings lässt Liria diese Taktik leider nicht zu. Seit unserer letzten Begegnung klingelt ständig mein Telefon, aber nehme ich die Anrufe an, höre ich meist nur ein Klicken in der Leitung. Ab und zu kann ich ein leises Atmen vernehmen. Ich weiß, dass es Liria ist. Mir ist vollkommen schleierhaft, was sie mit ihrem Telefonterror bezweckt, doch den Zugang zu meinen Alpträumen hat sie sich auf diese Weise zumindest schon verschafft.

Obwohl ich mir geschworen hatte, niemals mehr in den *Bienenstock* zu gehen, stehe ich nun erneut vor diesem verfluchten Laden. Bereits vor einer Woche habe ich mich bis ins *Betty Ford* vorgewagt und von dort aus den Eingang des *Bienenstocks* beobachtet. Liria war nicht aufgetaucht. Und heute werde ich mich noch einmal hineintrauen. Zwar liegt mein letzter Besuch eine Weile zurück, dennoch hoffe ich, dass meine Jacke nach wie vor in der Garderobe hängt. Mein Plan steht felsenfest: Ich werde in den *Bienenstock* hineingehen, die Jacke abholen und sofort wieder hinausgehen.

Nachdem mich ein Türsteher reingewunken hat, drehe ich zunächst eine Runde durch das Gewühl der unteren Etage und halte die Augen nach Liria offen. Sie ist nirgendwo zu sehen.

Auch oben kann ich Liria nicht entdecken. Erleichtert lege ich an der Garderobe meine Abholmarke auf den Tresen. »Hast du die Jacke noch da? Ist was länger her.«

Der Garderoben-Homo antwortet so tuckig, dass jeder anständige Schwule vor Fremdscham im Boden versänke. »Ah, mit der Marke ist das kein Problem, mein Liebchen, deine Jacke hängt noch hier. Soll ich sie dir bringen, oder holst du sie nachher ab, hm?«

Für einen Moment zögere ich mit einer Antwort. Neben mir steht eine Frau, den Mantel bereits über den Arm gelegt. Sie ist höchstens einen Meter sechzig groß und ihr Outfit für den *Bienenstock* einen Tick zu elegant geraten.

»Und?«, fragt sie mich plötzlich, dabei verschmitzt lächelnd.

»Ach«, sage ich zu dem Garderobier, »bin ja grad erst reingekommen. Ich schau mich mal was um und hole die Jacke dann später.«

Augenzwinkernd gibt er mir die Marke zurück. »Aber nicht wieder vergessen.«

»Passiert mir bestimmt kein zweites Mal«, brummele ich und wähle einen Platz an der Theke, von dem ich die Treppe beobachten kann, um schnell zu verschwinden, falls Liria aufkreuzt. Als ich die Bedienung herbeigenickt habe, höre ich hinter mir eine Stimme.

»Entschuldigung, darf ich auch was bestellen?«

Ich drehe mich um und stehe vor der Frau von der Garderobe. Das kann kein Zufall sein. »Klar«, erwidere ich und rücke ein Stück zur Seite.

Auf Zehenspitzen bestellt sie einen Wodka-Red-Bull.

»Mach direkt zwei!«, rufe ich der Bedienung hinterher.

Kurz darauf habe ich beide Drinks bezahlt, und wir prosten uns zu.

»Allein hier?«, möchte sie wissen.

»Japp«, antworte ich und erwarte gleichzeitig die Grundsatzdiskussion über die Tatsache, dass man doch abends unmöglich allein ausgehen könne.

»Genau wie ich«, entgegnet sie stattdessen, »eigentlich war ich mit 'ner Freundin unterwegs. Aber die ist schon schlafen gegangen. War ziemlich kaputt von gestern, da haben wir auch was länger gefeiert.«

»Aha. In welchem Hotel seid ihr denn?«

»Im *Zum*, gar nicht weit von hier.«

»*Zum?* Zett-Uh-Em? Kenn ich gar nicht. Ist das 'ne Abkürzung?«

»Keine Ahnung, meine Freundin hat das gebucht. Vielleicht der Nachname von den Besitzern.«

»Ist ja auch nicht so wichtig«, erwidere ich lächelnd und überlege, wie alt mein Gegenüber sein könnte. Auf jeden Fall älter als ich. Mit den aufgedonnerten Teenies, die auf der Tanzfläche rumschwirren, hat sie so gar nichts gemein. Sie trägt eine graue Hose, dazu eine hellblaue Bluse, um den Hals ein Seidentuch. Dem Zopf, der ihre blonden Haare im Zaum hält, ist nicht eine einzige Strähne entronnen. Wenn Liria einen Zopf trug, hingen rechts und links ihres Gesichts stets einige Strähnen runter, an denen sie ständig herumspielte. Aber nun habe ich es mit einer echten Lady zu tun. An ihr ist nichts Verspieltes. Sie ist dezenter geschminkt als jede andere Frau im *Bienenstock*. Pinkfarbener Lippenstift oder Lipgloss würden lächerlich an ihr wirken.

»Morgen fliegen wir wieder zurück nach Hamburg«, erzählt die Lady, »und weil ich nur noch eine Nacht hier bin, bleib ich ja nicht im Hotel sitzen. Schließlich möchte ich was erleben.«

Ich verstehe auf Anhieb, was die Lady erleben möchte. Beim Sprechen kommt sie mir mit der Wange so nah, dass ich meinen Kopf lediglich um wenige Grad drehen muss, damit sich unsere Lippen berühren. Sofort knutscht sie wild drauflos.

Wohl eher eine Schlampe als eine Lady, denke ich, aber das ist mir alles andere als unrecht. Allerdings habe ich ein Problem. Ich hatte es schon vor dem Eingang des *Bienenstocks* gemerkt. Da habe ich es nicht für besonders schwerwiegend gehalten. Ich wollte ja bloß meine Jacke abholen und wieder nach Hause gehen. Doch jetzt wird es kritisch. Ich muss kacken. Und zwar ganz dringend. »Entschuldige, darf ich dich kurz aus den Augen lassen? Bin mal auf Toilette.«

»Ja, Süßer«, haucht meine Blondine, »nur lass mich bitte nicht zu lang allein!«

Ich habe keine Sekunde zu verlieren. Sie ist 'ne idiotensichere Nummer, und die darf ich mir keinesfalls entgehen lassen. Auf der Toilette habe ich Glück. Trotz des Gedränges im Laden ist eine Kabine frei. Flugs schließe ich die Tür und klappe den Klodeckel hoch. Irgendein Witzbold hat ein Weizenglas in den Siphon des Tiefspülers gesteckt. Das Glas ist randvoll mit Pisse. Blitzschnell reiße ich mehrere Blätter Klopapier von der Rolle und lege die Streifen auf die Brille. Als ich losdrücke, spüre ich sofort, dass ich eine der größten Kackwürste meines Lebens produziere.

Nach getaner Arbeit wische ich mir den Arsch ab und werfe das Papier in die Schüssel. Ich kann es nicht glauben. Die Kackwurst schwimmt senkrecht in dem mit Pisse gefüllten Glas. Verdammt, denke ich, schiebe die Klopapierfetzen von der Brille in die Schüssel, werfe ein weiteres Blatt, das am Schweiß meiner Arschbacke pappen geblieben ist, hinterher und spüle ab. Das Papier wird an dem Weizenglas vorbei in die Tiefe gezogen. Die Scheiße im Glas ist noch da. Hektisch klappe ich den Klodeckel runter und öffne die Tür. Vor mir steht ein Wolfgang-Petry-Doppelgänger, der auf eine frei werdende Toilette gewartet hat.

Auch das noch, überlege ich, als ich mich an ihm vorbeischiebe, der wird gleich eine schöne Überraschung erleben. Nie und nimmer kann ich im *Bienenstock* bleiben. Wenn ich mich seelenruhig zu meiner Lady an den Tresen setze, um mit ihr herumzuknutschen, dackelt womöglich Wolle Petry bei uns entlang. Vielleicht wird er sagen: *Ey, du Sau! Man scheißt doch nicht in Biergläser!* Vielleicht wird er auch gar nichts sagen und mich nur angewidert ansehen. Selbst das wäre mir der Peinlichkeit zu viel. So schnell wie möglich eile ich zurück zur Theke. »Da bin ich wieder.«

»Hey, Süßer, hab dich vermisst.«

»Was hältst du davon, wenn wir unsere Sachen aus der Garderobe holen und woanders hingehen?«

»Gern. Aber nicht zu mir ins Hotel, da schläft ja meine Freundin. Wir müssten dann schon zu dir.«

»Gut, machen wir uns auf den Weg!«

Bereits im Taxi hat meine Lady kichernd versucht, mir die Hose zu öffnen. Bei mir zu Hause knipse ich gerade noch das Licht im Flur an, da drängt sie mich ins Schlafzimmer und zieht mich auf mein Bett. Als ich ihr die Bluse öffne, um mich ihren Titten zu widmen, bin ich regelrecht entsetzt. Was ist das denn für 'n Bauch, denke ich, der ist ja total labbrig! Im fahlen Schein des aus dem Flur fallenden Lichts kann ich einige narbenartige Streifen auf ihrer Bauchdecke erkennen. »Hast du etwa ein Kind?«, frage ich bestürzt, und im selben Moment wird mir klar, dass ich eine außergewöhnlich dumme Frage gestellt habe.

»Ja«, entgegnet sie lachend, »aber meine Tochter ist längst nicht alles.«

Ich bin zu Tode erschrocken. Einen Ehering trägt sie nicht, darauf hatte ich eigens geachtet.

»Stell dir vor, ich hab auch 'nen Hund!«

Entschuldigend schüttele ich den Kopf. »Sorry, ich hatte noch nie Sex mit 'ner *Mutter*.«

Meine Lady streichelt mir das Gesicht, als sei ich ein kleiner Junge. »Du bist wirklich süß. Aber das funktioniert bei mir genauso, wie bei allen anderen. Ich bin auch nicht verheiratet. Also, zumindest nicht mehr so richtig. Und jetzt genug geredet. Lass uns endlich Spaß haben!«

***

»Ich hab doch gesagt, dass es solche Läden in jeder Stadt gibt«, lacht meine Lady, als wir das Geschäft für Kinderbekleidung verlassen.

»Ist mir noch nie aufgefallen … «

Es ist zwei Uhr nachmittags, ihr Flieger nach Hamburg geht erst um fünf. Die halbe Nacht lang haben wir gevögelt, und selbst als ich am Mittag unter der Dusche stand, ist sie plötzlich zu mir in die Duschkabine gekommen. Vor einer Dreiviertelstunde haben wir noch gefickt, und nun spazieren wir geradewegs mit einem Strampelanzug im Gepäck aus einem Baby-Laden.

»Hast Glück, dass ich meinem Hund nichts mitbringen soll, sonst müsstest du mich noch in eine Zoohandlung begleiten.«

»Nee, nee, so was gibt's in dieser Stadt gar nicht«, erwidere ich und bekomme postwendend einen Kniff in die Seite.

»Du magst wohl keine Hunde.«

»Na ja, ich hab Katzen lieber.«

Mit einem Mal drückt die Lady ihren Kopf an meine Schulter. »Miaaau!«

»Du bist echt verrückt. Jetzt lass uns mal so langsam zu deinem Hotel gehen.«

»Ja«, seufzt sie, »meine Freundin dreht mir bestimmt den Hals um, weil sie seit gestern nichts mehr von mir gehört hat. Hatte wirklich gedacht, ich brauch mein Handy nicht.«

Arm in Arm flaniere ich mit meiner Begleiterin durch die Fußgängerzone, unentwegt hoffend, dass uns bloß nicht Liria über den Weg läuft. Noch vor sechs Wochen bin ich mit ihr händchenhaltend durch die Stadt gegangen, beseelt vom festen Glauben, sie sei die Liebe meines Lebens. Doch nun bin ich mit einer Lady unterwegs. Oder so etwas Ähnlichem. Auf den ersten Blick hatte ich sie völlig falsch eingeschätzt. Sie ist lustig und süß und obendrein total versaut. Es ist ein gutes Gefühl, sie im Arm zu halten. Seltsamerweise ist es ein ebenso gutes Gefühl, sie in ein paar Stunden vierhundert Kilometer weit weg zu wissen und sie als ein kurzes, aber aufregendes Sex-Abenteuer abhaken zu können. Keine Sekunde werde ich sie derart vermissen wie Liria in den letzten Wochen.

»So«, sagt meine Lady, als wir in eine Seitenstraße einbiegen, »da vorn ist auch schon das *Zum*.«

Ungläubig schaue ich auf die Fassade des Hotels. »Lies mir mal bitte vor, was auf dem Schild steht!«

»HOTEL ZUM.«

»Und was siehst du dahinter?«

»Einen Stern.«

»Und jetzt setz das mal zusammen!«

»HOTEL ZUM … STERN?« Meine Lady kann sich vor Lachen kaum halten. »Oje, manchmal bin ich echt schwer von Begriff. Und ich bin mal gespannt, ob meine Freundin auf dem Zimmer ist. Kommst du noch mit hoch?«

Ich ahne, was meine Lady vorhat. Wenn wir allein oben sind, will sie bestimmt die Zeit für einen letzten Fick nutzen. Und vermutlich törnt es sie sogar an, dass ihre Freundin währenddessen jederzeit hineinplatzen könnte. »Klar komm ich mit!«

In ihrem Zimmer treffen wir allerdings sofort auf eine aufgebracht quasselnde Mittvierzigerin. »Da bist du ja endlich! Wo warst du denn so lange? Ich hab mir solche Sorgen gemacht!«

Die beiden fallen sich in die Arme, ich schließe die Tür und stehe etwas verloren im Raum herum.

»Ach, Franzi«, lacht meine Lady, »ich war bei dem Süßen hier.«

Ich hebe die Hand zur Begrüßung. »Hi!«

Franzi wirkt nicht sonderlich begeistert. »Hallo«, erwidert sie auffällig kühl und brabbelt gleich weiter auf meine Lady ein. »Ich bin so froh, dass es dir gut geht! Heute Mittag war ich schon bei der Polizei, um dich vermisst zu melden.«

»Was? Das ist doch nicht dein Ernst!«

»Ja, wirklich! Ich hab denen gesagt, du bist in den *Bienenstock* gegangen und danach nicht mehr zurück ins Hotel gekommen. Da haben die nur gelacht.«

»Die Bullen haben dich ausgelacht?«

Nun muss Franzi selber lachen. »Die meinten, es kommt öfter mal vor, dass 'ne Frau allein in den Laden geht und über Nacht wegbleibt. Bisher wären aber alle am nächsten Tag wieder aufgetaucht.«

Ich scheine nicht länger gebraucht zu werden. »Äh, ich bin dann mal weg.«

»Warte, Süßer«, ruft meine Lady und drückt mir einen Abschiedskuss auf.

Kurz winke ich noch zu Franzi herüber und ziehe die Tür hinter mir zu. Einen Wimpernschlag später öffnet sich der Eingang erneut, und kichernd steckt meine Lady ihren Kopf durch den Spalt. »Ich heiße übrigens Nicole.«

Auf dem Heimweg kreisen meine Gedanken einzig um Franzis abstruse Geschichte. Bei der Polizei ist sie gewesen! Letztendlich wegen mir! Zwar habe ich mir nichts zu Schulden kommen lassen, dennoch begleitet mich ein ungutes Gefühl. Und obwohl ich weiß, dass mich niemand verfolgt, drehe ich mich vorsichtshalber mehrfach um. Erst als ich die Haustür hinter mir geschlossen habe, fühle ich mich sicher. Erleichtert gehe ich die Treppe hinauf, vor meiner Wohnung bleibe ich jedoch wie versteinert stehen. An meinem Türrahmen hängt ein kleiner Zettel, und ich weiß auf der Stelle, wer ihn dort hingeklebt hat.

So etwas hätte ich nicht von Dir gedacht. Ich bin sehr enttäuscht. Liria

***

»Hi David, lang nichts mehr gehört. Was geht?«

»Hi, alles bestens. Wollte nur kurz wegen Silvester Bescheid sagen. Wir feiern im *Café Bizarr*. Fred macht 'ne Riesenparty.«

»Nee, lass mal. Ich feier dieses Jahr nicht.«

»Bist du meschugge? Anti ist auch am Start!«

»Nein, nein, ich bleib zu Hause.«

»Dein letztes Wort?«

»Mein letztes Wort!«

»Blödsinn, Mann! Du kommst! Was ist mit Clara?«

»Clara? Die wohnt doch in Berlin.«

»Ja, ich weiß, aber sie verbringt bestimmt Weihnachten bei ihren Eltern. Vielleicht bleibt sie ja länger.«

»Keine Ahnung. Ich wollt sie sowieso grad anrufen, dann frag ich mal nach.«

»Okay, grüß sie schön. Wir sehen uns Silvester!«

»Wir sehen uns im neuen Jahr!«

»Hi Clara!«

»Hi, was gibt's? Wieder 'ne Touristin aufgerissen?«

»Nee, Quatsch. Hab eben mit David gesprochen. Schöne Grüße von ihm. Er wollte wissen, ob du Silvester noch bei deinen Eltern bist.«

»Silvester? Da bin ich längst zurück in Berlin. Ich mach wahrscheinlich was mit Lego.«

»*Lego?*«

»Ja, Lego. Hab dir doch von ihm erzählt. Der im dreißigsten Semester Literatur studiert.«

»Ach, *der* Lego.«

»Genau! Der hat übrigens 'nen neuen Job. Er macht jetzt Bücher kaputt.«

»Und dafür wird man in Berlin bezahlt?«

»Ja, ernsthaft! Wegen der Buchpreisbindung. Die gilt anderthalb Jahre, aber nicht für Mängelexemplare. Und wenn sich nach 'ner Woche rausstellt, dass keiner den festgesetzten Preis bezahlen will, kommt Lego ins Spiel. Er ramponiert über tausend Bücher am Tag.«

»Aha. Interessant.«

»Interessant? Erkennst du nicht die Ironie? Lego studiert *Literaturwissenschaft*!«

»Ja, schon klar.«

»Hm, für so was hast du wohl keinen Sinn. Wo war ich überhaupt? Ach ja, Silvester. Feierst du mit David und Anti?«

»Nein, keine Lust.«

»Kannst auch gern nach Berlin kommen. Hab 'n Gästesofa in der Küche stehen.«

»Nee, ich bleib allein zu Hause.«

»Wieso, ist bei euch Silvester nichts los?«

»Doch, doch, bin sogar eingeladen. Mike hat mich die Tage angerufen.«

»Der *tolle* Mike?«

»Ja, der legt in irgendeinem Laden auf, *Stonehenge* oder so. Aber ich geh nicht hin. Ich mach sonst *jedes* Wochenende was, nur Silvester hab ich einfach keine Lust.«

»Ist doch okay. Du feierst eben antizyklisch.«

»Äh, ja … Ich sag dann David Bescheid, dass du auch nicht ins *Bizarr* kommst. Und wir telefonieren vor Silvester nochmal.«

»Ja, klar. Bis dahin.«

Ich habe Clara belogen. Und ich habe David belogen. Und ich werde jeden weiteren Menschen belügen, der mich fragen sollte, wo ich Silvester feiere. In Wahrheit möchte ich nämlich gar nicht allein zu Hause bleiben. Ich werde den Jahreswechsel mit meiner Freundin begehen. Mit Liria.

III.

Delieren geht über studieren

Betriebswirtschaftslehre. Reines Verlegenheitsstudium, dachte ich, als ich meinen Daihatsu Charmant auf der Suche nach der Himmelstraße 44 durch ein abgelegenes Wohngebiet lenkte. Zumindest mein Vater war begeistert gewesen. »Als Betriebswirt hast du später alle Möglichkeiten«, hatte er prophezeit, »mit einem guten Diplom steht dir die gesamte Finanzwelt offen!« Aber was hatte ausgerechnet *ich* in der Finanzwelt verloren?

Schließlich konnte ich die Himmelstraße ausfindig machen. Dort würde ich von nun an leben. Zum ersten Mal allein. Dabei hatte ich die Wohnung vorher nicht mal besichtigt. Meine Eltern hatten sie für mich gesucht – bei der Bundeswehr hatte mir für derartige Nebenkriegsschauplätze einfach die Zeit gefehlt. Erst seit drei Tagen trug ich keine Uniform mehr, und gefühlsmäßig war ich noch längst nicht im Zivilleben angekommen. Wahrscheinlich hatte ich deswegen vor meiner Abfahrt versehentlich *Himmlerstraße 44* auf den Stadtplan gekritzelt.

Von unserer Heimatstadt aus hatten meine Eltern im lokalen Käseblatt eine Annonce aufgegeben, beginnend mit der peinlichen Formulierung »*Wir suchen für unseren Sohn*«, endend mit dem irrigen Hinweis »*Nichtraucher*«.

Möcht nicht wissen, was für fabianige Leute sich auf diese lachhafte Anzeige gemeldet haben, überlegte ich, nachdem ich meinen Charmant neben einer akkurat geschnittenen Hecke geparkt, einen akkurat gepflegten Vorgarten durchquert und auf eine akkurat polierte Messingklingel gedrückt hatte.

Ein Rentner-Ehepaar öffnete mit erwartungsvollen Gesichtern die Tür. Sie, einen halben Meter zu klein geraten und mit unangenehm schriller Stimme ausgestattet, übernahm die Begrüßung. Ihr Mann, groß und ziemlich übergewichtig, schwieg.

»Kommen Sie rein, der Kaffee ist schon fertig!«

Ich zuckte zusammen. »Danke, ich trinke keinen Kaffee.«

»Tee?«

»Nein, Tee auch nicht«, erwiderte ich und hoffte, meine Abnormität würde ein Mietverhältnis nicht im letzten Augenblick unmöglich machen. »Ich wollt' nur kurz den Schlüssel abholen, hab's relativ eilig …«

Doch zwischen mir und meiner Wohnung stand eine andere, alles entscheidende Hürde: »Und Sie sind wirklich Nichtraucher?«

»Selbstverständlich!«

Lächelnd reichte mir die kleine Frau den Schlüssel. »Beim nächsten Mal bringen Sie hoffentlich etwas mehr Zeit mit, um uns kennenzulernen.«

»Ja, klar«, entgegnete ich, und mit diesem Moment war ich Mieter meiner ersten eigenen Wohnung. Und Nichtraucher.

Vor dem Fenster meines Zimmers lag die Garage meiner Vermieter. Jedes Mal, wenn sie mit ihrem alten Lexus in die Stadt fahren wollten, wartete die kleine Frau ungeduldig neben der Einfahrt, bis ihr stummer Ehemann den Wagen aus der Garage bugsiert hatte und sie endlich einsteigen konnte. Und jedes Mal nutzte die Frau diese etwa zwanzig Sekunden, um mir durch die Scheibe zuzuwinken. Wie ich das hasste! Sie winkte, wie alle alten Frauen winkten: Endlos lange und mit einem Lächeln, das ihr Gesicht beinahe zur Fratze verzerrte. Irgendwie erinnerte mich die Frau an meine Mutter. Also ließ ich kurzum die Rollläden am frühen Nachmittag herunter, womit ich vor der winkenden Vermieterin sicher war.

Ich wollte nur meine Ruhe haben. Zwölf Monate lang hatte ich mir ein Zimmer mit fünf anderen Soldaten teilen müssen.

Meine Privatsphäre hatte sich auf ein Schließfach in meinem Spind beschränkt, in das lediglich ein kleiner Rucksack passte. Aber jetzt hatte ich ein ganzes Zimmer für mich allein. Und niemand sagte mir, *was* ich *wann* zu tun hatte, *was* ich *wann* essen durfte oder wie viel davon. Kein Mensch kontrollierte den ordnungsgemäßen Zustand meiner Kleidung oder die Gründlichkeit meiner Rasur. Ich war frei. Und ich genoss meine Freiheit in vollen Zügen. Die meiste Zeit verbrachte ich im Jogginganzug, rasierte mich nicht mehr, und meine Ernährung schwankte im Wesentlichen zwischen Toastbrot mit Cola und Kartoffelchips mit Bier.

Sebastian hatte es in die gleiche Stadt verschlagen wie mich. Seit unserer gemeinsamen Schulzeit kannten wir uns, zudem war er der beste Freund vom tollen Mike. Zwei Semester studierte er bereits Jura, und ein paar nützliche Tipps hatte er bestimmt für mich parat. Schon in der Schule hatte sich Sebastian eine Spur zu schick angezogen, recht intellektuell tat er obendrein. Meist trank er Bier, aber Sebastian behauptete gern, einen Single Malt Whiskey (ohne Eis) oder einen guten Chardonnay vorzuziehen. Im Grunde war er ein Spießer, jedoch weit davon entfernt, fabianig zu sein.

Als Sebastian in meiner Wohnung eintraf, trug er ein blaues Oberhemd, eine Cordhose und Schuhe, die aussahen wie indianische Mokassins. Der grüne Stoff seiner wachsbeschichteten Jacke wirkte ein wenig abgewetzt. Freudig gab er mir die Hand. »Hey, lang nicht mehr gesehen! Und, wie war die erste Woche an der Uni?«

»Alles ziemlich chaotisch.«

»Du weißt ja, wenn du Hilfe brauchst, dann frag mich einfach.«

»Danke, danke, im Moment geht's noch. Nur fand ich das am Anfang echt krass, dass man in der Uni anziehen kann, was man will.«

Sebastian sah mich verwundert an. »Wieso sollte man das denn nicht dürfen?«

»Bin's halt anders gewohnt«, entgegnete ich, holte nebenher zwei Bierdosen aus dem Kühlschrank. »Ach, ich räum dir rasch ein bisschen Platz zum Sitzen frei.«

»Danke«, erwiderte Sebastian und wies auf meine Triumph-Adler. »Eines kann ich dir garantieren: Um einen PC kommst du heutzutage nicht mehr drumrum. Und so ein Ding ist viel praktischer als 'ne Schreibmaschine, glaub mir!«

Dass ich jemals im Leben einen Computer benötigen könnte, erschien mir völlig absurd. »Wie geht's eigentlich Mike?«

»Gut, gut! Ist grad bei seinem Vater im Osten. Der macht da anscheinend Geschäfte im ganz großen Stil.« Plötzlich fing Sebastian an zu grinsen. »Ich hab 'ne unfassbare Neuigkeit für dich. Du kannst dich ja an Katharina erinnern …«

In der Tat konnte ich das. Katharina war eine der heißesten Bräute unserer Heimatstadt. Aber unglücklicherweise war sie gleichzeitig Mikes kleine Schwester. Und stets hatte der tolle Mike darauf geachtet, dass keiner seiner Freunde ihr auch nur einen Millimeter zu nahe kam.

»Du wirst es nicht glauben: Sie hat sich als Lesbe geoutet!«

»Das gibt's ja nicht! Und was sagt Mike dazu?«

»Der hat sich kaputtgelacht. Und es erklärt endlich, warum nie einer von uns bei ihr landen konnte.«

»Ja, und es erklärt auch, warum sie immer *wie geleckt* aussah!«

»Hm, was?«

»Ach, nichts.«

Wir leerten noch zahlreiche weitere Bierdosen, zugleich beschrieb mir Sebastian, wo man sich Bücher ausleihen konnte, wo die meisten Partys gefeiert wurden und die besten Kneipen und Discotheken der Stadt zu finden waren.

»Und vergiss nicht«, lallte Sebastian zum hundertsten Mal, als er gegen drei Uhr früh aus meiner Tür wankte, »wenn du Hilfe brauchst, dann frag mich einfach!«

***

Es war bereits äußerst ungewöhnlich, überhaupt ein Schreiben in meinem Briefkasten vorzufinden, aber die Karte, die mich an einem verregneten Dienstag erreichte, hatte es wahrlich in sich. Die Deutsche Bundespost teilte mir offiziell mit, dass in der nächstgelegenen Filiale ein Exemplar des neuen Telefonbuchs auf mich wartete.

Vergnügt holte ich mir den zitronengelben Wälzer ab. Noch auf dem Rückweg blätterte ich aufgeregt in den dünnen Seiten, und prompt fand ich meinen Namen mitsamt Adresse und Rufnummer. Ich konnte stolz sein. Der Eintrag war die Manifestation der Tatsache, dass ich ein selbständiger Mensch war!

Wie sich allerdings alsbald herausstellte, diente der Telefonanschluss ausschließlich dem allsonntäglichen Gespräch mit meiner Mutter. Den engeren Kontakt zu meinen Freunden hatte ich spätestens durch meine Zeit bei der Bundeswehr verloren - wenn nicht schon vorher, als ich mit Bianca zusammengekommen war. Und Bianca hatte pünktlich zum Ende meines Wehrdienstes mit mir Schluss gemacht. Auch war es mir unmöglich, kurz entschlossen in mein Auto zu steigen, um meine Leute zu besuchen. Für das notwendige Benzin fehlte mir schlicht das Geld. Zwar zahlte mein Vater die Miete und überwies noch dazu monatlich dreihundert Mark auf mein Konto, doch selbst wenn ich seit meinem Einzug nicht mehr rauchte und mich bei meiner Ernährung auf billigste Discounterprodukte beschränkte, blieb für all die Kneipen und Discotheken, die Sebastian mir empfohlen hatte, kein Pfennig übrig.

Ich sah Sebastian in der folgenden Zeit sowieso höchst selten. Gelegentlich traf ich ihn zufällig in der Mensa, aber seine Freunde, die permanent um ihn herumschwirrten, waren mir schrecklich unsympathisch. Oft trugen sie die gleichen komischen Mokassin-Schuhe wie Sebastian, manchmal sogar die gleichen Hemden und Hosen. Doch *immer* hatten sie die gleichen Jacken an. Die mit der Wachsbeschichtung.

»Das sind *Barbour-Jacken*«, hatte Sebastian mir erklärt, »die trägt man als Jurist nun mal.« Ich hingegen fragte mich, warum sich Juristen freiwillig uniformierten, obwohl man in der Uni doch glücklicherweise anziehen konnte, was man wollte.

Nach drei Wochen besuchte ich die Vorlesungen nur noch sporadisch. Ich schaffte es beim besten Willen nicht mehr, regelmäßig morgens aufzustehen. Denn die Nächte verbrachte ich vor dem Fernseher. Jeden Abend besorgte ich mir einige Dosen Bier und freute mich dabei schon auf das Fernsehprogramm. Zum ersten Mal in meinem Leben hatte ich einen Kabelanschluss, und es war fantastisch. Bei meinen Eltern hatte es nur eine Handvoll Programme gegeben, aber nun empfing ich weit über dreißig Sender. Und irgendwo lief immer was Interessantes, selbst um fünf Uhr morgens.

Etwa sechs Wochen später ging ich gar nicht mehr zur Uni. Mein Wecker klingelte inzwischen um zwei, und ich schlief trotzdem weiter. Mit gutem Gewissen als sanftem Ruhekissen. Ein ganzes Jahr hatte ich bei der Bundeswehr geknechtet, ein paar Monate Auszeit wirklich verdient. Allerdings verursachte mein Alkoholkonsum auf Dauer ein ernsthaftes Problem: Ich produzierte zu viele leere Bierdosen.

Gemäß der gerade eingeführten Mülltrennung gehörten Getränkedosen als Wertstoff in den *gelben Sack*. Und leere Bierdosen waren nahezu mein einziger Wertstoff. Die wenigen Shampooflaschen und Konservenbüchsen, die ich in den Beutel hineinwarf, gingen in der Masse der Dosen förmlich unter. Unmöglich konnte ich diese riesengroßen, mit Bierdosen zum Bersten gefüllten Tüten am Abholtag vor die Haustür stellen und so meinen biederen Vermietern offenbaren, womit ich meine Zeit verbrachte. Auch wäre es viel zu riskant gewesen, die Säcke mitten in der Nacht heimlich vor ein anderes Haus zu bringen. Hätte mich dabei ein neugieriger Nachbar durch die Schlitze seines Rollladens beobachtet, es wäre das Tagesgespräch gewesen unter den rechtschaffenen Einwohnern der Himmlerstraße.

Also packte ich die gelben Säcke unauffällig in mein Auto, sammelte die leeren Bierdosen fortan in kleinen Plastiktüten, und sobald eine Tüte voll war, verschwand diese ebenfalls dezent im Kofferraum meines Charmant. Den Wagen bewegte ich ohnehin so gut wie nie, und ich war froh über den zusätzlichen Stauraum, der mein Alkoholproblem vorerst löste.

An meinem dreiundzwanzigsten Geburtstag bimmelte mein Wecker bereits um eins. Ich drehte mich noch einmal um, schloss kurz die Augen, sah erneut auf die Uhr und erstarrte. Zwei Uhr! Um vier Uhr musste ich bei meinen Eltern sein. Und *vier Uhr* hieß bei ihnen auch *vier Uhr*. Nicht eine Sekunde später! Obwohl erst Anfang Juni, bemerkte ich schon beim Aufstehen die ungewöhnliche Hitze. Blitzschnell nahm ich eine Dusche und quetschte mich in die letzte Hose, in die ich noch hineinpasste. Jede Minute zählte. Ich rannte zu meinem Auto und öffnete die Tür. Einer Monsterwelle gleich, schwappte der Gestank aus dem Wagen und riss mich fast von den Beinen. Es lagen mittlerweile hunderte leerer Bierdosen in meinem Charmant, und die ersten Büchsen hatte ich bestimmt vier Monate zuvor dort entsorgt. Nachdem der Kofferraum irgendwann vollkommen mit Dosen angefüllt war, hatte ich die Rückbank als Wertstoffdepot genutzt und die Mülltüten notdürftig mit Handtüchern abgedeckt. Allein die verschimmelnden Bierreste mussten einen barbarischen Gestank entwickelt haben, doch überdies hatte die Sonne das Innere meines Wagens dermaßen aufgeheizt, dass der grauenhafte Mief nahezu unerträglich war.

Angewidert stieg ich ein, kurbelte beide Seitenfenster runter und fuhr los. Bis zur Autobahnauffahrt kämpfte ich mit dem Brechreiz. Ich gab Vollgas. Der durch die geöffneten Fenster tosende Fahrtwind mischte sich mit dem lautstarken Flattern der Plastiktüten auf der Rückbank – ein ohrenbetäubender Lärm. So muss es Francis Drake bei der Umsegelung Kap Hoorns ergangen sein, dachte ich.

An jeder Autobahnraststätte überlegte ich, einen Stopp einzulegen und die Dosen einfach in einen Mülleimer zu werfen. Aber das hätte mich zu viel meiner knappen Zeit gekostet. Stattdessen schaltete ich die Belüftung auf die oberste Stufe und raste in Höchstgeschwindigkeit mit dem stinkenden Müllauto Richtung Heimat.

Um zehn Minuten vor vier bog ich in die Straße meiner Eltern ein. In der Doppelgarage war nur der Wagen meines Vaters zu sehen, mein Bruder offensichtlich unterwegs. Ich parkte den Charmant auf der Einfahrt und begutachtete die Müllhalde auf der Rückbank. Trotz der Hitze waren die Sitze noch immer feucht. Selbst wenn ich alle Dosen vor meiner Rückfahrt im nahegelegenen Wunschbrunnen entsorgt hätte, würde das Polster weiterhin diesen bestialischen Geruch verbreiten. Und das wollte ich nicht nochmal zwei Stunden lang aushalten müssen. Aber noch hatte ich eine Frist von zehn Minuten. Noch saßen meine Eltern mit Sicherheit auf der Terrasse hinter dem Haus. Erst ab Punkt vier Uhr würden sie ungeduldig aus dem Fenster schauen. Bis dahin könnte ich die verseuchten Polster notdürftig mit Reinigungsmittel eingesprüht haben.

In der Garage fand ich eine Flasche Sidolin und eine Rolle blauer Müllsäcke. Nach kürzester Zeit hatte ich die Dosen von der Rückbank in zwei große Säcke umgepackt und stellte die klappernden Beutel vorsichtig auf die Einfahrt. Gerade als ich den ersten Sack zuknoten wollte, hörte ich von der Haustür die Stimme meiner Mutter.

»Junge, was machst du denn da?«

»Äh, gar nichts«, antwortete ich und ging schnellen Schrittes auf sie zu, um ihre Aufmerksamkeit von meinem geheimnisvollen Treiben abzulenken.

»Herzlichen Glückwunsch zum Geburtstag!«, strahlte Marianne und gab mir die Hand. »Komm erstmal in die Küche. Fabi ist gewiss gleich hier, dann trinken wir zusammen Kaffee.«

Aus dem Küchenfenster konnte ich den gedeckten Terrassentisch erkennen. Um einen Kuchen in der Tischmitte waren vier Teller platziert. Neben jedem Teller stand eine Kaffeetasse. Meine Mutter würde es nie lernen.

»Wie läuft's denn an der Uni?«

»Ach, es geht. Die Vorlesungen sind teilweise sehr interessant, nur manchmal auch recht schwierig.«

»Ja, Junge, Lehrjahre sind keine Herrenjahre«, entgegnete Marianne und zupfte in meinem Gesicht herum. »Hast ja 'nen richtigen Bart. Vor lauter Lernerei kommst du wohl nicht dazu, dich zu rasieren.«

Noch bevor ich eine weitere Lüge loswerden konnte, betrat mein Vater die Küche. »Herzlichen Glückwunsch!« Er gab mir die Hand. »Und, wie geht's mit dem Studium voran?«

»Ist ganz interessant ... manchmal auch schwierig.«

»Ja, ja, von nichts kommt nichts. Setz dich doch mal!«

Wir nahmen am Küchentisch Platz, und mir war klar, welche Frage nun auf mich zukam.

»Hat immer noch keiner versucht, dich für eine Burschenschaft anzuwerben?«

Ich wusste, was ich zu antworten hatte. »Nein, mich hat niemand angesprochen. Aber da würd ich sowieso nicht mitmachen.«

Obwohl ich meinem Vater stets dieselbe Antwort gab, schien er noch immer nicht gänzlich von meiner Aufrichtigkeit überzeugt. »Hm, nimm dich bloß in Acht! Du weißt ja, was deinem Großonkel Albert passiert ist, nachdem er in eine schlagende Verbindung eingetreten war ... «

Die Geschichte kannte ich zur Genüge. Großonkel Albert war von seinen Eltern aus dem Testament gestrichen worden.

Allerdings wusste ich ebenso, dass Großonkel Albert eine reine Erfindung meines Vaters war. Mit seinem Schicksal wurde ich seit meiner Kindheit vor allem Unchristlichen gewarnt. Vor Tätowierungen, Arbeitslosigkeit, Kriminalität und Alkoholismus. Großonkel Albert hatte wirklich jede Todsünde begangen. Hätte er tatsächlich existiert, er wäre der coolste Großonkel der Welt gewesen. Ich musste meine Eltern dringend ablenken.

»Und, was gibt's *hier* Neues?«

Meine Mutter schaute mich mit leidender Miene an. »Ach Junge, ich hab schrecklich viel Arbeit wegen der Umstellung der Postleitzahlen. Seit Tagen bin ich damit beschäftigt, all die Anschriften in meinem Adressbuch zu ändern. Ich weiß gar nicht, was das soll. Mit den alten Postleitzahlen war doch alles in Ordnung.«

Das sind also ihre Sorgen, dachte ich, *Postleitzahlen*. Mich irritierte an der Umstellung allenfalls der seltsame Slogan *fünf ist trümpf* nebst dem kreischend gelben, handförmigen Maskottchen namens *Rolf*. Doch zumindest war ein unverfängliches Gesprächsthema gefunden. »Es geht darum«, erklärte ich meiner Mutter, »dass die Bundespost die Briefe demnächst noch schneller —«

Ein gewaltiges Krachen unterbrach meinen Satz. Es hörte sich an, als sei ein Auto ungebremst in unsere Garagenwand gedonnert. Sofort rannten wir los.

»Was ist das denn für eine Scheiße?«, schrie Fabian, inmitten eines Meeres leerer Bierbüchsen stehend.

Aus dem unter der Stoßstange seines Wagens klemmenden Müllsack rollte eine letzte Dose klirrend die Einfahrt hinab und kullerte meinem Vater genau vor die Füße. Sein Kopf wurde knallrot, aber er sagte keinen Ton. Von Fabian hingegen hatte ich nun eine mordsmäßige Ansage zu erwarten.

Wutentbrannt sah er mich an. »Du Vollidiot! Warum stellst du deinen verkackten Müll hier mitten auf die Scheiß... Ach ja, herzlichen Glückwunsch zum Geburtstag!«

***

Einige Monate später stand ich unmittelbar vor der Pleite. Es war erst Monatsanfang, jedoch hatte die Überweisung meines Vaters dieses Mal nicht gereicht, um mein überzogenes Konto auszugleichen. Als ich die Kosten meines täglichen Alkoholkonsums auf den ganzen Monat hochrechnete, stellte sich heraus, dass spätestens in zwei Wochen kein Geld mehr übrig wäre, um etwas zu essen zu kaufen. Zwar hätte mir ein Fastenmonat durchaus gutgetan, aber bei meinem konstanten Rausch würde mir mit Sicherheit die dafür erforderliche Selbstbeherrschung fehlen. Ich musste Geld auftreiben.

An einen Job war nicht zu denken, mein Schlafrhythmus inzwischen vollends aus dem Ruder gelaufen. Als einzige Arbeit wäre bestenfalls Nachtwächter in Betracht gekommen. Und das auch nur, wenn als Voraussetzung für diese Aufgabe die permanente Trunkenheit des Bewerbers verlangt worden wäre.

Sebastian wollte ich auf keinen Fall nach Barem fragen. Doch ich hatte eine andere Idee: Alexander – mein alter Freund aus der Unterwelt! Immer wieder hatte ich ihm früher Geld geliehen, er würde mir die Bitte kaum abschlagen. Und ich konnte mich sogar noch an eine Situation erinnern, als ich ihm zwanzig Mark geborgt hatte. Die sollte er mir schicken. Davon könnte ich mir ein paar Toastbrote leisten, dazu jede Menge Reis mit Ketchup. Dann wäre ich bis zum Monatsende gerettet.

Ich entschied mich, Alexander einen Brief zu schreiben. In meiner Schublade lagen ohnehin noch zwei Marken, und ein paar handschriftliche Zeilen würden bei Alex wesentlich mehr Eindruck machen als ein Anruf. Außerdem wäre es mir höchst unangenehm gewesen, mit ihm am Telefon über meine Geldsorgen zu sprechen.

Hi Alex!
Ich hoffe, es geht Dir gut. Leider ist der Kontakt zu Dir und den anderen Jungs aus der Unterwelt etwas eingeschlafen, aber sei sicher, dass ich oft an Euch denke. Momentan bin ich total pleite und brauche wirklich jeden Pfennig. Du würdest mir das Leben retten, wenn Du mir die 20 Mark zuschickst, die ich Dir geliehen hatte, als wir damals zu der Party gefahren sind, wo es den Ärger mit den Revengers gab. Wäre es nicht so dringend, würde ich Dich nicht darum bitten. Tu einfach den Zwanni in den beigelegten Umschlag und schmeiß ihn in den Kasten!
Vielen, vielen Dank und beste Grüße.

Mitsamt einem frankierten Rückumschlag steckte ich das Schreiben in ein Kuvert und warf es in den Briefkasten am Ende meiner Straße. Jetzt konnte ich nur noch warten. Wenn mein Hilferuf in zwei Tagen bei Alex einträfe und er sofort reagierte, dann käme der Zwanziger in vier Tagen bei mir an. Das wäre der Optimalfall.

Doch der Optimalfall trat nicht ein. Auch am fünften Tag bekam ich keine Antwort. Frustriert trottete ich in den Supermarkt, warf ein paar Dosen Bier und eine Flasche Korn in meinen Einkaufswagen und stellte mich an die Kasse.

»Oh, wen haben wir denn da?«

Überrascht drehte ich mich um. Es war meine Vermieterin, die mich von der Seite angequäkt hatte. Hinter ihr stand ihr stummer Mann.

»Da ist ja unser Eremit«, quäkte sie weiter und hielt sich dabei krampfhaft an ihrem Einkaufswagen fest. Offensichtlich wollte sie mir nicht die Hand geben.

»Ach, hallo«, erwiderte ich beiläufig und legte die Bierdosen auf das Laufband.

Die kleine Frau sah mich von oben bis unten an. Ich trug meinen Jogginganzug, der sich mittlerweile zu meinem Freizeitdress, meinem Pyjama und meinen Einkauf-Klamotten entwickelt hatte.

Meine Vermieterin schien etwas besorgt. »Gut, dass ich Sie treffe. Ich hätte da mal 'ne Frage: Sie haben ihre Rollläden schon seit Ewigkeiten nicht mehr hochgezogen. Sind die etwa kaputt?«

»Nein, nein, alles in Ordnung. Ich hatte nur so viel zu tun und gar nicht mehr an die Rollläden gedacht«, entgegnete ich und legte die Schnapsflasche neben die Bierdosen.

In den Augen meiner Vermieterin spiegelte sich das blanke Entsetzen. Soeben musste sie zu der Überzeugung gelangt sein, einen Asozialen in ihrem Haus einquartiert zu haben. Und in diesem Moment fragte sie sich mit Sicherheit, wo das noch hinführen sollte.

»Bis dann mal«, verabschiedete ich mich, bezahlte meine Getränke und wartete anschließend einige Minuten hinter dem Supermarkt ab, um meinen Vermietern etwas Vorsprung zu lassen. Keinesfalls wollte ich ihnen noch einmal vor der Haustür begegnen, während sie ihre Einkaufstüten aus dem Lexus luden.

Als ich nach Hause kam, war die Luft rein. Obwohl ich bereits vor meinem Einkauf in den Briefkasten geschaut hatte, sah ich vorsichtshalber erneut nach, ob Alex endlich zurückgeschrieben hatte. Und tatsächlich! In meiner kurzen Abwesenheit war der Postbote bei mir gewesen. Hastig nahm ich den Brief aus dem Kasten. Das Kuvert war schwarz umrandet - eine Todesanzeige. Ich musste auf der Stelle lachen. Trotz des beigefügten Rückumschlages bevorzugte Alexander offenbar diesen morbiden Scherz. Erwartungsvoll öffnete ich den Umschlag und nahm die Karte heraus. Neben einem schmalen Kreuz stand sein Name, darunter Geburtsdatum und Todestag, dann ein paar Namen von Hinterbliebenen. Alexander war vor zwei Monaten gestorben. Verstört blickte ich auf den Absender. Sein Bruder Steve hatte mir die Karte geschickt. Wieder sah ich in das Kuvert. Ich konnte es kaum fassen. Steve hatte kein Geld beigelegt.

Ratlos wanderte ich mit dem leeren Umschlag in meiner Wohnung umher. Ausgerechnet Alexander! Wenn ich mich recht erinnerte, hatte ich mit ihm mein allererstes Bier getrunken. Nun war er nicht mehr da. Und niemand hatte es für nötig gehalten, mir Bescheid zu geben. Ich kannte nicht einmal die Todesursache. Doch im Grunde kamen nur zwei Möglichkeiten in Betracht: Entweder hatte sich Alex im Suff totgefahren, oder er hatte sich schlicht totgesoffen. Wir hatten damals eigentlich *nur* gesoffen – und sollte sich mein Leben nicht radikal ändern, würde ich Alexander bald folgen. Fieberhaft überlegte ich, wann ich das letzte Mal einen Tag ohne Alkohol verbracht hatte. Ich konnte mich nicht erinnern. Und trinken hieß bei mir immer Vollrausch.

Im Badezimmerspiegel betrachtete ich die bemitleidenswerte Gestalt, die mir gegenüberstand: Ein bärtiger Fettsack mit fettigen Haaren. Mein Trainingsanzug war vollkommen mit Flecken übersät, meine Augen blutunterlaufen. Schon ein Dreivierteljahr hatte ich sturztrunken vor dem Fernseher verbracht. An der Uni hatte ich beinahe das zweite Semester verpasst, und wenngleich ich seit so langer Zeit in dieser Stadt wohnte, hatte ich noch keinen einzigen Menschen kennengelernt. So konnte es nicht weitergehen. Ich musste raus aus der Himmlerstraße. Doch das könnte ich niemals allein schaffen. Ich brauchte Hilfe. Und ich wusste, auf wessen Unterstützung ich zählen konnte. Entschlossen griff ich zum Telefon und wählte seine Nummer.

∗∗∗

Meine neue Bleibe lag mitten in der Stadt. In einer wahren Nacht- und Nebelaktion hatte ich meinen gesamten Hausstand in den Charmant gepackt und den ehemaligen Vermietern ihren Wohnungsschlüssel kommentarlos in den Briefkasten geworfen.

Sebastian hatte mir ohne viele Rückfragen eine bezahlbare Wohnung besorgt und noch dazu im Handumdrehen einen Käufer für meinen Wagen gefunden. Von dem Erlös leistete ich mir den ersten Computer meines Lebens. Obendrein hatte mir Sebastian einen Nebenjob als Aushilfs-Möbelpacker vermittelt, der meine chronischen Geldsorgen linderte. Alle zwei Tage ging ich joggen, jedoch nicht in meinem verranzten Trainingsanzug. Den schmiss ich feierlich in eine Mülltonne, gemeinsam mit allen schlechten Angewohnheiten der vergangenen Zeit.

In der Wohnung nebenan lebten Kerstin und Amin. Anfangs hatte ich nur Kerstin kennengelernt, sie arbeitete als Schwester in einem Krankenhaus irgendwo in der Nähe. Zwar war Kerstin ein wenig moppelig, aber ihr Gesicht machte jegliche Kritik an ihrer Figur hinfällig. Gleichzeitig gehörte sie zu den lustigsten Menschen, die ich je getroffen hatte. Sah sich Kerstin im Fernsehen eine Comedy an, konnte ich ihr Gelächter bis in meine Wohnung hören. Und auf ihr Auto, einen Citroën 2CV, hatte sie schwarz-gelbe Streifen lackiert und den Wagen zur *Tigerente* erklärt. Bei unserer ersten Begegnung im Treppenhaus hatte ich gehofft, sie sei Single, doch hatte mir Kerstin gleich erzählt, dass sie mit ihrem Freund Amin, einem Syrer, dort wohnte.

Ich hatte mir Amin als bärtigen Turbanträger vorgestellt, der womöglich fünfmal am Tag gen Mekka betete. Allerdings trug Amin weder Bart noch Turban, und mit Religion hatte er erst recht nichts im Sinn. Stets war er glatt rasiert, ziemlich gutaussehend, und er jobbte bei Burger King an der Kasse. Erfreulicherweise teilte Amin sogar mein Faible für den Sound der Sechziger. Mehrmals pro Woche ging ich zu ihm herüber, wir spielten uns gegenseitig unsere CDs vor und sinnierten bei ein paar Bier über das plötzliche Ende der Beat-Ära oder den unaufhaltsamen Niedergang des Bluesrock.

Unter mir lebte Fred. Er bewohnte die gesamte Etage und lief mir gelegentlich über den Weg, wenn ich meinen Müll zu den Tonnen im Hof brachte. Fred war auch erst kürzlich eingezogen, bestimmt schon vierzig Jahre alt und auffällig dürr. Zudem hatte er eine etwas schwuchtelige Art. Jedes Mal, wenn ich ihn traf, fragte er mich, ob ich nicht in seine Bar kommen wollte, die er unlängst eröffnet hatte. Der Name seiner Kneipe bestärkte mich noch in dem Verdacht, dass Fred eher an Männern als an Frauen interessiert war: *Café Bizarr*. Ständig versprach ich ihm aufs Neue, mir den Laden bei nächster Gelegenheit einmal anzusehen.

Am ersten Tag des neuen Semesters war ich mit Sebastian in der Uni verabredet. Auffallend nachdrücklich hatte er darauf bestanden, mich dort zumindest kurz zu sehen. Offenbar war er hinsichtlich meines Lerneifers noch immer ein wenig misstrauisch – obwohl ich mir gleich nach meinem Umzug bereits einige Vorlesungen des ablaufenden Halbjahres angehört hatte. Verstanden hatte ich so gut wie nichts, doch in der letzten Reihe des Hörsaals zwei Kommilitonen kennengelernt: Anti und David. Anti, der eigentlich *Ante* hieß, kam aus Kroatien und sprach nur das Nötigste. Dafür plapperte David umso mehr. Unentwegt redete er davon, welche *Schicksen* oder *Ischen* er gern mal flachlegen würde.

Ich traf Sebastian vor dem großen Hörsaal. »Hi«, begrüßte er mich, »siehst gut aus. Wie geht's?«

»Hi. Super geht's. Nur fühl ich mich fast wie 'n Erstsemester.«

»Bist du ja im Prinzip auch«, schmunzelte Sebastian, »aber den Aktenkoffer lässt du morgen doch besser zu Hause.«

»Äh, ja, ist sowieso nichts drin. Ich hör mir jetzt erstmal die Einführungsveranstaltung für die Neuen an.«

»Schön, schön. Ich geh solange in die Bibliothek. Holst du mich nachher da ab?«

»Ja, in ungefähr anderthalb Stunden«, verabschiedete ich mich, schlenderte zur Cafeteria und sah mich nach David und Anti um. Ich fand sie auf einer Eckbank sitzen. »Hey Leute! Na, wie sehen die Erstsemester-Bräute aus?«

»Die Ischen sind der Hammer«, grinste David, »ich freu mich schon auf die Ersti-Partys. Da geht so einiges, warte mal ab!«

»Seid ihr denn auch gleich bei der Einführungsveranstaltung?«, fragte ich und setzte mich zu ihnen auf die Bank.

»Na klar«, antwortete David, »da sieht man ja das ganze Frischfleisch auf einem Haufen. Wir warten nur noch auf jemanden.«

»Ach, auf wen denn?«

»Auf 'ne Freundin, die auch mit BWL anfängt. Sie war bei uns auf der Schule.« Unvermittelt winkte David in das Gewimmel der Erstsemester. »Sieh mal an, da ist sie ja!«

Aus der Menschenmenge winkte eine Blondine zurück. Im Gegensatz zu den anderen weiblichen Studienanfängern hatte sie sich nicht übermäßig aufgedonnert. Sie trug ein grünes Shirt, blaue Jeans und weiße Chucks. Zügig marschierte sie auf unseren Tisch zu. »Hi David, hi Anti.« Lächelnd reichte sie mir die Hand. »Hi, ich bin Clara.«

***

»Mann, dieser Mensa-Fraß ist echt zum Kotzen!« Verächtlich warf David seine zerknüllte Serviette auf das leere Tablett und lehnte sich zurück.

»Warum hast du's dann komplett aufgegessen?«, fragte ich.

»Hab's schließlich bezahlt«, entgegnete David und lachte über seinen eigenen Witz. »Eigentlich hättest du ja einen ausgeben müssen«, fügte er noch hinzu und spielte damit offenbar auf meine erste bestandene Klausur an.

»Also mir hat's geschmeckt… «

»Mir auch«, gähnte Anti und streckte sich.

David stocherte mit den Fingernägeln zwischen seinen Zähnen herum. »Wie läuft's mit Clara?«

»Alles bestens«, war meine Antwort.

»Hätt' ich nicht gedacht.«

»Wieso das denn?«

»Nein, nein«, erwiderte David, »ich meine, ich hätte nicht gedacht, dass ihr so schnell zusammenkommt. Ach, Clara hat mir übrigens erzählt, du wärst Schlafwandler. Stimmt das wirklich?«

»Ja, passiert aber extrem selten. Hab's Clara nur vorsorglich gesagt, falls ich mal im Suff bei ihr zu Hause in die Ecke pisse.«

Anti lachte leise und kramte ein Mobiltelefon aus seiner Jackentasche.

David stieß einen Seufzer aus. »Mann, Anti! Willst du uns wieder mit deinem Handy auf den Geist gehen?«

Konzentriert drückte Anti auf ein paar Tasten. »Ich schick bloß 'ne SMS.«

»Eine *was*?«

»*Short Message Service*. Das ist 'ne Kurzmitteilung. Ich geb das hier ein, und der Empfänger kann das dann auf seinem Telefon lesen.«

»Wem schreibst du denn?«, wollte ich wissen, »du bist doch der einzige, der so 'n Teil hat.«

Noch immer starrte Anti auf sein Handy. »Bist ja nur neidisch.«

Mir wurde es mit Antis Mobiltelefon auch längst zu bunt. »Habt ihr schon mal vom *Café Bizarr* gehört?«

David verzog den Mund. »Klingt wie 'n Fetisch-Laden.«

»Ja, könnte 'ne Schwulenbar sein. Der Chef von dem Bums wohnt unter mir und fragt mich ständig, ob ich nicht mal vorbeikommen will.«

Anti sah von seinem Handy auf. »Lasst uns doch mal hingehen!«

»Dann schauen wir uns den Laden gleich heute an«, schlug ich vor, »wir können da ja meine bestandene Klausur begießen.«

»Nee«, winkte David ab, »muss heute Nachmittag meinen Vater zu 'nem Termin fahren. Aber wir können uns das ja morgen mal angucken. Freitag ist sowieso der bessere Tag.«

Endlich steckte Anti sein Telefon ein. »Gut, checken wir die Pinte morgen ab.«

Unversehens stand Sebastian an unserem Tisch. »Hey«, begrüßte ich ihn, »du wirst es nicht glauben: Ich hab die Statistik-Klausur bestanden!«

Der Stolz in Sebastians Augen war unübersehbar. »Glückwunsch!«, erwiderte er und reichte meinen Freunden die Hand. »Sebastian.«

»Ante«

»Benjamin.«

Sebastian winkte zum Abschied in die Runde. »So, muss direkt weiter in die Bibliothek. Tschüss zusammen!«

Erstaunt sah ich David an. »*Benjamin?*«

»Ja, so heiße ich.«

»Hätte schwören können, du wärest David. Siehst ihm zumindest verdammt ähnlich.«

»Hey, ich heiße wirklich Benjamin. *David Benjamin*. Bin bestimmt nicht der einzige mit zwei Vornamen hier.«

Ich hob die Schultern. »Also, ich hab nur einen Namen. Was ist mit dir, Anti?«

Anti zuckte ebenfalls mit den Achseln. »Bin froh, dass ich überhaupt 'nen Namen hab.« Dann kramte er erneut in seiner Jackentasche herum.

»Und ich bin froh, dass ich zwei habe«, brummelte David.

Mittlerweile war Anti fündig geworden. Quer über den Tisch warf er mir eine Visitenkarte zu.

Ante Baric
- Horizonterweiterer -

»Was soll das denn heißen?«, fragte ich. »Horizonterweiterer? Das hast du dir doch nie im Leben selbst ausgedacht.«

»Nee, hab ich im Internet bestellt.«

Ich schüttelte den Kopf. »Oh Mann, dieses Internet ist der absolute Schwachsinn!«

»Nein, nein«, widersprach David, »ich besorg mir demnächst auch 'n Modem. Hab das bei Anti schon mal ausprobiert, ist echt interessant. Du hast einfach nur keine Ahnung.«

»Musst es ja wissen, Benjamin.«

»Kannst mich gern David nennen.«

»Und wieso stellst du dich bei Sebastian als *Benjamin* vor?«

»Wenn ich jemanden nicht leiden kann, benutze ich immer meinen zweiten Namen.«

Ich war verblüfft. Zwar hatte mir David gerade deutlich gemacht, dass er Sebastian nicht mochte, doch mir hatte er von Anfang an seinen ersten Vornamen genannt.

Aber David setzte noch einen drauf. »Dieser Sebastian ist echt ein Schmock.«

»Wenn du meinst … «

»Hast du dir mal die Klamotten angeguckt? Der Typ ist ein Arschloch!«

So langsam ging mir David auf den Sack. »Sebastian ist okay! Ich hab ihm viel zu verdanken.«

»Was hast du ihm denn so Tolles zu verdanken?«, fragte David grinsend.

Ich verspürte nicht die geringste Lust, David zu erklären, welch wichtige Rolle Sebastian in meinem Leben spielte. »Ach, vergiss es.«

Abrupt stand David auf und nahm sein Tablett in die Hand. »Wie auch immer, ich muss jetzt meinen Vater abholen. Macht's gut, Leute! Wir sehen uns morgen in der Schwulenbar.«

***

»Hi, hab dir was mitgebracht.« David schloss die Tür hinter sich und drückte mir ein Papierfähnchen in die Hand: Die Nationalflagge Israels.

»Wo hast du die denn her?«

»Weizmann war gestern auf Staatsbesuch, da war ich mit meinem Vater winken.«

»Und was soll ich nu mit dem Teil machen?«

»Keine Ahnung.«

»Hm, danke«, entgegnete ich, steckte das Fähnchen in eine leere Coca-Cola-Dose und stellte sie auf ein Sideboard.

David betrachtete inzwischen meine CD-Sammlung. »Hörst du auch Musik von Menschen, die noch leben?«

»Besser als der Pop-Scheiß, den du dir antust.«

Unvermittelt wandte sich David von dem CD-Regal ab und sah mir tief in die Augen. »Wegen gestern ... was ich über Sebastian gesagt hab ... das tut mir leid.«

Ich war vollkommen überrumpelt. In den vergangenen Wochen hatte ich David gut genug kennengelernt, um zu wissen, wie viel Überwindung ihn eine Entschuldigung kostete. Für einen Moment überlegte ich, ihn zu umarmen. »Schon in Ordnung«, erwiderte ich stattdessen nur, »wann treffen wir uns mit Anti?«

»Um neun vorm *Café Bizarr*.«

»Okay, dann müssen wir uns beeilen.«

Gegen Viertel nach neun erreichten wir unseren Treffpunkt. Mit einer Zigarette im Mundwinkel stand Anti vor dem Eingang. Über der Tür war der Schriftzug *Café Bizarr* zu erkennen, die Leuchtschrift allerdings nicht eingeschaltet.

»Der Scheißladen hat noch zu«, brummte Anti und zeigte auf ein kleines Schild neben der Tür.

Öffnungszeiten: Täglich von 22-5 Uhr.

»Ist überhaupt abgeschlossen?«, fragte David.

»Hab's nicht probiert.«

Kurzerhand zog David an dem Knauf und hielt uns die Tür auf.

Hinter der Theke sah ich Fred mit einem Lappen an der Zapfanlage herumputzen. »Hast du schon geöffnet?«

Fred strahlte mich an. »Hey, endlich hast du's mal hierher geschafft. Klar, sobald Gäste da sind, hab ich auch offen.«

»Machst du drei Bier für uns?«

»Gern. Ich bin übrigens Fred.«

»Ante.«

»David.«

Während Fred ungelenk das Bier in die Gläser rinnen ließ, drehte ich mich mit dem Rücken zur Theke. Die Wände des *Café Bizarr* waren mit rotem Samt ausgekleidet, als Sitzgelegenheiten dienten Couches und Sessel. In meinen Augen war der Laden weder ein richtiges *Café* noch sonderlich *bizarr*, aber urgemütlich. An den samtenen Wänden hatte Fred Portraitfotos von schwulen Stars aufgehängt: Rock Hudson, James Dean, Freddy Mercury. Einige Gesichter waren mir jedoch völlig unbekannt.

Ich stupste David an. »Wer ist denn *das*?«

»Truman Capote.«

»Nein, den kenn ich ja. Ich meine den Typen links daneben.«

»Leonard Bernstein.«

»Was? Hätt ich gar nicht gedacht.«

»Ja, auf dem Foto ist er noch ziemlich jung.«

»Nein, äh, ich meinte, dass … du Pianomusik hörst.«

»Nee, hör ich auch nicht. Hatte früher Klavierstunden. Bei uns muss jedes Kind 'n Instrument lernen. Familientradition.«

»Cool, so was konnt' ich mir damals bloß wünschen.«

»Na ja, mein Großvater hat Buchenwald nur überlebt, weil er in der Lagerkapelle war. Deswegen der Instrumenten-Tick. Falls es irgendwann mal wieder losgeht …«

»Oh, und hinten, der mit der Zigarette?«

»Keinen Schimmer.«

»Klaus Mann«, meldete sich Anti zu Wort, »und der mit dem Schnurrbart, das ist Marcel Proust. Und daneben Oscar Wilde.«

Überrascht sah ich Anti an. »Wusste gar nicht, dass du dich so gut mit schwulen Autoren auskennst.«

»Lese halt gern«, entgegnete er achselzuckend.

»Und ganz rechts?«

»Noch nie gesehen.«

»Ich auch nicht«, ergänzte David.

»Wer ist denn der Typ auf dem Bild dahinten?«, rief ich zu Fred, der gerade pinkfarbene Kerzen auf den Tischen anzündete, »ich meine den, der so lacht.«

»Tennessee Williams«, rief Fred zurück.

Oh, der also auch, dachte ich und fragte mich, ob Fred einen einzigen schwulen Prominenten in seiner Sammlung vergessen hatte. »Wo ist denn Gianni Versace?«

»Der lebt doch noch. Hier wird nur der Verstorbenen gedacht«, lachte Fred, stellte sich wieder hinter die Theke und zapfte gleich die nächsten drei Pils.

»Sag mal«, fragte ich ihn, »machst du hier im *Bizarr* eigentlich alles allein?«

»Ja, aber wenn der Laden richtig läuft, hole ich mir jemanden für den Service. Ich hab erst vor ein paar Wochen eröffnet. Das muss sich ja noch rumsprechen.«

Ich bezweifelte ernstlich, dass unsere Stadt genügend bekennende Schwule aufbieten könnte, um den Laden auf Dauer zu füllen, doch wollte ich diese Einschätzung Fred nicht unbedingt unter die Nase reiben. »Wo sind denn die Toiletten?«

»Hinten links.«

Auf dem Weg zum Männerklo passierte ich eine auf einer korinthischen Säule thronende Adonis-Büste und erreichte schließlich eine gläserne Pinkelrinne, an deren Hinterseite wiederum mehrere Portraitfotos befestigt waren. Ich suchte mir das Bild mit dem grimmigsten Gesicht aus und zielte mit meinem Pissstrahl einem alten Mann genau ins linke Auge.

Von der Toilette zurückgekehrt, bemerkte ich zwei neue Gäste, die in einigen Metern Abstand zu David und Anti an der Theke standen. Grinsend ging ich an ihnen vorbei und reckte den Kopf zwischen meine Freunde. »Hey Jungs«, flüsterte ich, »ich glaub, ich hab eben J. Edgar Hoover ins Gesicht gepisst.«

Weder David noch Anti reagierten.

»Was ist denn los?«

Anti sah mich besorgt an. »Die Typen gehören nicht hier her.«

»Ja, und? Wir etwa?«

»Glaub mir, mit denen stimmt was nicht!«

Nie zuvor hatte ich Anti so nervös gesehen. Aus dem Augenwinkel schaute ich mir die neuen Besucher ein wenig genauer an. Der eine, das Haar millimeterkurz geschoren, war ebenso groß wie ich, erinnerte mich in seiner behäbigen Art allerdings eher an Godzilla in *C&A*-Klamotten. Sein Kumpan, nur unwesentlich kleiner, hatte schulterlanges Haar und eine Rotzbremse unter der Nase kleben - nicht grad ein Actionheld, aber vom ersten Eindruck jederzeit gewaltbereit. Ich schätzte beide auf Anfang dreißig, und ihre Ausstrahlung lag irgendwo zwischen Kinderschänder und Tierquäler. Unsympathisch wirkten sie obendrein.

Lächelnd stellte Fred ihnen zwei kleine Bier auf die Theke. Sofort leerten sie ihre Gläser in einem Zug und gingen wortlos zum Ausgang.

»Hey, Freunde«, rief Fred ihnen hinterher, »ihr habt vergessen, zu bezahlen.«

Der Gewaltbereite machte auf dem Absatz kehrt und baute sich vor Fred auf. »Du Schwuchtel willst Geld von mir?« Blitzschnell nahm er eines der Biergläser in die Hand und warf es mit aller Wucht hinter den Tresen. Einige Glassplitter flogen bis zu dem Aschenbecher, in dem Anti gerade seine Zigarette abaschen wollte. Die Marlboro Light in seinen Fingern vibrierte wie der Zeiger eines Seismographen während eines Erdbebens.

Godzilla beobachtete derweil die Szene von der Tür aus. Wir standen wie versteinert da. Fred, David, Anti und ich. Keiner sagte etwas. Dann griff sich der Gewaltbereite das zweite Bierglas, visierte eines der Bilder an, doch der Wurf verfehlte sein Ziel. Das Glas schlug zwischen Andy Warhol und Keith Haring ein.

Schnaubend ging der Gewaltbereite zum Ausgang, blieb jedoch nur kurz stehen, wandte sich schlagartig um und kam auf mich zu. »Was glotzt du mich so an? Ein falsches Wort, und ich mach dich kalt, Schwanzlutscher!«

Ich war etwas verwirrt. Dieser Lächerling hatte bei seinem Auftritt bislang einen Schaden von höchstens fünf Mark angerichtet, und nun drohte er mir gar mit dem Tode. »Ich glaub, das ist grad 'ne ungünstige Gelegenheit, um uns kennenzulernen«, versuchte ich ihn zu beruhigen.

Dem Gewaltbereiten fielen beinahe die Augen aus dem Kopf.

»Bau keine Scheiße, lass uns abhauen!«, hörte ich die tiefe Stimme Godzillas, der bereits die Tür geöffnet hatte. Ansatzlos drehte sich der Gewaltbereite um und lief hinaus. Godzilla folgte ihm und ließ die Tür hinter sich ins Schloss fallen.

Augenblicklich rannte Fred mit einem Schlüsselbund zum Ausgang und sperrte mit zitternden Fingern ab. »Bist du total verrückt?«, schrie er, »der hätte dich beinahe abgemurkst!«

David fuhr sich durch die Haare. »Oh Mann, du bist echt eiskalt.«

Anti schwieg.

»Ich mach erstmal ein paar Doppelte.« Fred stellte vier Pinnchen auf den Tresen und goss sie randvoll mit Jägermeister. Wir kippten die Schnäpse herunter, Fred füllte die Gläser gleich wieder auf.

Plötzlich fing David an zu lachen. »Wenn das nächste Mal einer mit 'nem Messer vor dir steht, dann bring bitte nicht nochmal so 'n derben Spruch!«

Anti nickte. »Ich hätt 'vor Angst fast gekotzt. Die Klinge war bestimmt zwanzig Zentimeter lang.«

Ich kippte den zweiten Jägermeister runter. Ein Messer? Erst jetzt wurden meine Knie butterweich.

***

Entgegen meiner Erwartung entwickelte sich das *Café Bizarr* zu einem regelrechten In-Laden. Allerdings ließen sich Repräsentanten der Schwulenszene dort eher selten blicken. Vielmehr tummelten sich im *Bizarr* heterosexuelle Freaks und Individualisten aller Art, deren Anwesenheit wiederum Spießer anlockte, die sich am Nonkonformismus der Andersdenkenden zu ergötzen suchten. Mittlerweile hatte Fred auch ein Bild von Gianni Versace aufhängen müssen.

Irgendwann hatte Anti mal hinter der Theke ausgeholfen, und inzwischen arbeitete er jedes Wochenende dort. David und ich genossen unsere Privilegien. Für Schnäpse mussten wir fast nie bezahlen, alle übrigen Getränke konnten wir anschreiben lassen, und wenn um fünf Uhr morgens die anderen Gäste aus dem *Bizarr* herausgekehrt wurden, blieben wir einfach an der Theke sitzen.

Es waren herrliche Zeiten. Neuerdings waren David und ich mit Handys ausgerüstet, und Anti hatte mir sogar ein Modem angeschlossen. Mit Clara war ich nun schon zwei Jahre zusammen, selbst mit ihren Eltern verstand ich mich prächtig. Auch das Verhältnis zu meinen Nachbarn hatte sich zu einer echten Freundschaft entwickelt. Von Amin konnte ich mir jederzeit die grandiosesten Sixties-CDs ausborgen, und Kerstins Tigerente hätte ich mir, wann immer ich sie benötigte, ausleihen dürfen.

In den nächsten zwei Wochen müsste ich allerdings ohne die beiden auskommen, Kerstin und Amin wollten in den Urlaub fahren. Ich hatte Kerstin versprochen, mich in ihrer Abwesenheit um ihre Blumen zu kümmern und stand mit Amin in meiner geöffneten Wohnungstür.

»Hier ist der Schlüssel«, sagte er, »wenn du die Gießkanne mal auffüllen musst, mach das bitte in der Küche. Im Bad ist das Abflussrohr in der Wand kaputt, unterm Waschbecken. Das reparier ich, sobald wir aus Neapel zurück sind.«

Wie ich Amins handwerkliche Fähigkeiten kannte, würde sich die Reparatur wohl über Monate hinziehen. »Kein Problem, ich stell die Kanne dann in der Küchenspüle ab.«

»Wenn's nach mir ginge, könntest du die Blumen auch vertrocknen lassen.«

»Was?«

»Ich kapier das nicht«, antwortete Amin, »warum reißt man erst Pflanzen aus dem Boden, um ein Haus zu bauen und stellt danach wieder Pflanzen in das Haus rein? Das macht doch gar keinen Sinn.«

»Ich versteh's auch nicht. Aber ich gieße sie trotzdem.«

»Gibst du mir noch den Hunni?«

»Ja, komm kurz rein!«

Seit mindestens anderthalb Jahren wanderte ein Hundertmarkschein zwischen meinen Nachbarn und mir hin und her. Immer, wenn ich schnell Bargeld brauchte, ging ich zu ihnen hinüber und holte mir den Schein. Amin und Kerstin taten es umgekehrt ebenso. Fast hatte ich das Gefühl, wir drei bestritten einzig mit diesem Hunderter unseren gesamten Lebensunterhalt.

»Hier, bitte. Nur bring ihn bloß wieder mit zurück!«

Amin lachte. »Ja, sicher.«

»Wann seid ihr denn weg?«

»Unser Zug geht morgen früh um halb neun.«

»Alles klar«, erwiderte ich und befestigte Amins Wohnungsschlüssel an meinem Schlüsselbund.

»Was ist *das* denn?«

»Was denn?«

»Die israelische Flagge auf dem Board.«

»Die steht doch seit Ewigkeiten da.«

»Und warum?«

»Nur so.«

Amin verzog das Gesicht. »Na ja, in der Cola-Dose ist sie wenigstens am richtigen Ort.«

»Was meinst du denn damit?«

Amin grinste mich an. »Sind doch beides amerikanische Produkte.«

***

Ich hielt mich an der Theke fest, um nicht umzufallen. »Scheiße, ich bin hackedicht!«

»Und Clara macht dir keinen Stress, wenn du jedes Wochenende mit dickem Kopp im Bett liegst?«, lallte David, ebenfalls von massiven Gleichgewichtsstörungen geplagt.

»Muss dir was erzählen … Letzten Sonntag hing ich bis abends total verkatert auf der Couch. Da kam plötzlich Clara vorbei. Und weißt du, was sie gesagt hat?«

»Ah, was denn?«

»Sie hat gesagt« – ich wurde von meinem eigenen Gelächter unterbrochen – »sie hat gesagt: *Hast du gestern wieder zu viel getrunken, du Schlingel?*«

David prustete los. »*Schlingel?*«

»Ja, *Schlingel!* Nicht *du versoffenes Schwein*, sondern *Schlingel!*«

»Oh, Mann, das gibt's nicht. Warte mal eben.« David lehnte sich über den Tresen. »ANTI! NOCH ZWEI JÄGER!«

Das *Bizarr* war brechend voll, Anti völlig überlastet.

David wurde ungeduldig. »Mensch, ist der heute lahm. Der kann sich wohl nicht mehr bewegen, weil er Fred gestern stundenlang den Horizont erweitert hat.«

»Hä? Wovon redest du überhaupt?«

Mit hochgradig besoffenem Blick sah David mich an. »Wusstest du nicht, dass Anti und Fred was am Laufen haben?«

»Oh Gott, das kapier ich jetzt erst. Und ich dachte, er geht da nur zum Kiffen hin.«

Endlich stellte Anti zwei Jägermeister auf die Theke.

Sofort ergriff David eines der Pinnchen. »Schnell, Prost!« rief er und hielt sein Glas in die Höhe. »Die Nacht ist noch kürzer als sonst. Gleich wird doch die Uhr vorgestellt, dann ist es plötzlich *drei* statt *zwei*.« Hastig kippte er den Jägermeister in den Rachen. »Was ist denn mit der Schickse da?«

Ich hatte keinen Dunst, wen David meinte. »Mit welcher denn?«

»Auf elf Uhr. Rote Locken. Glotzt dich an wie 'ne Nymphomanin vor der Hinrichtung.«

Ich entdeckte eine Rothaarige, die tatsächlich gerade zu mir herübersah. »Ach, die.«

»Du weißt doch, was man über rothaarige Ischen sagt«, lallte mir David ins Ohr, »*je rostiger das Dach, desto feuchter der Keller.*« Davids Lachen ähnelte mittlerweile einem Grunzen.

»Mann, lass mich mit deinen Kalendersprüchen in Ruhe!«

»Hey, ich wink sie mal her.«

Noch bevor ich Davids Hände festhalten konnte, fuchtelte er unwirsch mit den Armen in der Luft herum.

Prompt kam die Rothaarige zu uns an die Theke. »Hallo!«

David knallte seinen Bierhumpen gegen ihr Sektglas. »Na, Feuerlocke! Bist du aus Irland?«

»Nein, aus Ungarn. Ich heiße Hanka.«

»Ungarn? Ich bin *Benjamin*.«

Nicht *das* schon wieder, dachte ich und stellte mich ebenfalls vor, doch David quasselte sofort wie ein Wasserfall drauflos. Und während Hanka von David vollgequatscht wurde, sah sie mich die ganze Zeit an. Sie grinste unentwegt, verdrehte gelegentlich die Augen. Ich fand sie mit einem Mal unglaublich süß. Aber weder ihre Figur war sonderlich spektakulär, noch ihr Gesicht auffallend schön. Es war ihre Mimik. Sie hatte so ein spitzbübisches Lächeln. Mit jedem Blick teilte sie mir mit, dass sie nur allzu genau wusste, wie peinlich mir David war. Längst hatte sie mich zu ihrem Komplizen gemacht. Doch ihre Augen schienen noch mehr zu sagen. Je länger sie mich anschaute, desto sicherer wurde ich: Sie war heiß auf mich.

Hanka wandte sich von David ab. »Ich geh mal kurz zu Toilette«, flötete sie und guckte mich im Vorbeigehen übertrieben verführerisch an.

»Mann, hast du gesehen, wie die dich blickgefickt hat?«, keuchte David, »ich schwör dir, die kannst du flachlegen! *Ohne Probleme!*«

»Ja, hab ich gesehen.«

»Die darfst du dir nicht durch die Lappen gehen lassen! Das ist 'ne sichere Nummer!«

Ich atmete tief durch. »Kann ich nicht bringen. Wenn Clara das mitkriegt, bin ich erledigt.«

»Wie soll sie das denn mitkriegen?« David schob seinen Kopf unangenehm nah an mein Ohr. »Ich sag ihr *kein* Wort. Anti ist auch *total* diskret. Diskretion! Diskretion ist das oberste Gebot. Darauf kommt's an. Und ich garantiere dir *absolute* Diskretion. Schnapp dir die Ische!«

»Alter, falls ich die Sache echt über die Bühne bringe, lande ich geradewegs in der Hölle! Und dich nehm ich gleich mit, weil du mich angestiftet hast.«

Schwankend winkte David ab. »Hölle gibt's bei uns zum Glück gar keine.«

Nur einen Moment später kam Hanka vom Klo zurück. Und sie hatte erneut dieses Lächeln aufgelegt.

David laberte direkt wieder los. »Wo wohnst du denn?«

»Ziemlich weit draußen. Weiß gar nicht, wie ich da heut noch hinkommen soll, ich hab nicht mal mehr Geld für ein Taxi.« Unverhofft legte Hanka ihre Hand auf meine Brust. »Kannst du mich vielleicht morgen früh nach Hause bringen?«

So ein eindeutiges Bumsangebot hatte ich im Leben noch nicht bekommen. »Klar!«

»Es ist aber ganz wichtig, dass du mich dann fährst.«

»Ja, versprochen!«

Keine zwanzig Minuten danach gingen wir mein Treppenhaus hinauf. Von Stufe zu Stufe wurde mir unwohler. Clara hatte ebenfalls einen Schlüssel für meine Wohnung. Womöglich lag sie grad in meinem Bett. Oder noch schlimmer: Sie könnte Hanka und mich sogar beim Ficken erwischen.

Als ich den Wohnungsschlüssel an meinem Bund suchte, hatte ich plötzlich den von Amin in der Hand. Wie selbstverständlich ging ich an meiner Wohnung vorbei und öffnete die Tür meiner Nachbarn. »Komm rein!«

Erst beim Vögeln bemerkte ich, *wie* besoffen ich war. Ich nahm Hanka von hinten und hatte das Gefühl, niemals zum Höhepunkt zu kommen. Um mich herum schien sich alles zu drehen. Und ich rammelte gerade in dem Bett, in dem sonst Kerstin von Amin durchgebumst wurde. Zuletzt stellte ich mir vor, es sei Kerstins Arsch, der immer wieder gegen meine Lenden klatschte, wurde tatsächlich fertig, fiel zur Seite weg und schlief ein.

»Fährst du mich jetzt bitte heim?«

Mein Kopf tat fürchterlich weh. Ich hatte den Eindruck, erst vor wenigen Sekunden eingeschlummert zu sein. Aber das blendende Sonnenlicht verriet, dass es wahrhaftig schon früher Morgen war.

Frisch frisiert kam Hanka aus dem Bad. »Fährst du mich jetzt bitte heim?«, wiederholte sie.

»Was? Ich hab gar kein Auto.«

Hanka sah mich empört an. »Du hast es versprochen! Und lüg nicht so! Auf dem Küchentisch liegt doch dein Autoschlüssel, mit diesem komischen Holzspielzeug dran.«

Offenbar hatte Hanka Kerstins Schlüsselbund entdeckt, an dem eine kleine Tigerente befestigt war. Und so hartnäckig, wie sie wirkte, würde Hanka wohl darauf bestehen, dass ich sie nach Hause brächte.

»Okay, dann fahren wir sofort los«, entschied ich, zog eilig meine Klamotten an, griff mir Kerstins Autoschlüssel und ging mit Hanka aus der Wohnung. Vor der Haustür verharrte ich. Ich wusste gar nicht, wo die Tigerente geparkt war. Aufs Geratewohl ging ich die Straße entlang und hatte Glück. In der Ente erwartete mich allerdings eine unangenehme Überraschung. »Scheiße.«

»Was denn?«

»Revolverschaltung«, antwortete ich und wies auf den Hebel im Armaturenbrett.

»Du wirst ja wohl mit deinem eigenen Auto fahren können. Jetzt bring mich nach Hause!«

Ich hatte endgültig die Schnauze voll. »Das ist gar nicht mein Auto! Das war noch nicht mal meine Wohnung!«

Hanka musste glauben, neben einem Irren zu sitzen. »Fahr bitte einfach los!«

»Wohin überhaupt?«

»Erstmal nach Norden.«

Der Innenstadtverkehr war mörderisch. Und bei fast jeder Schaltung ruckelte der ganze Wagen. An einer roten Ampel winkte mir eine Horde Kinder lachend zu. Ein paar Fratzen schneidend winkte ich zurück.

»Was ist denn mit denen? Kennst du die?«

»Nein, das ist wegen des Autos. Ist doch 'ne Tigerente.«
»Eine *was*?«
»*Tigerente*. Noch nie was von Janosch gelesen?«
»Keine Ahnung, was hier los ist. Aber ich bin froh, wenn ich zu Hause bin.«
»Ja«, erwiderte ich, »ich auch.«
Diskretion. Das war das einzige, woran ich mich vom Vorabend erinnern konnte. *Diskretion ist das oberste Gebot*, hatte David gesagt. Und nun saß ich in dem auffälligsten Auto der Welt, neben der Frau mit der auffälligsten Haarfarbe der Welt und kurvte am helllichten Tag halb besoffen ständig ruckelnd durch die City. Es würde einem Wunder gleichen, wenn das gutginge.

Irgendwann hatten wir endlich die Stadt verlassen, und Hanka lotste mich kilometerweit über unbefahrene Landstraßen, flankiert von endlosen Rübenäckern. Nach einer Ewigkeit erreichten wir unser Ziel. Vor einem Reihenhaus stoppte ich die Tigerente und wartete darauf, dass Hanka ausstieg.

»Komm mit rein, ich geb dir etwas Spritgeld.«
»Nicht nötig.«
Bitterböse sah mich Hanka vom Beifahrersitz an. »Ich hab nicht mit dir gefickt, damit du mich nach Hause fährst!«
»Ja, aber du brauchst mir wirklich kein Geld zu geben.«
»Ich bin keine Hure!«, fauchte sie.
»Und ich auch nicht!«, fauchte ich zurück.
Hanka dachte gar nicht daran, aus dem Wagen zu steigen. Sie war störrisch wie ein Esel.
»Okay, ich komm mit«, gab ich mich geschlagen und begleitete Hanka ins Haus. Aus dem recht konservativ eingerichteten Wohnzimmer blickte ich durch ein breites Fenster auf eine kleine Terrasse und einen gepflegten Garten.

Hanka verschwand in der Küche, kam kurz danach mit einem Zehner in der Hand zurück. »Bitte schön.«

»Danke schön«, erwiderte ich und steckte den Schein in meine Geldbörse. »Wohnst du allein hier?«

»Nein, mit meinem Mann.«

Ich erschrak. »Und wo ist der gerade?«

»Keine Sorge, der kommt erst um Punkt neun von der Nachtschicht. Deswegen wollt ich auch so schnell nach Hause.« Hanka deutete auf eine antike Standuhr. »Es ist genau acht, nu hab ich noch genug Zeit, um zu duschen und so. Mein Mann ist nie früher zurück. Wie sagt man so schön in Deutschland? Man kann die Uhr nach ihm stellen.«

Ich spürte einen Adrenalinstoß. »*Die Uhr stellen?* Wir haben doch seit heute Sommerzeit!«

»Scheiße«, stöhnte Hanka, »ist es denn jetzt sieben oder neun?«

»Sieben! Nein, neun! Oder doch sieben?«

Ein knackendes Geräusch im Schloss des Eingangs beantwortete die Frage.

»Hier entlang!«, rief Hanka, öffnete die Terrassentür, und ich rannte los.

In Windeseile spurtete ich durch den Garten, sprang über einen Jägerzaun, bog nach links ab, rannte an zwei Nachbarhäusern vorbei, dann zurück zur Straße. Ich sprintete zur Tigerente, riss die Tür auf, warf mich auf den Fahrersitz, drehte den Zündschlüssel um und gab Vollgas. Im Schneckentempo bewegte sich der Wagen vorwärts.

»Scheiße, Scheiße, Scheiße!«, schrie ich und überlegte, was zu tun war. Zuerst musste ich die Tigerente unbeschadet nach Hause bringen. Und keinesfalls dürfte ich vergessen, die Beweise beiseite zu schaffen! Gleich nach meiner Rückkehr würde ich das Bettzeug meiner Nachbarn in die Waschmaschine schmeißen. Dann wäre der Alptraum endlich vorbei.

Ich hatte noch nicht die Stadt erreicht, als mein Handy klingelte. Kerstin rief an. Was könnte die denn von mir wollen, überlegte ich. »Hi Kerstin!«

»Hi! Kann es sein, dass du mit meinem Auto unterwegs bist?«
»Äh, ja, ein Notfall …«
»Ist gar kein Problem. Mich hatte nur 'ne Freundin angerufen. Sie hat die Tigerente aus der Stadt fahren sehen und schon gedacht, sie wär geklaut worden.«
»Nee, nee, alles okay. Bin auch gleich wieder zurück. Rufst du grad aus Neapel an?«
»Nein. Ich bin seit heute bei meinen Eltern. Hab mich mit Amin gestritten und ihn im Hotel sitzen lassen. Keine Ahnung, wann er nach Hause fährt.«
»Oje.«
»Ach, halb so schlimm, das renkt sich bestimmt wieder ein mit uns. Fahr schön vorsichtig, und wir sehen uns bald.«
»Ja, mach's gut!«
Unversehrt erreichte ich meine Straße. Völlig erledigt schleppte ich mich die Treppe hoch, doch kaum war ich in meiner Wohnung angelangt, bemerkte ich hinter mir ein Klopfen. Das kann nicht wahr sein, dachte ich, öffnete die Tür und sah Fred vor mir stehen.
»Hi, ich hab dich die Treppe hochgehen hören«, sagte er, »hast du zufälligerweise 'nen Schlüssel von deinen Nachbarn? Hab die ganze Zeit geklingelt, aber die machen nicht auf.«
»Die sind im Urlaub. Was ist denn?«
»Bei denen muss ein Rohr gebrochen sein, mir tropft's seit 'ner Stunde von oben ins Bett. Die Hausverwaltung ist nicht zu erreichen, und die vom Sanitär-Notdienst meinten, ich sollte lieber den Schlüssel auftreiben, sonst müssten die noch die Tür aufbrechen.«
Das kaputte Abflussrohr! Amin hatte mich doch gewarnt, als er mir den Schlüssel gegeben hatte. Und Hanka war vor unserer Abfahrt im Bad gewesen, um sich frisch zu machen.
»Oh, das ist ja unangenehm …«
»Hast du nun den Schlüssel, oder nicht?«

»Ja, ja«, erwiderte ich, löste Amins Schlüssel von dem Bund und gab ihn Fred. »Hiermit kannst du die Handwerker reinlassen. Mach's gut, ich geh erstmal schlafen.«

***

»Und ich soll jetzt an dem ganzen Schlamassel Schuld sein?«
»Nein, David, ich hab dir die Geschichte doch nur *erzählt*.«
»Hättest die Ische ja nicht ficken müssen!«
David ging mir furchtbar auf die Nerven. Ich hatte ihm keinen einzigen Vorwurf gemacht, doch fühlte er sich gleich wieder angegriffen. Zudem wollte ich gerade pissen gehen, als er anrief.
»Ist ja alles halbwegs glimpflich ausgegangen«, erklärte ich ihm, »zumindest für mich. Mein Nachbar war nur kurz hier, ist dann direkt zu irgendeinem Freund gezogen. Die Handwerker haben ihm das halbe Badezimmer rausgerissen. Ich hab Amin geschworen, dass ich nicht an seinem Waschbecken war, aber die Version von dem plötzlichen Rohrbruch hat er mir garantiert nicht abgekauft.«
»Scheißegal«, erwiderte David, »das bezahlt sowieso die Gebäudeversicherung, und dann ist wieder alles in Butter.«
Ich hörte ein Piepen im Telefon. »David, da ist jemand auf der anderen Leitung. Leg mal bitte auf!«
»Okay, bis bald.«
Nach einem kurzen Klicken war Clara an der Strippe.
»Hey, Clara!«
»Du, wir müssen mal über was reden …«
Ich erstarrte. Die Geschichte mit Hanka kann doch nicht so schnell aufgeflogen sein, überlegte ich und atmete tief durch. »Worüber denn?«
»Eben hab ich mit meinen Eltern gesprochen«, erzählte Clara mit belegter Stimme, »ich hätte die Möglichkeit, nach meinem

Studium bei *Ernst & Young* in Berlin anzufangen. Mein Vater hat da was gedreht …«

Mir fiel ein Stein vom Herzen. »Ja, aber bis dahin sind's doch noch zwei Jahre.«

»Darum geht's ja. Ich würde zum nächsten Semester an die Uni in Berlin wechseln. Dann könnte ich nebenher bei denen arbeiten. So stellen die sich das zumindest vor.«

Unerwartet klopfte es an der Tür.

Auch das noch, dachte ich, versuchte das Geräusch zu ignorieren und sah mich gleichzeitig verzweifelt nach einem Gefäß um, in das ich hineinpissen könnte. »Clara, ich weiß echt nicht, was ich dazu sagen soll.«

»Also, ich würde das schon gerne machen. So eine Chance bekomme ich kein zweites Mal.«

»Aber was ist denn dann mit *uns*?«

Clara schwieg. Wieder und wieder klopfte es.

»Hier donnert jemand ununterbrochen an die Tür. Ich muss da mal kurz nachsehen. Warte bitte, nur eine Sekunde!«

»Ja, ich warte.«

Ich ließ den Hörer auf den Schreibtisch fallen, rannte durch den Flur und riss die Tür auf.

Kerstin stand vor mir. Sie sah erbärmlich aus. In ihrer Hand hielt sie einen Hundertmarkschein. »Hi, den wollte ich dir noch geben.«

»Was ist denn los? Immer noch Streit mit Amin?«

Kerstin kniff die Augen zusammen und nickte. »Jetzt ist er mir auch noch fremdgegangen. Ich hab ihm eben am Telefon gesagt, dass es aus ist zwischen uns.«

»Was?«

»Gestern hat mich Amin wegen dem Rohrbruch angerufen. Ich bin sofort hergekommen, um mir das anzuschauen. Amin hat behauptet, er hätte keine einzige Nacht in der verstaubten Wohnung pennen können. Aber das stimmt gar nicht.«

»Wieso sollte er denn lügen? Und wie kommst du darauf, dass er dir fremdgeht?«

»Das Bett ist total zerwühlt, überall sind lange rote Haare ... und diese Flecken! Du kannst dir nicht vorstellen, wie ekelhaft das ist. Dieses Arschloch hat irgend'ne Schlampe in *unserem* Bett gefickt!«

Ich war völlig überfordert. Meine Blase drohte zu platzen, Clara wartete am Telefon darauf, mit mir Schluss zu machen, und Kerstin fiel mir heulend in die Arme.

»Kerstin«, stammelte ich, »es tut mir so leid... «

»Ach was«, weinte sie, »du kannst ja nichts dafür.«

IV.

Feste Beziehungen

Ich werde vom Klingeln meines Mobiltelefons geweckt. *Unbekannter Teilnehmer.* Das kann nur meine Freundin sein. »Ja, bitte?«

»Lass uns ins Aqualand fahren!«

»Was?«, frage ich verwirrt und setze mich aufrecht hin. In meinem Schoß liegt ein Aktenordner, über den ich offenbar eingeschlummert bin. Die Abrechnungen stimmen vorne und hinten nicht, allerdings bin ich mir noch immer nicht im Klaren, ob ich durch die fehlerhaften Zahlen verarscht werden soll oder vielmehr mein fachmännischer Rat zur Verarschung des Finanzamtes gefragt ist. Verstört lege ich die Akte auf den Couchtisch und reibe mir die Augen.

»Aqualand«, wiederholt Liria, »ich möchte da heute hin!«

»Was ist das denn überhaupt?«

»Ein Spaßbad! Mit Rutschen und Palmen und Wasserfällen und so.«

»Echt?«, erwidere ich gähnend und sehe auf die Uhr. Viertel nach fünf. Keine zehn Minuten habe ich gedöst und obendrein das Gefühl, noch wesentlich erschöpfter zu sein als zuvor. »Und wo ist das?«

»Gar nicht weit«, erklärt Liria, »in weniger als einer Stunde wären wir da.«

»Wie lange hat das Ding denn geöffnet?«

»Bis Mitternacht mindestens.«

»Aha …«

Liria atmet verdächtig tief aus. »Na ja, ich merk schon, du hast keine Lust. Hab ich dich etwa geweckt?«

»Ja … ja, bin aber eigentlich noch bei der Arbeit.«

»Oh, dann will ich nicht weiter stören. Bis später mal.«

»Ja, danke, bis später«, verabschiede ich mich und sinke zurück in mein Sofakissen. *Aqualand*, denke ich, was für eine beknackte Idee! Welche Narren gehen denn abends in ein Spaßbad? Nach der Arbeit! Mitten im Winter! Doch so zahm, wie ich Liria gerade erlebt habe, kenne ich sie kaum. Sie hat sogar Verständnis gezeigt. Vielleicht gibt sie sich ja tatsächlich mal etwas Mühe, mir eine halbwegs humane Freundin zu sein, überlege ich, da piept auch schon mein Handy.

> *Wenn du keine Lust hast, deine kostbare Zeit mit mir zu verschwenden, werde ich demnächst gar nicht mehr fragen. Liria <*

Auf Anhieb bin ich hellwach. Sie hat es wieder getan. Immer, wenn Liria keine Lust hat, sich am Telefon mit mir zu streiten, kommt der Schlag in die Fresse in Form einer SMS hinterher. Und immer, wenn Liria richtig sauer ist, setzt sie ihren Namen ans Ende der Nachricht. Bald habe ich ihre Allüren endgültig satt. Aber im Grunde kann ich froh sein, dass sie dieses Mal nicht gleich drauflos gewettert hat. Denn Liria und ich streiten uns ständig. Und das seit fast zwei Monaten.

Mit dem Tag, an dem Liria wegen meines Abenteuers mit Nicole aus Hamburg den Zettel an meine Tür geklebt hatte, waren auch die anonymen Anrufe ausgeblieben. Längst war ich mir sicher, Liria sei auf ewig aus meinem Leben verschwunden, da begann, bar jeder Vorwarnung, das Kurzmitteilungs-Bombardement. Keine vierundzwanzig Stunden vergingen, ohne dass Liria mir morgens einen schönen Tag, nachmittags einen geruhsamen Feierabend und abends eine gute Nacht gewünscht hätte. Unter Aufwendung aller mir zur Verfügung stehenden Disziplin habe ich sämtliche ihrer SMS unbeantwortet gelassen. Bis Anfang Dezember. Obwohl ich mir nach dem grotesken Zwischenfall mit dem alten Mann im *Bienenstock* fest vorgenommen hatte, für mindestens einhundert Jahre die mir selbst auferlegte Kontaktsperre aufrecht zu erhalten, ließ ich mich nach nur zwei Wochen des schmalzigen Trommelfeuers leichtfertigerweise zu einer Antwort hinreißen. Ich schrieb Liria, sie solle mich *in Gottes Namen ein für alle Mal* in Frieden lassen. Jedoch wurde meine Hoffnung, der leidigen Geschichte so einen unwiderruflichen Schlusspunkt zu setzen, massiv enttäuscht. Nach dutzenden herzzerreißender Entschuldigungs-Mitteilungen und mindestens ebenso vielen kindlich-kitschigen Liebesschwüren hatte Liria mich um ein einziges, ein *letztes* Treffen gebeten.

Am 5. Dezember, es war ein Mittwoch, habe ich es ihr gewährt. Um Punkt 18:00 Uhr. Und seit Mittwoch, dem 5. Dezember, gegen 18:01 Uhr, sind wir zusammen. Und diesmal richtig. Hatte ich gedacht.

Aber die vollkommen absonderliche Konstruktion unserer Verbindung ist von dem, was ich mir unter einer festen Beziehung vorstelle, so weit entfernt wie Phil Collins von guter Musik. Nach wie vor weiß ich so gut wie nichts über Liria. Den alten Mann, der sie als seine Lebensgefährtin bezeichnet hatte, tut sie als weitläufigen Bekannten ab. Natürlich ist mir sonnenklar, dass dies nie und nimmer der Realität entspricht, doch kann ich nicht einmal die Vorstellung ertragen, dass Liria den Kahlkopf auch nur geküsst hat. Und so nehme ich Lirias Lüge dankbar als Wahrheit an. So, wie ich bereit bin, jeden weiteren ihrer Schwindel zu meiner Wahrheit zu machen - falls Liria überhaupt den Aufwand betreibt, eine einigermaßen glaubhafte Ausrede zu erfinden.

Noch immer habe ich keine Ahnung, warum sie mir so kurzfristig für Silvester abgesagt, geschweige denn, wie sie stattdessen den Jahreswechsel verbracht hat. Von mir hingegen wollte Liria jedes Detail aus dem *Stonehenge* wissen. Ob ich mit irgendeiner Frau gesprochen hätte, wie viel ich getrunken hatte und wann ich wieder zu Hause gewesen war. Den Besuch in *Erwin's*

Braustübchen habe ich Liria vorsichtshalber verschwiegen. Mein Aufenthalt in einer solchen Kaschemme hätte sie mit Sicherheit wütend gemacht. Und ich darf Liria keinesfalls wütend machen. Denn ist sie wütend, droht Liria mit Trennung. Und dann stehe ich hilflos und bettelnd da.

Aqualand, denke ich, was für eine Scheiße! Gelegentlich wünsche ich mir, Liria niemals kennengelernt zu haben. Sogar die Wochenenden, auf die ich mich früher so gefreut habe, sind zu einem grausamen Geduldsspiel geworden. Jeden Freitag und jeden Samstag sitze ich abends in meiner Wohnung und hoffe, dass Liria Zeit für mich hat. Sagt sie mir ab, bleibe ich zu Hause. Und sie sagt mir fast immer ab.

Dennoch ertrage ich jede einzelne dieser Demütigungen nur allzu bereitwillig, weil der Lohn für alle Strapazen schier unermesslich ist: Liria! Ich würde alles für sie tun. Das gesamte Universum würde ich um sie kreisen lassen, wenn Liria nicht schon persönlich dafür sorgte, dass das Universum dies tut. Ich liebe Liria. Und ich hasse mich dafür. Ich bin ihr völlig ausgeliefert. Schenkt Liria mir ein flüchtiges Lächeln, ich bin der glückseligste Tropf der Welt. Doch jeder ihrer bösen Blicke versaut mir mehr als nur einen Tag. Ich habe mich in eine Dämonin verliebt. Und Liria hat wahrhaftig den Teufel im Leib. Überall treiben wir es miteinander. Wir vögeln im Bett, in der Küche, auf der Couch, unter der Dusche und gelegentlich vor dem großen Spiegel in meinem Schlafzimmer. Selbst in der Umkleidekabine von *H&M* ist Liria so nett gewesen, mir rasch einen zu blasen, als ich in der Unterwäscheabteilung wieder so geil geworden bin.

***

Gerade habe ich die Grenze von Luxemburg nach Deutschland überquert und trete aufs Gas. Zum Glück ist nicht viel Verkehr auf der Autobahn, denn ich habe es eilig. Am Abend erwarte ich Sebastian, und ich möchte noch etwas Zeit zur Vorbereitung haben, bevor er eintrifft. Da Liria vor ein paar Tagen mit ihren Eltern für zwei Wochen in den Skiurlaub gefahren ist, kommt mir der Zeitpunkt seines Besuches sehr gelegen.

Als ich dazu ansetze, einen gemächlich über die Piste schleichenden BMW zu überholen, bemerke ich den Grund für seine strikten 120 km/h: Ein Fahrzeug des Deutschen Zolls, das in zulässiger Höchstgeschwindigkeit vor ihm herkriecht. Meine Güte, der Zoll interessiert sich doch nicht für Tempo-Überschreitungen, überlege ich und rausche an beiden Fahrzeugen vorbei. Beim Einscheren vor den Einsatzwagen fällt mein Schulterblick auf das halbe Dutzend Lucky-Strike-Stangen, das tatsächlich von jenseits der Grenze stammt.

In Gedanken bin ich wohl noch auf dem Bauernhof, von dem ich mich vor etwa einer Stunde auf den Weg gemacht habe. Die letzte Nacht hab ich bei Tobias verbracht. Als Kinder hatten wir in der gleichen Straße gewohnt, uns jedoch schon vor einer Ewigkeit aus den Augen verloren. An einem meiner vielen lirialosen Abende war ich im Internet bei meiner Suche nach alten Bekannten auf Tobi gestoßen. Sofort hatte er auf meine E-Mail geantwortet und mich eingeladen, ihn und seine Frau in Luxemburg zu besuchen. Allerdings hatte ich recht lange gezögert, sein Angebot anzunehmen. Zwar hatten Tobi und ich in unserer Kindheit beinahe jeden Tag miteinander gespielt, aber wie er als Erwachsener auf mich wirken würde, war unvorhersehbar. Dass Tobias verheiratet sein sollte, konnte ich mir beim besten Willen nicht vorstellen. In meiner Erinnerung war Tobi immer zehn Jahre alt geblieben.

Doch im Nachhinein war es die richtige Entscheidung, eine Nacht bei ihm zu verbringen. Der Aufenthalt hat mir wirklich gut getan, Tobi und seine Frau Carine sind von regelrecht bestechender Herzlichkeit. Während eines Portugalurlaubs vor fünf

Jahren haben sie sich kennengelernt und ineinander verliebt. Nur kurze Zeit später ist Tobi zu ihr nach Luxemburg gezogen, dort haben sie geheiratet, und nun bewirtschaften sie einen Hof mit fast tausend Schweinen und einigen Rindern und Schafen.

Am Freitag, direkt nach der Heimfahrt von *M&P*, bin ich nach Luxemburg aufgebrochen. Die Vietnamesen, die ständig an meinem Auto lehnen, hatten geradezu bestürzt auf die Reisetasche im Kofferraum meines Puntos geschaut. Mein festes Versprechen, gleich am nächsten Tag auf meinen angestammten Parkplatz zurückzukehren, schien sie aber irgendwie zu beruhigen.

Als Tobi die Haustür öffnete, erkannte ich ihn kaum. Er hatte nichts mehr mit dem kleinen Jungen von der anderen Straßenseite gemein. Aus Tobi war ein Fleischberg geworden. Carine schien eine leidenschaftliche Köchin zu sein, und allein von den ungeheuren Mengen an Schweineschnitzeln, die sie zum Abendessen servierte, wäre ich vermutlich eine ganze Woche satt geworden.

Beim Essen war unsere gemeinsame Kindheit nur am Rande ein Thema. Für Tobi hatte die Vergangenheit offenkundig weit weniger Bedeutung als für mich. Immerhin konnte ich ihm mit jahrzehntelanger Verspätung mitteilen, dass Oliver, mit dem wir als Kinder viele spannende Abenteuer erlebt hatten, in Wirklichkeit gar nicht vom Erdboden verschluckt worden, sondern lediglich in einen anderen Stadtteil gezogen war.

Während Tobias von seiner täglichen Arbeit auf dem Hof berichtete, kam mir der unaufhörliche Ärger mit Liria noch absurder vor, als er ohnehin schon war. Tobi sprach von Problemen bei der Umsetzung irgendwelcher Richtlinien der Europäischen Union, von der dramatischen Entwicklung des Fleischpreises, von Tierfutterverordnungen und finanzieller Förderung durch die öffentliche Hand. Niemals hätte ich Tobi erzählen können, dass meine größte Sorge aus einer Einundzwanzigjährigen bestand, mit der ich eine Beziehung führte, die bei Lichte betrachtet nichts anderes darstellte als einen schlechten Witz.

Es war nicht nur dem von Tobi selbst gebrannten *Maagbitter* (einem, wie Carine mir versichert hatte, alle Leiden der westlichen Welt heilenden Spezifikum) zu verdanken, dass ich in jener Nacht schlief wie ein Toter. Hinzu kam die Stille. Oder besser: Das Fehlen jeglichen Lärms. Das Bauernhaus von Tobi und Carine lag einsam zwischen Feldern und Wiesen, die nächste Stadt in kilometerweiter Distanz. Kein Mensch, kein Tier, kein Baum gab Laut. Bei mir zu Hause hatte ich mich längst an den permanenten Straßenlärm gewöhnt. Und mittlerweile war sogar das Geschrei der Nachbarn aus dem zweiten Stock ein fester Bestandteil der üblichen Geräuschkulisse meiner Wohnung. Doch bei Tobi war es völlig still. Es herrschte eine Ruhe, die ich in ihrer Absolutheit auf dieser Erde niemals für möglich gehalten hätte. Ich fühlte mich, als nächtigte ich auf einem fremden Planeten. Selbst die Streitereien mit Liria schienen Lichtjahre entfernt.

Am Morgen saß ich mit Tobi am Frühstückstisch, Carine hatte sich bereits in aller Frühe zum Einkaufen in die Stadt aufgemacht.

»Ich geh geschwind die Schweine füttern«, sagte Tobias und erhob seinen kolossalen Körper, »bin gleich zurück.«

»Kann ich nicht mitkommen?«

Tobi wirkte etwas überrascht. »Klar, komm mit!«

Durch matschigen, von Traktorreifen tief zerfurchten Boden stapften wir über den Hof, vorbei an meinem Punto, der mir in dieser rustikalen Umgebung mit einem Mal restlos deplatziert erschien. Wie ein kleines Raumschiff, mit dem ich diesen friedvollen Stern alsbald wieder Richtung Erde verlassen müsste.

In einem nahegelegenen Wellblechbau gelangten wir in ein karges Büro, dessen Einrichtung allein aus einem Schreibtisch mit zwei Monitoren bestand.

Tobi zeigte auf einen der Bildschirme. »Sieh her, jede Nummer ist ein Schwein.« Dann wies seine Hand auf den anderen Monitor. »Und hier kann man aufs Gramm genau einstellen, wie viel Futter die Maschine in den Trog füllt«, erklärte er weiter und tippte mit seinen fleischigen Fingern auf einer Tastatur herum.

Ich war ein wenig verwundert. Auf dem Bildschirm war nichts als nummerierte Kästchen zu erkennen.

Unter *Schweine füttern* hatte ich mir wahrlich etwas anderes vorgestellt.

Meine Enttäuschung blieb Tobias nicht verborgen. »Komm, ich zeig dir was, das wird dich wohl eher interessieren«, sagte er lächelnd, wandte sich von den Monitoren ab, und ich folgte Tobi durch einen schmalen Gang zu einer verschlossenen Metalltür. »Wir müssen uns erst Gummistiefel anziehen, damit wir keine Erreger hineintragen, verstehst du?«

Ich verstand. Wir tauschten unsere schlammverklebten Schuhe gegen riesengroße grüne Stiefel aus und Tobi öffnete den schweren Zugang. Der Gestank warf mich fast um.

Tobias grinste. »Für euch Stadtmenschen muss das echt schlimm sein. Ich riech das überhaupt nicht mehr.«

»Kann ich mir gar nicht vorstellen«, erwiderte ich, nur mit Mühe einen Kotzreiz unterdrückend. Vor mir eröffnete sich eine gigantische Halle, in der hunderte von Schweinen auf gefliestem Boden dicht an dicht nebeneinanderstanden. Auf dem Rücken eines jeden Tieres war in Neonfarbe eine Nummer gesprüht. Mir war der Anblick zuwider.

»Komm, hier lang!« lachte Tobi.

Nachdem wir die zusammengepferchten Kreaturen hinter uns gelassen hatten, erreichten wir einen glücklicherweise weit weniger stinkenden Anbau, in dem einige kleine Ställe mit Heu ausgelegt waren.

Unversehens blieb Tobi stehen. »Schau mal!«

In der Box vor uns lag eine riesige Sau mit gut einem Dutzend neugeborener Ferkel, die unsicher durch das weiche Stroh tapsten. Ihre Augen hatten sie noch nicht gänzlich geöffnet, und so wirkte es, als hätte man sie eben erst geweckt. Über ihnen war eine Lampe angebracht, die offenbar Wärme spendete und alle Ferkelchen in einen rosaroten Lichtschleier tauchte. Ich wünschte mir Liria an meine Seite. Sie hätte wohl über Stunden hier gestanden, um die zuckersüße Darbietung zu bestaunen.

Hinter dem mächtigen Muttertier, dessen gelegentliches Gegrunze ich eher einem röhrenden Hirsch zugeordnet hätte, entdeckte ich eine Schubkarre, deren Inhalt ich im Halbdunkel aber nicht so recht zu identifizieren vermochte. »Hey, Tobi! Ist da Schweinefutter in der Karre?«

»Nein, nein, das sind die Totgeburten. Bei einem Wurf sind immer zwei, drei dabei. Das ist ganz normal.«

Jetzt konnte ich die Umrisse der leblosen Ferkelchen erkennen, keine zwei Meter neben ihren Brüdern und Schwestern, die unbeholfen auf dem Boden herumkrochen oder durstig an den Zitzen ihrer Mutter nuckelten. Ich stellte mir vor, wie Tobi bei der Geburt bereits mit einer Schaufel in der Hand auf die toten Ferkel wartete, um sie von der Erde zu kratzen und im hohen Bogen in die Schubkarre zu schmeißen. Wieder musste ich fast kotzen. Liria hätte bestimmt geweint.

Endlich verschwindet das Zoll-Fahrzeug aus meinem Rückspiegel, und ich trete erneut aufs Gas.

Sebastian ist pünktlich. Ich habe vorher noch schnell geduscht, um den Gestank des Schweinestalls loszuwerden, das Bad feucht durchgewischt und in meiner Wohnung staubgesaugt, denn Sebastian wird bei mir übernachten. Zwar ist der tolle Mike mit ihm wesentlich enger befreundet als ich, doch vermutlich ist Mike schon zu knauserig, einen Besucher bei sich die Hände waschen zu lassen und dadurch die Wasserrechnung in astronomische Höhen zu treiben.

Gegen acht treffen wir uns mit dem tollen Mike im *Stonehenge*, und es ist ein netter, unspektakulärer Abend. Sebastian ist inzwischen verheiratet und hat einen Sohn, der gerade ein paar Monate alt ist. Nach seinem Jurastudium ist Sebastian in unsere Heimatstadt zurückgekehrt und arbeitet dort als Anwalt. Sina, seine Frau, ist ursprünglich eine Mandantin von ihm gewesen, was den tollen Mike und mich seither darüber rätseln lässt, mit welch pikantem Anliegen sie sich seinerzeit in Sebastians Kanzlei begeben haben mochte. Und je mehr Sebastian von seinem harmonisch-spießigen Familienleben erzählt, desto mehr reift in mir die Erkenntnis, dass ich Liria wohl niemals heiraten kann. Ihre Heimlichtuerei und das ständige Gezänk lassen den Gedanken an eine Ehe oder gemeinsame Kinder gar nicht zu. Allein die Vorstellung, mit Liria zusammenzuziehen, erscheint mir vollkommen abwegig. Ich weiß ja nicht einmal, wo sie derzeit wohnt. Und sogar ihren Nachnamen hat sie mir bis zum heutigen Tage verschwiegen.

Der tolle Mike hingegen trauert immer noch seiner Freundin hinterher, die er im vergangenen Jahr selber verlassen hat, wahrscheinlich aufgrund finanzieller Erwägungen. Weihnachten, Valentinstag, Geburtstag, Jahrestag – das geht geschenkemäßig natürlich ins Geld. Auch als Sebastian vor einer halben Stunde anstandslos unsere Rechnung pauschal per VISA-Premium-Card beglichen hat, ist der Glanz in Mikes Augen unübersehbar gewesen. Mittlerweile kotzt mich seine Pfennigfuchserei so richtig an.

Sebastian hat sich soeben für die Nacht fertiggemacht und liegt zugedeckt auf meiner Couch.

»Soll ich für morgen den Wecker stellen oder möchtest du ausschlafen?«, frage ich ihn aus der Tür zu meinem Schlafzimmer.

»Bloß keinen Wecker! Bin froh, dass ich eine Nacht lang nicht nach dem Kleinen schauen muss. Für mich ist das hier der reinste Erholungsurlaub.«

Das kann ich nur allzu gut verstehen. Mein Kurztrip nach Luxemburg hat mir vor Augen geführt, wie wertvoll selbst wenige Stunden der ungewohnten Ruhe sein können. »Okay, dann pennen wir aus«, sage ich noch, gehe ins Bett und lösche das Licht meiner Nachttischlampe.

Ein gellender Schrei reißt mich aus dem Schlaf. Sebastian liegt nach wie vor auf meiner Couch, doch aus irgendeinem Grunde lastet mein gesamtes Körpergewicht auf ihm.

Blitzartig schnelle ich hoch. »Es tut mir leid! Es tut mir leid! Es tut mir leid!«, rufe ich und schlage die Hände vor mein Gesicht. Dann wird mir klar, was geschehen ist: Ich bin schlafgewandelt.

»Ist ja schon gut«, nuschelt Sebastian, »hau dich mal wieder hin!«

Auf Zehenspitzen schleiche ich zurück ins Schlafzimmer, schließe lautlos die Tür und lege mich ins Bett. Oh Mann, denke ich, wie peinlich! Seit mir Sebastian in meiner Studienzeit so entscheidenden Beistand geleistet hat, bin ich immer bemüht, ihm einen besonders guten Eindruck von mir zu vermitteln. Und jetzt habe ich mich mitten in der Nacht auf ihn gelegt! Aber wenn ich Glück habe, wird er vielleicht alles für einen Alptraum halten. Sebastian hatte extrem abwesend gewirkt. Obwohl er kurz aufgeschrien hat, ist er möglicherweise gar nicht richtig wach gewesen. Und er scheint sofort wieder eingeschlafen zu sein. Nach dem Schreck werde *ich* wohl kaum so schnell einpennen können, denke ich und falle sogleich in einen festen Schlaf.

»Hilfeee! Hilfeee!«

Ruckartig sitze ich wie gebannt in meinem Bett. Allerdings hat mich diesmal nicht Sebastians Stimme geweckt. Das hörte sich vielmehr nach einem Mädchen an, überlege ich, doch es ist totenstill. Habe ich etwa geträumt? Anscheinend ja. Gerade will ich zurück in mein Kopfkissen sinken, da schallt es abermals aus der Wohnung unter mir: »Hilfeee!«

»Scheiße!«, fluche ich, streife mir hastig Jogginghose und Turnschuhe über, stürze aus meiner Wohnung und renne die Treppe herunter. Atemlos stehe ich vor der Tür meiner Nachbarn, hinter der es rumpelt und poltert.

»Hiiilfeee!«, höre ich erneut die Stimme des Mädchens.

Unentwegt schlage ich auf die Schelle, trommele mit der Faust gegen das Türblatt, aber niemand öffnet. Mir bleibt keine Wahl. Ich mache einen Schritt zurück und trete mit aller Kraft zu. Die Tür fliegt auf, ich stürme in die Wohnung, hetze durch einen Flur, sehe im Wohnzimmer ein junges Mädchen mit blutverschmiertem Gesicht in einer Ecke kauern. Über sie gebeugt, ein ebenso junger Mann. Erschrocken starrt er mich an. Der Sohn meiner Nachbarn! Plötzlich rennt er zum Fenster und öffnet es. Und springt heraus.

Das Mädchen schreit noch lauter als zuvor: »Neeeiiin!«

Fassungslos eile ich zu dem offen stehenden Fenster und blicke hinunter. Statt einer zermatschten Leiche, sehe ich den Nachbarssohn die Straße entlang weglaufen. »Dem ist nichts passiert«, keuche ich und drehe mich um. Das blutverschmierte Mädchen ist von mehreren Leuten umringt. Ich bin völlig durcheinander. Einige meiner Nachbarn müssen gleich nach mir in die Wohnung gekommen sein. Sogar Sebastian steht in dem fremden Wohnzimmer herum, trägt lediglich eine etwas zu große Feinripp-Unterhose, in der er ziemlich komisch aussieht.

»Wir sollten einen Krankenwagen rufen«, schlage ich vor.

»Der ist schon unterwegs«, antwortet irgendjemand.

»Und die Polizei auch«, ergänzt ein anderer.

»Dann gehen wir mal besser wieder nach oben«, sage ich zu Sebastian, »und ziehen uns ordentliche Klamotten an.«

Geistesabwesend nickt er. »Ja, du hast recht.«

In meiner Wohnung angekommen, sackt Sebastian auf die Couch und sieht mich ungläubig an. »Was war das denn gerade?«

»Weiß nicht … «

»Du hast 'ne Tür eingetreten.«

»Hab ich selbst nicht so richtig mitbekommen.«

»Da ist einer aus dem Fenster gesprungen.«

»Ja, aber der ist doch gar nicht tot.«

»So was hab ich in meinem ganzen Leben noch nicht gesehen«, stöhnt Sebastian und schüttelt in einem fort den Kopf, »wenn das ein Erholungsurlaub ist, freu ich mich auf den Stress zu Hause.«

»Hey, tut mir wirklich leid.«

»Ach Quatsch, hast die Kleine vor Schlimmerem bewahrt. Aber mal was anderes: Könntest du mir 'n Handtuch geben? Meine Füße sind ganz nass.«

»Klar«, erwidere ich verwirrt, »wieso sind die denn nass?«

»Kann ich dir auch nicht so genau sagen«, entgegnet Sebastian achselzuckend, »draußen hat wohl jemand Wasser ausgekippt.«

»Ist ja merkwürdig«, antworte ich, gehe kurz ins Bad, werfe Sebastian ein frisches Handtuch zu und öffne meine Tür. Irritiert betrachte ich eine gelbe Lache vor meiner Fußmatte. Erst jetzt fällt mir wieder ein, dass ich in der Nacht schlafgewandelt bin. Und meine Wohnungstür liegt direkt gegenüber meiner Toilette. Ich muss in meiner Not die Türen verwechselt haben. Verlegen schließe ich den Eingang und sehe Sebastian wortlos dabei zu, wie er meine Pisse von seinen nackten Füßen rubbelt.

***

»Du hast nun wirklich nicht zu bestimmen, was ich machen darf und was nicht!«

Wie üblich sitzt Liria in meinem Schreibtischsessel und ist zum Streiten aufgelegt. Soeben hat sie mir eröffnet, dass sie sich ihr Muttermal entfernen lassen möchte. Ich liebe diesen kleinen Fleck und kann mir gar nicht vorstellen, Liria zu umarmen, ohne sie darauf zu küssen. »Liria, Ich hab den Fleck total gern!«

»Ich aber nicht.«

»Ist das denn 'ne reine Schönheitsoperation oder hat der Arzt was von Hautkrebs gesagt?«

»Nein, hat er nicht, aber man kann nie wissen. Vielleicht würde der ja irgendwann noch gefährlich.«

»Also, wenn das nichts Ernstes ist, wäre es mir lieber, er bliebe da. Es gibt doch viele schöne Frauen mit 'nem Leberfleck im Gesicht. Das sieht richtig süß aus!«

Liria schnauft. Sie schnauft, wie sie immer schnauft, bevor sie etwas vollkommen Dämliches sagt. »Ich kann mir den Fleck ja nach der Operation einpacken lassen und dir dann mitbringen.«

Der Gedanke, wie Liria mir einen blutigen Fetzen ihrer Haut als Präsent überreicht, lässt mich auf der Stelle wütend werden. »Kein anderer Mensch kommt auf so kranke Ideen wie du!«

»Ach ja? Krank? Das sagt der Richtige! Du solltest auch mal schleunigst zum Arzt gehen!«

»Wieso das denn? Ich bin bei bester Gesundheit!«

»Das glaubst du! Aber das kann nur ein Arzt mit Sicherheit feststellen. Du bist immerhin dreißig, und das ist genau das Alter, ab dem man sich regelmäßig untersuchen lassen sollte.«

»Ich fühle mich doch wohl!«

»So viel, wie du rauchst, hast du bestimmt schon irgendwelche Schäden. Meine Mutter hat mir erzählt, dass das die häufigste Todesursache überhaupt ist. Am Rauchen sterben mehr Menschen als bei Unfällen oder an allen Krankheiten zusammen!«

Es ärgert mich maßlos, wenn Liria meinen Zigarettenkonsum kritisiert. Und es ärgert mich noch mehr, wenn sie ihre Mutter erwähnt. Bis heute habe ich Lirias Eltern nicht zu Gesicht bekommen, und inzwischen habe ich den unangenehmen Verdacht, dass Liria unsere Beziehung ebenso geheim hält wie ich. »Hört sich an wie 'ne Herausforderung«, murmele ich, »mal sehen, ob wir Raucher es schaffen, auch noch die Kriegstoten zu überflügeln.«

»Du bist echt ein Idiot.«

Liria ist so fabianig wie humorlos. Eigentlich hatte ich gehofft, sie gleich im Schlafzimmer durchvögeln zu können, schließlich ist es unser erstes Wiedersehen, nachdem sie mit ihren Eltern aus dem Skiurlaub zurückgekehrt ist.

Stattdessen steht Liria der Sinn nach einer weiteren überflüssigen Debatte: »Warst du denn heute schon mal an der frischen Luft?«

Natürlich war ich noch *nicht* draußen. Erst in der Nacht habe ich mir am Bahnhof eine Big Box Lucky Strike besorgt und mir nebenher rasch einen XXL-Döner genehmigt. Es hat am Morgen keinerlei Grund gegeben, aus der Wohnung zu gehen, doch das würde Liria als Antwort wahrscheinlich nicht gelten lassen. »Nein, aber ich hole mir nachher in der Stadt was zu essen.«

Lirias Blick verheißt nichts Gutes. »Hast du etwa wieder den halben Tag verpennt?«

»Ach, nur bis elf.«

»Ist ja 'ne tolle Leistung. Und dieses Mal ohne schlafzuwandeln?«

»Ja, sicher«, erwidere ich und verfluche mich gleichzeitig dafür, dass ich Liria von meinem peinlichen Vorfall mit Sebastian berichtet habe.

»Diese Schlafwandelei ist wirklich nicht normal. Du solltest mal in ein Schlaflabor gehen und dich durchchecken lassen!«

»Es ist doch nichts passiert«, entgegne ich und bin heilfroh, Liria zumindest die Tatsache verschwiegen zu haben, dass ich vor meine Wohnung gepisst und zum guten Schluss sogar die Tür meiner Nachbarn eingedonnert hatte.

»*Bis jetzt* ist nichts passiert. Aber das kann ja noch kommen! Und –«

Ein Klopfen an meiner Wohnungstür lässt Liria schlagartig innehalten. Verängstigt sieht sie mich an.

»Keine Ahnung, wer das sein könnte. Ich erwarte keinen Besuch.«

Liria huscht in mein Schlafzimmer, als müsse sie sich verstecken.

Gespannt öffne ich den Eingang und vor mir steht meine Nachbarin aus dem zweiten Stock. »Hallo«, lächelt sie, »sind sie der Mann, der unsere Tür eingetreten hat?«

Im Augenwinkel sehe ich Lirias Kopf durch den Türspalt aus dem Schlafzimmer lugen. Ihre Augen sind so weit aufgerissen, dass ich befürchte, ihre Augäpfel könnten vor Wut aus den Höhlen schießen.

»Äh, ja, der bin ich«, entgegne ich beinahe flüsternd und schaue wieder zu Liria. Sie sieht aus, als würde sie in der nächsten Sekunde explodieren.

»Wir haben die Tür gestern richten lassen«, erklärt meine Nachbarin und drückt mir einen Schlüssel in die Hand. »Wenn mein Sohn nochmal so was Schlimmes macht, dann können Sie demnächst einfach aufschließen.«

***

»Hallo?«

»Hi, hier ist Franziska Brandtner. Ich hoffe, ich störe dich nicht.«

»Nein, nein, aber ich weiß auf Anhieb gar nicht, woher wir uns kennen.«

»Hm, hättest du was dagegen, wenn ich dir ein paar Fragen stelle, um das rauszufinden?«

»Nee, eigentlich nicht. Worum geht's denn?«

»Nun, als erstes würd ich gern wissen, ob du schon mal im *Bienenstock* warst.«

»Ja, da bin ich mal gewesen.«

»Etwa vor fünf Monaten?«

»Könnte hinkommen.«

»Und hast du da vielleicht eine *Nicole* kennengelernt?«

»Klar! Nicole aus Hamburg! Und du bist dann wohl Franzi. Wir hatten uns ja kurz im Hotel gesehen, nachdem du bei der Polizei gewesen warst.«

»Ach ja, da hatte ich etwas überreagiert, sorry nochmal. Ich kann kaum fassen, dass ich dich endlich aufgespürt hab.«

»Ja, schön! Wie hast du mich denn gefunden?«

»Also, das war folgendermaßen: Als wir im Flieger saßen, ging das Gejammer schon los. Nicole hatte sich nicht getraut, dich nach deiner Nummer zu fragen. Aber zumindest wusste sie noch deinen Vornamen. Sie hat dann aus dem Telefonbuch jeden Menschen mit dem Namen in deiner Stadt angerufen.«

»Was? Das muss ja 'ne Ewigkeit gedauert haben!«

»Ja, Nicole hat auch irgendwann aufgegeben, ich hab dann heimlich weitertelefoniert. Du kannst dir nicht vorstellen, wie viele Typen gesagt haben, sie könnten sich noch gut an uns erinnern und dass wir vorbeikommen sollen.«

»Ist ja lustig. Und wie oft wart ihr in den letzten Monaten hier und habt den Falschen besucht?«

»Nein, nein, das ließ sich ja zum Glück mit zwei, drei Fragen am Telefon überprüfen. Und jetzt bin ich tatsächlich beim Richtigen gelandet. Mensch, das wird eine Überraschung für Nicole!«

»Wie geht's ihr denn überhaupt?«

»Ihr geht's super. Nur immer noch Single. Meine Güte, wird die sich freuen!«

»Gut, Franzi, gib mir gleich mal Nicoles Handy-Nummer. Aber sag ihr nicht, dass du mich ausfindig gemacht hast! Und ich schreib ihr einfach mal 'ne SMS.«

»Oh ja, da fällt sie bestimmt vor Schreck in Ohnmacht!«

***

Meine Akten habe ich am Mittag bei *M&P* abgegeben, meinen Punto für eine Woche bei den Vietnamesen abgestellt, mein Wochenende kann beginnen. Eigentlich. Bevor ich mit Liria zusammengekommen bin, gehörten diese Stunden zu den schönsten der Woche. Doch nun sitze ich wieder einmal ungeduldig vor meinem Telefon und warte auf Lirias Anruf. Die letzten paar Minuten habe ich genutzt, um mir mit Nicole aus Hamburg einige SMS hin- und herzuschreiben. Zwar wimmele ich ihre ständigen Anfragen, wann sie mich denn besuchen dürfe, konsequent ab – aber sollte Liria auch nur von unserem regelmäßigen Kontakt erfahren, sie würde mich mit absoluter Sicherheit umbringen.

Endlich klingelt mein Telefon. *Unbekannter Teilnehmer*. Na also, denke ich und nehme den Hörer ab. »Hallo?«

»Guten Tag, mein Name ist Teresa Schirmer. Ich glaube, Sie kennen meine Tochter. Sie heißt Liria.«

Für einen Moment bin ich wie gelähmt. Die Stimme der Frau ist der von Liria sehr ähnlich, allerdings kann ich einen leichten spanischen Akzent heraushören.

»Ah, ja ... Liria kenne ich«, erwidere ich unsicher.

»Ich habe Ihre Nummer aus unserer Telefonrechnung«, erklärt Lirias Mutter, »es ist ja die einzige, die unsere Tochter so häufig wählt.«

»Ja ... klar.«

»Entschuldigen Sie, ich will Sie nicht lange aufhalten. Nur sollen Sie wissen, wie froh mein Mann und ich sind, dass Liria jetzt einen festen Partner gefunden hat. Und wir sind uns ganz sicher, dass sie die richtige Wahl getroffen hat.«

»Oh, da bin ich mir auch ziemlich sicher!«

»Ach, Sie kennen Herrn Braselmann?«

Die Frage trifft mich wie ein Vorschlaghammer. Ich habe das Gefühl, auf der Stelle einen Herzinfarkt zu erleiden, doch mit Sicherheit nicht vor Lirias Mutter. »Äh, ja, hab ihn schon mal getroffen.«

»Dann haben Sie gewiss bemerkt, dass Herr Braselmann etwas älter ist als unsere Tochter. Aber das ist bei meinem Gatten und mir genauso. Es hat viel Gutes, einen erfahrenen Mann an seiner Seite zu haben.«

»Aha ... «

»Und die beiden passen wirklich hervorragend zusammen. Der erste gemeinsame Urlaub ist ein wichtiger Prüfstein für eine vielversprechende Beziehung, verstehen Sie? Und sie haben zwei Wochen Skiurlaub ohne Streit überstanden!«

Augenblicklich möchte ich heillos in Tränen ausbrechen. »Ja, Ihre Tochter hat mir erzählt, dass sie Ski fahren war.«

»Liria ist eben wieder zu ihrem Freund gefahren. Sie packt ja freitags immer ihre Sachen und bleibt das ganze Wochenende bei ihm. Nur kommt sie manchmal erst samstags dort an, und dann meldet sich Herr Braselmann bei uns, weil er nicht weiß, wo Liria ist. Sie sagt es uns doch auch nicht. Ist sie vielleicht gelegentlich bei Ihnen?«

»Nein ... nein, bei mir ist sie eigentlich nie«, stottere ich und befürchte, meinen Nervenzusammenbruch nicht eine weitere Sekunde herauszögern zu können.

»Es tut mir leid, dass ich Sie so ausfrage. Liria hat uns oft schrecklichen Kummer gemacht. Wissen Sie, mein Vater ist 1965 nach Deutschland gegangen, um zu arbeiten. Er hat uns so viel Geld nach Spanien geschickt, wie er konnte, aber es hat trotzdem kaum für uns alle gereicht. Ich bin mit meiner

Mutter 1971 nachgekommen. Und das waren harte Zeiten, damals.«

Ich habe größte Mühe, den Worten von Lirias Mutter zu folgen. Während sie ihre eigenartige Gastarbeiter-Geschichte erzählt, sehe ich im Geiste Liria mit einer großen Tasche in der Hand bei ihrem Freund zur Tür hineingehen, um mit ihm ein unbeschwertes Wochenende zu verbringen. Und inständig hoffe ich, dass Lirias Mutter mein lautloses Heulen nicht längst bemerkt hat.

»Meinen Mann habe ich dann hier kennengelernt. Wir arbeiten beide sehr viel, damit es unserer Tochter einmal besser geht. Aber sie begreift nicht, wie schwer es für uns ist. Liria meint, wir hätten genug Geld für alles. Können Sie sich vorstellen, dass sie mal eine Telefonrechnung von fast eintausend Mark hatte?«

»Nicht zu glauben«, krächze ich.

»Wir hatten Liria einen eigenen Anschluss ins Zimmer gelegt, das konnten wir uns irgendwann nicht mehr leisten. Deswegen schaue ich ja jetzt noch in die Rechnungen. Und als wir Liria gefragt haben, mit wem sie so lange telefoniert, da ist sie einfach weggelaufen. Sie ist so oft weggelaufen. Ich weiß nicht, ob wir etwas falsch gemacht haben … Meinen Sie, wir haben etwas falsch gemacht?«

Meine Erschütterung sabotiert jeden klaren Gedanken. »Nein, nein, das kann gar nicht sein!«

»Irgendwas müssen wir ja falsch gemacht haben. Was soll denn aus Liria werden? Sie braucht doch einen Abschluss. Was ist man denn heutzutage ohne Ausbildung in diesem Land?«

Ich habe keine Ahnung, worauf Lirias Mutter hinauswill. »Wenn sie einen Studienplatz findet, ist ja erstmal alles in Ordnung.«

»Was, einen Studienplatz? Dafür muss sie doch einen Abschluss machen. Sie geht nicht einmal zur Schule. Dabei ist das ja Pflicht in Deutschland, solange sie noch nicht achtzehn ist.«

»Wie … wie … wie alt ist Liria denn?«

»Sie ist siebzehn. Oje, was hat sie Ihnen bloß erzählt? Glauben Sie ihr nichts, sie lügt immer so viel. Aber sie ist ein guter Mensch! Hören Sie nur nicht auf ihre Lügen!« Lirias Mutter beginnt zu weinen. »Sagen Sie meiner Tochter bitte nicht, dass wir telefoniert haben, ja?«

Ich habe Schwierigkeiten, überhaupt ein weiteres Wort über die Lippen zu bringen. »Natürlich, das bleibt unter uns.«

Ohne Verabschiedung legt Lirias Mutter auf. Sekundenlang halte ich den Hörer in meiner zitternden Hand. Ich stehe komplett unter Schock. Nichts von dem, was ich über Liria zu wissen geglaubt hatte, entspricht der Wahrheit. Und sie hat eine *feste Beziehung*. Mit dem alten Mann. Herrn Braselmann!

Durch meinen Kopf rauscht eine Bilderflut. Ich stelle mir vor, wie Herr Braselmann Lirias Eltern die Hand gibt und diese ihm sagen, wie froh sie seien, endlich den Freund ihrer Tochter kennenlernen zu dürfen. Ich habe glasklar vor Augen, dass Lirias Mutter zu diesem feierlichen Anlass aufwendig gekocht hat, sehe mich gleichzeitig verzweifelt Lirias Nummer wählen, ihr Handy lautlos in ihrer Handtasche leuchten, unbemerkt von Lirias Eltern und dem alten Braselmann, der sich im selben Moment einen völlig überladenen Löffel Paella in den Mund schiebt und ekelhaft schmatzend darauf herumkaut.

Vergeblich versuche ich dem Martyrium meiner Phantasie zu entkommen, die Bilder aus meinem Kopf zu verdrängen. Doch in diesem Augenblick, während ich mit den Nerven total am Ende bin, nicht in der Lage, einen einzigen vernünftigen Gedanken zu fassen, weiß ich, wo Liria ist. Sie ist bei ihm. Beim alten Mann. Beim Braselmann!

»ICH HAB DEINE *LEBENSGEFÄHRTIN* MINDESTENS EINE MILLION MAL DURCHGEFICKT!«, schreie ich lauthals in meinem Wohnzimmer herum.

Liria! Sie hat mich die ganze Zeit belogen. Siebzehn Jahre alt. *Siebzehn!* Das hätte wohl jeder andere Mensch nach fünf Minuten bemerkt. Nur ich argloser Esel war so blöd gewesen, jedes noch so offensichtliche Zeichen vollkommen zu ignorieren. Liria! Ich muss sofort mit ihr reden.

Scheiß drauf, was ich dieser Teresa versprochen habe, überlege ich. Die Frau hat *ganz genau* gewusst, welche Rolle ich in diesem Kasperletheater spiele! Das war doch der Grund unseres Telefonats! Und dann hat mir Mutter Teresa auch noch ihre halbe Lebensgeschichte aufgedrückt, die mich einen Scheißdreck interessiert! Unwirsch greife ich nach meinem Handy.

Liria ist prompt am Apparat. »Was ist denn?«, fragt sie genervt, »hab doch gesagt, dass *ich* mich bei *dir* melde.«

»Ich habe mit deiner Mutter gesprochen«, sage ich heiser und warte herzklopfend auf eine Antwort. Über Sekunden sagt Liria nichts.

»Du bist so ein Arschloch!«, schreit sie plötzlich.

»Liria!«, schreie ich zurück, »*ich* hab *sie* doch nicht angerufen. *Sie* hat *mich* angerufen!«

»Hättest ja nicht mit ihr reden müssen!«, brüllt Liria und legt auf.

***

13:00 Uhr > *Hi Nicole! Wann kommste mich denn mal besuchen? Würde grad gut passen.* <
13:10 Uhr > *Mir im Moment eher nicht …* <
13:11 Uhr > *Krank?* <
13:19 Uhr > *Nee, aber ich versuch's doch nochmal mit meinem Ex.* <
16:05 Uhr > *Oh … alles Gute!* <

***

Mit einer Geburtstagskarte für meine Mutter in der Hand, stehe ich vor dem Briefkasten an der Hauptpost und überprüfe zum hundertsten Mal die Richtigkeit der Empfängeradresse. Einen Rechtschreibfehler im Straßennamen oder einen Dreher in den Postleitzahlen darf ich mir bei Marianne nicht erlauben. Um sicherzustellen, dass die Karte am nächsten Tag bei ihr ankommt, habe ich den Briefkasten vor der Hauptpost gewählt. Dem Kasten in meiner Straße traue ich nicht so recht, er ist mit Graffiti vollgesprüht, und oftmals sind leergesoffene Bierflaschen oder leergefressene Pommesschalen darauf abgestellt. Außerdem habe ich noch nie einen Post-Mitarbeiter gesehen, der die Briefe dort tatsächlich einmal abgeholt hätte.

Ein Telefongespräch mit meiner Mutter möchte ich mir ersparen. Selbst meine jahrelange Übung als Gute-Laune-Heuchler würde nicht ausreichen, um sie glauben zu lassen, bei mir sei alles in bester Ordnung. Der Anruf von Mutter Teresa liegt mittlerweile über einen Monat zurück, doch haben mich ihre dramatischen Enthüllungen so sehr aus der Bahn geworfen, dass ich nach wie vor kaum an etwas anderes denken kann. Ich hasse mich für meine Dummheit. So weit hätte es nicht kommen müssen. Ich hätte die gesamte Scheiße vermeiden können. Hätte ich nur auf Clara gehört!

Von Liria habe ich nach dem bitteren Tag der Wahrheit keine einzige Nachricht mehr erhalten. Doch ist es sicherlich nur eine Frage der Zeit, wann mein Telefon klingelt, ohne dass sich jemand am anderen Ende der Leitung meldet. Und so hat sich Liria inzwischen zu einem allmächtigen Phantom entwickelt. Ich fürchte sie, ohne sie zu sehen – sie bestimmt mein Leben, ohne etwas zu tun. Seit beinahe fünf Wochen verschanze ich mich in meiner Wohnung, verlasse sie fast nur für die Fahrten zu *M&P*, verschwende die übrigen Tage und Nächte damit, die unauffindbare Formel zu suchen, die mich dieses elende Desaster verarbeiten lässt. Lirias Tod könnte ich vielleicht verkraften, ein Zusammentreffen mit ihr und dem alten Braselmann hingegen keinesfalls. Sogar am Wochenende bleibe ich zu Hause. Ich hasse mein Leben.

Nach einem letzten prüfenden Blick, werfe ich die Karte in den Kasten. Gedankenverloren drehe ich mich um und pralle gegen eine Frau, die mit einem Stapel Briefe offenbar die ganze Zeit hinter mir gewartet hat. »Oh, Entschuldigung.«

»Ist ja nichts passiert«, entgegnet die Blondine und bleibt vor mir stehen.

Irgendwoher kenne ich sie, aber ich kann mich nicht entsinnen, wo ich ihr schon einmal über den Weg gelaufen bin.

Plötzlich gibt sie mir die Hand. »Hallo! Was für ein Zufall. Wir haben uns ja lang nicht mehr gesehen.«

»Ah, ja …?«

»Sandra Kronenberg!«

Ich starre sie wortlos an. Der Name hilft mir auch nicht weiter.

»*Meirowski & Partner*?«, fragt sie stirnrunzelnd.

Meine Göttin! Nur ein einziges Mal ist sie mir begegnet, damals vor Jens' Büro. »Äh, ja, natürlich! Das ist aber lange her. Und dass Sie sich noch an mich erinnern … «

»Ja, das war vor beinahe einem Jahr. Bei *M&P* hatte ich seinerzeit nur ein Praktikum gemacht. Jetzt arbeite ich da drüben in einer Unternehmensberatung.« Frau Kronenberg zeigt auf ein Bürogebäude hinter der Post. »In der Mittagspause nehme ich meist schon ein paar Briefe mit«, lächelt sie und wirft den Stoß in den Kasten. »Und nun wollte ich noch eine Kleinigkeit essen gehen.«

Wie angewurzelt stehe ich da und überlege, ob dieser Satz das Ende unseres Gespräches bedeuten soll. »Darf ich Sie begleiten?«, frage ich nach einer viel zu langen Pause und kann selbst nicht glauben, dass ich die Worte tatsächlich ausgesprochen habe.

»Sehr gern«, erhalte ich als Antwort.

Erneut bin ich sprachlos. Damit hatte ich nicht gerechnet. Doch ich muss sofort wieder etwas sagen, sonst wird mich die göttliche Frau Kronenberg womöglich für einen Dummkopf halten. »Wie wär's mit Pizza?«

»Na ja, ich würde eher einen Salat essen.«

Du Vollidiot, denke ich, schöne Frauen essen *niemals* Pizza. Sie essen *immer* Salat. »Da vorn um die Ecke wäre ein Italiener.«

»Sie meinen das *Milano*?«

»Ja, ich glaub, so heißt das.«

»Ach, da verbringe ich sowieso gelegentlich die Mittagspause. Dann gehen wir doch zusammen dort hin!«

»Cool!«, erwidere ich und ärgere mich umgehend über diesen in Anwesenheit einer Göttin vollkommen unangebrachten Anglizismus.

Auf dem Weg zur Pizzeria werde ich zunehmend nervös. Wären wir verabredet gewesen, hätte ich mich frisch rasiert und etwas schicker angezogen. Aber Frau Kronenberg scheint mein legerer Aufzug gar nicht zu stören.

Beim Essen erzählt sie, dass sie eine Berufsausbildung zur Betriebswirtin absolviert hat, dass das Unternehmen, für das sie vorher gearbeitet hatte, Pleite gegangen sei, und sie deswegen kurz als Praktikantin bei *M&P* gewesen war. Frau Kronenbergs beruflicher Werdegang interessiert mich nicht die Bohne. Vielmehr überlege ich unentwegt, wie ich unsere Unterhaltung auf eine mehr private Ebene lenken könnte.

Unvermittelt kommt mir Frau Kronenberg zuvor: »Sind Sie eigentlich verheiratet?«

Ich bin völlig verdutzt. So privat wäre ich nicht gleich geworden. »Nein, ich bin doch erst dreißig. Und sie?«

»Sechsundzwanzig.«

»Nein, ich meine –.«

»Ich weiß schon, was Sie meinen«, unterbricht sie mich lächelnd, »im Moment ist das bei mir nicht so einfach. Also, einen Ehemann hab ich nicht, aber ich ... ich muss leider in zehn Minuten wieder im Büro sein. Dabei hätte ich so gern noch etwas länger mit ihnen gesprochen.«

Ich habe nicht viel zu verlieren. »Wir können ja morgen nochmal miteinander zu Mittag essen.«

»Ja, gern«, antwortet Frau Kronenberg und lächelt abermals.

Allerdings gehen wir nicht nur am nächsten, sondern auch am übernächsten Tag, einem Freitag, gemeinsam ins *Milano*, und zum ersten Mal sitzt mir Frau Kronenberg nicht in ihrem eleganten Arbeits-Outfit, stattdessen in Jeans, Kapuzenpulli und Turnschuhen gegenüber, obwohl sie geradewegs aus dem Büro kommt.

Mein überraschter Blick entgeht Frau Kronenberg nicht. »Ach, so kennen Sie mich ja noch gar nicht.«

»Sportlich steht Ihnen aber auch sehr gut«, entgegne ich und will mir wegen dieses dilettantisch vorgetragenen Kompliments auf der Stelle die Gabel in meinen Oberschenkel rammen.

»Danke schön. Casual Friday eben.«

»Bitte?«

»*Casual Friday*.«

»Äh ...«

»Freitags darf man bei uns im Büro anziehen, was man möchte. Damit stimmt man sich schon ein wenig aufs Wochenende ein.«

»Aha, wusste bislang überhaupt nicht, dass es so was gibt.«

»Das müssen Sie als Freelancer ja auch nicht kennen.«

»Da haben Sie wohl recht. Ich bring meine Akten auch gleich noch zu Jens ins Büro. Sie können sich bestimmt an Herrn Barlage erinnern.«

»Herr Barlage, richtig.«

»Ich bin ganz gut mit ihm befreundet. Kann ihm ja schöne Grüße von ihnen ausrichten.«

»Nein, nein, das ist wirklich nicht nötig.«

Damit hat Frau Kronenberg wohl ebenfalls recht, denn vermutlich hat Jens seine göttliche Praktikantin sowieso längst vergessen.

»Ich fahr freitags echt gern zu *M&P*. Danach geht für mich immer das Wochenende los. Wann haben Sie eigentlich heute Feierabend?«

»Genaugenommen seit einer halben Stunde. Sie wissen doch: *Freitags ab eins macht jeder seins.*«

»Ach, ist das so?«

»Sie sind tatsächlich kein Büromensch«, lacht Frau Kronenberg, tupft sich mit ihrer Serviette sodann den makellosen Mund ab. »Aber wenn Sie ein bisschen Zeit übrig haben, können Sie mich ja noch zu meinem Auto begleiten. Ich hab direkt in der Nähe in der Tiefgarage geparkt.«

»Selbstverständlich«, erwidere ich und überlege, was dort Unheimliches auf mich zukommen mag.

Nur wenige Minuten später schlendern wir durch ein menschenleeres Parkdeck.

»Das hier ist meiner«, sagt Frau Kronenberg, öffnet die Tür eines silberfarbenen Opel Astra, legt ihre Handtasche auf den Beifahrersitz und lehnt sich mit dem Rücken an den Wagen. »Sehen wir uns Montag wieder zum Mittagessen?«

»Ja, das wär nett.«

Frau Kronenberg sieht zu Boden und schweigt. Sekundenlang. Plötzlich nimmt sie ihren Kopf einen Deut nach oben und blickt mir schüchtern in die Augen.

»Also ...«, sage ich leise, doch meine innere Stimme schreit: Du unfähiger Trottel! Du stehst mit einer unfassbar geilen Braut allein im Parkhaus! Und sie wartet nur darauf, dass du sie anbaggerst! Tu irgendwas!

Vorsichtig berühre ich Frau Kronenbergs Hände. Sie lächelt und schließt die Augen. Behutsam gleiten ihre Finger über meine Handflächen. Noch immer sagt sie nichts. Dann neigt sie ihren Kopf leicht nach vorn. Unsere Wangen streicheln einander. Frau Kronenberg lässt meine Hände los und umarmt mich. Ich küsse sie, sie küsst mich zurück. Und ich verstehe die Welt nicht mehr.

***

»Hi Clara, schön, dass du dich meldest!«

»Möchte doch wissen, wie's mit deiner Frau Kronenberg weitergegangen ist!«

»Also, ziemlich erfolgreich, würde ich sagen. Zumindest knutschen wir jedes Mal rum, wenn wir uns sehen.«

»Ist ja super! Wie heißt sie eigentlich mit Vornamen?«

»Sandra.«

»Und, duzt ihr euch inzwischen?«

»Klar, ist mir nur am Anfang etwas schwergefallen. Aber mit 'ner Frau rumzumachen, die ich gleichzeitig sieze, fand ich auch ganz lustig.«

»Ja, das hat so was Romantisches, wie im neunzehnten Jahrhundert. Wie alt ist deine Sandra denn?«

»Sechsundzwanzig«

»Na, das geht doch. Freut mich echt, dass du endlich wieder jemanden gefunden hast. Und dieses Mal nicht in dem komischen *Wespennest*. Wie hieß die Bekloppte überhaupt nochmal?«

»*Bienenstock*!«

»Ist nicht dein Ernst!«

»Nein, nein! Du meinst wahrscheinlich Liria.«

»Genau. Zum Glück bist du *die* schnell losgeworden.«

»Äh … ja, alles schon endlos lange her mit der Braut. Bei Sandra gibt's allerdings auch 'ne kleine Problematik.«

»Oh Gott, geht's jetzt wieder um Titten?«
»Nein!«
»Alleinerziehend?«
»Auch nicht.«
»Verheiratet?«
»Nie gewesen.«
»Sag schon!«
»Na ja, nichts Weltbewegendes. Nur möchte Sandra nicht, dass ihr Exfreund über unsere Treffen Bescheid weiß.«
»Meine Güte, ist doch Blödsinn, die Frau ist alt genug. Da muss der Typ nun mal mit klarkommen.«
»Grundsätzlich geb' ich dir ja recht. Aber bei ihr ist das was anderes. Die waren *Ewigkeiten* zusammen.«
»Ach, wir haben das schließlich auch geschafft.«
»Die haben jahrelang zusammen *gewohnt*!«
»Trotzdem Blödsinn.«
»Sogar *verlobt* waren die! Mit richtigen Hochzeitsplänen!«
»Das mag ja alles stimmen, aber ich sehe das ganz einfach so: Entweder sind das nur Ausreden, weil Sandra zu feige ist, ihrem Exfreund die Wahrheit zu sagen, oder sie will sich ein Hintertürchen bei ihm offen lassen, falls das mit dir nicht funktioniert.«
»Hm, wir müssen ja wirklich erst mal sehen, ob das mit uns klappt.«
»Na ja, sieh mal zu …«

***

Auch meine Verbindung mit Sandra ist bei Weitem nicht das, was ich mir unter einer *festen Beziehung* vorstelle. Niemals treffen wir uns bei ihr zu Hause, weil ihr Exfreund noch einen Schlüssel für ihre Wohnung besitzt und gelegentlich dort auftaucht, um ein paar Sachen abzuholen. Bei seinem Auszug habe er nicht alles mitnehmen können, so hat mir Sandra erzählt, da er übergangsweise bei seinen Eltern lebe. Und diese Geschichte erscheint mir plausibler als alles, was ich jemals von Liria gehört habe. Zudem stellt sich dieser Umstand für mich als durchaus vorteilhaft dar. Weil ich sowieso ungern Auto fahre, kommt es mir recht gelegen, dass ich den Weg zu Sandra nicht auf mich nehmen und mich womöglich in ihrer Straße auf Parkplatzsuche begeben muss. Also bleibt mein Punto zwischen den freitäglichen Fahrten zu *M&P* wie gewohnt bei den Vietnamesen stehen.

Bevor Sandra am Wochenende zu mir kommt, ziehe ich das Kabel meines Festnetztelefons aus der Buchse und schalte mein Handy auf lautlos. Seit einiger Zeit erhalte ich wieder anonyme Anrufe. Mein Mobiltelefon verstecke ich vorsichtshalber im Badezimmer unter einem Stapel frischer Handtücher, damit ich bei jedem Toilettengang heimlich nachsehen kann, ob Liria mir eine SMS geschickt hat. Aber bislang ist es bei den gelegentlichen Anrufen mit unterdrückter Nummer geblieben.

Wenn Sandra bei mir eintrifft, hat sie üblicherweise schon eingekauft und beginnt alsbald mit den Vorbereitungen zum Abendessen. Meine Göttin hat sich in meine Köchin verwandelt. Doch mir soll's recht sein. Selbst gekocht hab ich in meinem ganzen Leben noch nicht. Und die Pommesbuden in meiner Nähe werden den plötzlichen Umsatzeinbruch bestimmt verschmerzen.

Nach dem Essen sehen wir meist etwas fern oder schauen uns eine DVD an. Irgendwann gehen wir dann ins Schlafzimmer zum Vögeln. Und wenn meine göttliche Frau Kronenberg ihre himmlischen Beine für mich breit macht, denke ich inzwischen immer seltener an Liria. Dass Sandra und ich eigentlich niemals zusammen das Haus verlassen, stört mich keineswegs, denn zum einen bin ich ohnehin nur abends weggegangen, um Frauen kennenzulernen, zum anderen habe ich ebenso die

Sorge, Liria zu treffen, wie Sandra befürchtet, ihrem Exfreund über den Weg zu laufen.

Am heutigen Samstag steht allerdings tatsächlich unser erster gemeinsamer Ausgeh-Abend an. Meine lediglich zur Kenntnisnahme gedachte Mitteilung, ich wolle mir *Star Wars: Episode II – Angriff der Klonkrieger* anschauen, hat Sandra blöderweise als Einladung missverstanden. Und es ist absehbar, dass sie keine Sekunde des Films kapieren wird. Ich habe ohnehin noch nie eine Frau getroffen, die sich für Science Fiction interessiert. Und Sandra war nicht einmal bereit, sich von mir erklären zu lassen, wieso der zweite Teil dieser grandiosen Weltraumsaga im Kino anläuft, obwohl der vierte, fünfte und sechste Teil der Reihe bereits Jahre zuvor gezeigt wurden. Ich werde es daher als Erfolg verbuchen, wenn sie nicht während des Films einschläft.

Das von Sandra erwählte Multiplex-Kino ist derart abgelegen, dass wir weit über eine Stunde vor Beginn des Films aufbrechen müssen. Meine Freundin möchte wohl absolut sichergehen, dort niemandem zu begegnen, der sie von irgendwo kennt.

»Und, wer fährt?«, frage ich.

»Du natürlich!«

»Ah, ich hab keinen Bock«, erwidere ich mit augenscheinlich gespielter Unlust.

»Du hast den Film ausgesucht, dann fährst du auch!«

»Und du hast das Kino ausgesucht.«

Sandras erboster Blick lässt keinen Zweifel, dass sie meine Andeutung verstanden hat.

»Ist ja schon gut, ich fahre«, entgegne ich und nehme sie in den Arm. »Find's schön, dass du mitkommst«, lüge ich lächelnd und gebe ihr einen Kuss auf die Wange. »Los geht's!«

Auf dem Weg zu meinem Auto sehe ich drei Vietnamesen über das Dach meines Puntos hinweg miteinander schwatzen. Einer von ihnen trägt neuerdings einen strahlend weißen Hut, der ihn offenbar als Anführer kennzeichnen soll und ihn wie einen Zuhälter aus einem amerikanischen Vietnam-Film aussehen lässt. Als ich auf die Funköffnung meines Wagenschlüssels drücke und die Warnblinkanlage kurz flackert, schrecken die Vietnamesen auf.

»Nur die Ruhe«, sage ich lachend, aber den dreien steht das blanke Entsetzen ins Gesicht geschrieben. Ein wenig irritiert öffne ich Sandra die Beifahrertür und gehe um das Auto herum, jedoch stellt sich mir vor der Fahrertür der Anführer in den Weg.

»Nicht weg, nicht weg«, winselt er, dabei mit seinen dürren Händen vor meinem Gesicht gestikulierend. Ich habe keine Ahnung, was in ihn gefahren ist, will ihn zur Seite schieben, da fängt er laut an zu schreien: »Bitte, bitte! Nicht weg!«

»Einer von denen kriecht unter dein Auto!«, ruft Sandra plötzlich und springt aus dem Wagen.

Auf dem Absatz mache ich kehrt, renne um den Punto, entdecke einen Vietnamesen, der rücklings unter meinem Auto liegt. Sein Kumpan hockt neben ihm.

Der Anführer steht mittlerweile ebenfalls auf der Beifahrerseite und brüllt, panisch umherblickend, die beiden anderen an: »*Di di mau, di di mau!*«

In Sandras Augen spiegelt sich die pure Angst wider. »Ruf die Polizei!«, kreischt sie und klammert sich an meinem Arm fest.

»Keine Polizei, bitte«, bettelt der Anführer, faltet flehend die Hände.

Im Augenwinkel sehe ich einen seiner Komplizen in Windeseile eine leuchtend gelbe Zigarettenstange nach der anderen unter meinem Wagen hervorholen und an den neben ihm Knienden weitergeben. Kaum hat dieser die letzte Stange unter seinen Strickpulli gesteckt, sprinten alle drei los. Wenige Sekunden später sind sie um die nächste Straßenecke verschwunden.

Fassungslos steht Sandra vor mir. Erst starrt sie in die Richtung, in der sich die drei Ganoven soeben in Luft aufgelöst haben, dann zu Boden, wo neben ein paar Streifen Klebeband der strahlend weiße Anführer-Hut auf dem Asphalt liegt. Schließlich sieht sie mich an. »Was war denn das für 'ne Aktion?«

»Jin Ling.«

»Was?«

»*Jin Ling*. Illegale Zigaretten. Der Unterboden von meinem Punto war anscheinend ein Schmugglerdepot.« Augenblicklich fange ich an zu lachen. »Das war gar kein Parkplatz, sondern ein Kiosk. Nur Freitagnachmittag geschlossen.«

Sandra ist gar nicht zum Lachen zumute. »Ich hoffe, dir passieren nicht öfter so komische Sachen.«

»Nein, nein, keine Sorge. Ansonsten läuft in meinem Leben eigentlich alles relativ normal.«

V.

Abwesenheit von Vernunft

You're in the Army now, ohoho you're in the Army, now! Unsanft rissen mich Status Quo aus meiner Bewusstlosigkeit. Ein paar weitere Stündchen der komatösen Ruhe hätten mir sicherlich gutgetan, doch hatte Fabian seine Stereoanlage dermaßen laut aufgedreht, dass die gesamte obere Etage unseres Hauses vibrierte. Die vorangegangene Nacht hatte ich – wie so viele Nächte in den letzten Wochen – im *Crystal Palace*, der größten Bar meiner Heimatstadt verbracht und mich bei dieser Gelegenheit wieder einmal anständig zugedröhnt. Mürrisch kroch ich aus dem Bett, um mit einem Glas eiskalter Cola meinen Nachdurst zu löschen.

In der Küche traf ich auf Hermann und Marianne, am ungedeckten Tisch erwartungsvoll auf einen Brief starrend, neben dem sie einen Öffner bereitgelegt hatten. Wortlos beobachteten meine Eltern, wie ich das Schreiben in die Hand nahm. Absender: *Kreiswehrersatzamt*. Mein Einberufungsbescheid! Deswegen hat Fabian also dieses Scheißlied so laut aufgedreht, dachte ich, was für ein Idiot! Dabei war mein Bruder so schlau gewesen, den Kriegsdienst zu verweigern.

Ich riss den Umschlag mit den Fingern auf und gleich beim ersten Überfliegen des blassen Schreibmaschinentextes sprang mir die Einheit ins Auge, bei der ich meine Wehrpflicht abzuleisten hätte: *Pionierbataillon*. Verdammte Scheiße, fluchte ich innerlich. Die Pioniere waren der einzige Heeresteil, in dem ich auf keinen Fall eingesetzt werden wollte. Darüber hatte ich schon zu viele Horrorgeschichten gehört. Gräben ausheben, Minen schleppen, Brücken bauen. Die Volltrottel unter den Bundeswehrtrotteln. Das sollte offenbar die Strafe für meine

Frechheit sein, im Fragebogen bei der Musterung die Zeile mit der *bevorzugten Verwendung* einfach unausgefüllt zu lassen. Und eine Zeile für *besonders unerwünschte Verwendung* hatte auf dem Formular leider gefehlt.

Vom tollen Mike wusste ich, dass er als favorisierte Einheit *Luftwaffe* angegeben hatte und nun seinen Wehrdienst auf einem Fliegerhorst in unserer Gegend abbummelte. Ich hatte selbst auf diesen Wunsch verzichtet, denn für Flugreisen hatte ich mich noch nie interessiert.

Abermals huschte mein Blick über das amtsgraue Papier, und schließlich fand ich den Namen der Ortschaft, die in den kommenden zwölf Monaten mein zu Hause darstellen würde. »Wo soll das denn bloß sein?«, murmelte ich.

Erst jetzt brach mein Vater sein Schweigen. »Ich hole mal 'ne Karte.«

Nach zwei Minuten kehrte Hermann mit einem uralten Shell-Atlas aus seinem Arbeitszimmer zurück und suchte in den abgegriffenen Seiten nach dem Kaff, von dem sogar meine Eltern noch nie etwas gehört hatten. Zu meinem Entsetzen stellte sich heraus, dass dieser unheimliche Ort mehr als dreihundert Kilometer von meiner Heimatstadt entfernt lag.

Auch das noch, dachte ich und blätterte in dem Atlas herum. »Mal schauen, welche Route ich am besten fahre.«

»Was?«, protestierte mein Vater, »du willst doch wohl nicht den Wagen nehmen!«

»Ja klar! Wie soll ich denn sonst da hinkommen?«

»Junge, es wäre blanker Irrsinn, mit dem Auto zu fahren. Das Bahn-Ticket wird doch von der Bundeswehr bezahlt. Weißt du das etwa nicht?«

Wenn ich nur eines wusste, war es die Tatsache, dass gegen eine Entscheidung, die mein Vater einmal für mich getroffen hatte, jeder Widerstand zwecklos war.

Und meine Mutter pflichtete Hermann auch noch bei. »Ja«, nickte sie, »du nimmst auf jeden Fall die Eisenbahn. Das ist viel gemütlicher, und dann kommst du schön ausgeruht dort an.«

Ich schwieg. Obwohl ich seit Wochen mit meiner Einberufung gerechnet hatte, traf mich das Schreiben des Kreiswehrersatzamtes dennoch wie ein Tritt in die Eier. »Ich geh mal wieder nach oben«, sagte ich geknickt und schlurfte mit dem Brief zurück in mein Zimmer. Kaum hatte ich die Tür hinter mir geschlossen, dröhnten Status Quo erneut durch das ganze Haus. *You're in the Army now …*

***

Meine letzte Nacht als Zivilist hatte ich gebührend im *Crystal Palace* gefeiert, gemeinsam mit Bianca, die seit fast einem Jahr meine Freundin war. Irgendwann hatte sich der tolle Mike dazugesellt und spätestens als Bianca nach Hause gegangen war, musste die Geschichte etwas ausgeartet sein. Im Endeffekt war ich morgens um halb fünf sturzbesoffen in mein Bett gefallen und keine vier Stunden danach hatte mich mein Wecker schon wieder aus der Ohnmacht geholt.

Nun saß ich neben meinem Vater auf dem Beifahrersitz seines Mercedes, in meinem Schoß einen Rucksack mit einigen Habseligkeiten, die ich für die ersten Tage in der Kaserne zusammengepackt hatte. Während der zehnminütigen Fahrt hoffte ich nur, Hermann nicht unversehens in sein sorgfältig gepflegtes Auto kotzen zu müssen.

Vor dem Hauptbahnhof hielt mein Vater den Wagen an. Hermann wünschte mir eine gute Reise und spontan bahnte sich mein Mageninhalt seinen Weg durch die Speiseröhre nach oben. Glücklicherweise entsprach die Menge der ätzenden Flüssigkeit exakt dem Fassungsvermögen meines Mundraumes.

Mit aufgeblähten Backen presste ich die Lippen aufeinander, schluckte die Kotze wieder runter, bedankte mich knapp, stieg aus dem Wagen und erbrach mich in einen Mülleimer. Gerade erinnerte mich der bittere Geschmack meiner Spucke daran, dass ich im *Crystal Palace* zu jedem der zahllosen Biere einen doppelten Jägermeister geordert hatte, da erahnte ich im Augenwinkel den verstörten Blick meines Vaters, der bereits den Blinker gesetzt hatte und mir zum Abschied noch einmal zuwinkte.

In der Bahnhofshalle schaute ich auf meinen Zettel mit allen Daten, die ich für die Zugfahrt notiert hatte. Gleis 2, las ich und sah mich um. Unter einem Schild mit einer großen 2 entdeckte ich ein paar Gestalten in meinem Alter, allesamt die Haare auffällig kurz geschnitten und einen Rucksack oder eine Sporttasche über der Schulter tragend. Offensichtlich eine Gruppe von Leidensgenossen, die am gleichen Stichtag zum Militär einrückten wie ich.

Vorsichtshalber positionierte ich mich in einiger Entfernung zu den Kurzhaarigen, um auf das Eintreffen des Zuges zu warten. Unauffällig blickte ich zu ihnen hinüber. Es waren fünf Typen und mindestens vier von ihnen hatten einen Schnurrbart. Ich bekam ein ungutes Gefühl. Die Visagen der Kerle sehen irgendwie degeneriert aus, dachte ich, wie bei Tiefseeforschern, die nach einem Tauchgang zu schnell an die Wasseroberfläche zurückgekehrt sind. *Dekompression*, überlegte ich, hab doch erst kürzlich einen Bericht darüber gesehen. Und obwohl mein Atem unerträglich nach frischer Kotze roch, war ich es, der sich vor einem Gespräch mit diesen Typen ekelte.

Als der Zug in den Bahnhof einfuhr, ging ich vor meinem Zustieg zur Sicherheit an drei Waggons vorbei, um nicht mit den Dekomprimierten womöglich noch ins selbe Abteil zu geraten. Unnötigerweise, wie sich herausstellte, denn sämtliche Plätze waren längst besetzt. Verdrossen blieb ich im Gang stehen, legte den Rucksack zwischen meine Füße und sah aus dem Fenster. Nach einem schrillen Pfiff des Schaffners, bewegte sich der Zug aus dem Bahnhof, und ich versuchte mich zu entsinnen, wann ich zuletzt für eine ganze Woche von zu Hause fort gewesen war. Es musste Ewigkeiten her sein. Bald waren die letzten Häuser meiner Heimatstadt aus meinem Blickfeld verschwunden. Von dem, was mich am Ende der Reise erwartete, hatte ich nicht einmal eine vage Vorstellung. Und noch immer war mir furchtbar schlecht.

Die Zugfahrt erschien endlos lang. Kein noch so kleines Kaff war der Deutschen Bundesbahn zu unbedeutend, um einen Halt einzulegen. Und bei fast jedem Halt stiegen neue Kurzhaarige zu. Nach etwa achtzig Kilometern rebellierten in meinem Magen abrupt die allerletzten Reste des Jägermeisters. Eilig drängelte ich mich durch den mittlerweile völlig überfüllten Gang zum Klo und stellte mich in die Warteschlange. Unaufhörlich atmete ich tief durch die Nase ein und durch den Mund wieder aus, um meinen Brechreiz zu bekämpfen.

Endlich wurde die Toilette frei, doch im Inneren der winzigen Kabine offenbarte sich mir ein unerwartetes Szenario. Das Klo war verstopft, die Aluminiumschüssel bis oben vollgepisst. Im Rhythmus der Zugbewegungen wippte die gelbliche Brühe hin und her, wobei ein Teil davon jeweils rechts und links über den Rand suppte. *Schwipp-schwapp, schwipp-schwapp*. Mit meinen Turnschuhen stand ich inmitten einer stinkenden Lache. Ich kotzte in die überlaufende Kloschüssel und sah mir das Ergebnis meiner Leistung an. Nun schwappten bei jeder Erschütterung mit der Pisse auch noch ein paar Tropfen meiner Kotze über den Rand. *Schwipp-schwapp, schwipp-schwapp*.

Ich wischte mir den Mund ab, machte die Toilette für den Nächsten frei und suchte die Stelle, an der ich zuvor am Fenster gestanden hatte. Allerdings waren in meiner Abwesenheit die anderen Fahrgäste ein wenig auseinandergerückt, mein ursprünglicher Platz somit gar nicht mehr vorhanden. Also begab ich mich in den Übergangsbereich zum nächsten Waggon und kauerte mich auf den metallenen Boden. Die fortwährend unter mir zusammenstoßenden Stahlpuffer ließen den gesamten Untergrund schaukeln. Ich fühlte mich hundeelend. Zwischen zwei Schweißausbrüchen fasste ich den Entschluss, beim nächsten Mal mit meinem Charmant in die Kaserne zu fahren und mir die gemütliche Bahnfahrt, die Marianne prophezeit hatte, in Zukunft zu ersparen.

Nach zwei Umstiegen mit unsagbar langen Wartezeiten erreichte der Zug eine größere Stadt, in der bereits grasgrüne Busse auf alle Kurzhaarigen warteten. Es folgte eine stumme Fahrt durch belanglose Käffer und entvölkerte Landschaften, bis die Kolonne irgendwann ihre Geschwindigkeit verringerte und in eine Nebenstraße einbog, an deren Ende ein Kasernentor zu erkennen war. Hinter dem Zaun lungerte eine Horde Uniformierter herum, die auf uns zeigte und lauthals lachte.

Auf dem Kasernengelände wurden alle Neuankömmlinge unverzüglich in ein Kompaniegebäude getrieben, in dem man unsere Personalien aufnahm. Die weiteren Formalitäten sollten am nächsten Tag erfolgen. Mein Magen hatte sich inzwischen halbwegs vom Exzess der vergangenen Nacht erholt, und der Uniformierte, der mir mein Zimmer zuwies, würde mir bestimmt gern weiterhelfen.

»Entschuldigung«, fragte ich ihn, »könnten Sie mir vielleicht 'nen kleinen Snack bringen? Hab länger nichts gegessen...«

Mit spöttischem Grinsen sah mich der Uniformierte an. »Wenn Sie meinen, erst so spät bei uns erscheinen zu müssen, dann dürfen Sie keine Verpflegung mehr erwarten.« Übertrieben zackig drehte er sich um und verließ das Zimmer.

Ich sah auf die Uhr. Noch keine sechs. Zudem befand ich mich nun ganz allein in einem mit drei Etagenbetten ausgestatteten Raum. Komischer Laden ist das, dachte ich, und wenn hier alle Bediensteten so unfreundlich sind, dann müssen die sich nicht wundern, dass die Gäste ausbleiben.

Am späten Abend registrierte ich lediglich im Halbschlaf das Eintreffen einiger Kurzhaariger, die nach und nach die leeren Betten besetzten. Allerdings blieb auch im Anschluss an das etwas zu rustikal gestaltete Wecken kaum Zeit, sich näher bekannt zu machen, denn unmittelbar nach dem spärlichen Frühstück begann ein nicht enden wollender Marathon bürokratischer Pflichten. Für jedes Unterhemd und jeden Socken, jede Unterhose und jedes Taschentuch waren zwei Unterschriften zu leisten. Ein paar oberflächlichen ärztlichen Untersuchungen folgte die erste Ansprache eines Offiziers.

Mit etwa dreißig anderen Rekruten stand ich, gekleidet in einen blauen Bundeswehr-Trainingsanzug (recht lässiger Seventies-Style, eigentlich) aufgereiht im Flur unseres Kompaniegebäudes. Der Uniformierte erklärte uns eine Million Sachen, die von größter Bedeutung sein sollten. Schon nach wenigen Sekunden verlor ich jegliches Interesse.

»Mein Name ist Schäfer, ich bin blabla, und ganz wichtig ist blablabla.«

Mit der strengen Stimme des Offiziers als monotonem Hintergrundgeräusch überlegte ich, ob ich am Abend endlich die Möglichkeit hätte, Bianca anzurufen. Ich hatte ihr fest versprochen, mich sofort nach meiner Ankunft bei ihr zu melden, doch einen öffentlichen Fernsprecher hatte ich bislang in der Kaserne nirgendwo entdecken können.

»Wofür steht also die Abkürzung *KRK*?«, schrie der Uniformierte, »*Sie* da, mit den langen Haaren!«

Offenbar war ich gemeint. »Keine Ahnung!«, schrie ich zurück.

»Wie bitte?«, brüllte der Offizier, »*keine Ahnung*?« Wütend stemmte er seine Fäuste in die Hüften und stolzierte hahnengleich vor der Reihe der Rekruten auf und ab. »Ich werde noch dafür sorgen, dass Sie jedes meiner Worte *vorwärts* und *rückwärts* wiederholen können!« Erneut blieb er vor mir stehen und sah mich giftig an. »Sie melden sich umgehend beim Standort-Friseur! Alle übrigen haben nach dem Abtreten Feierabend!«

Mit kurzgeschorenem Haar kehrte ich eine halbe Stunde später ins Kompaniegebäude zurück und begab mich zu meinen Stubenkameraden. Es waren durchweg grobschlächtige Handwerkertypen und der Grund dafür war kein Geheimnis. Nach meiner Erfassung durch das Kreiswehrersatzamt hatte ich wählen dürfen, ob ich direkt nach dem Abitur eingezogen, oder meinen Wehrdienst zum darauf folgenden Quartal beginnen wollte. Ich hatte mich für die dreimonatigen Ferien entschieden und die meiste Zeit davon mit Bianca, Sebastian oder dem tollen Mike im *Crystal Palace* verzecht. Dass ich diesen Entschluss noch bereuen würde, hatte mir der tolle Mike gleich gesagt. Denn das Ausbildungsjahr für Lehrberufe endete drei Monate nach dem Abschluss auf dem Gymnasium, und daher folgte bei der Bundeswehr dem *Abiturienten-Quartal* das *MMM-Quartal*, benannt nach dem zu diesem Termin üblicherweise verfügbaren Klientel: Metzger. Maurer. Mörder.

In dem Bett unter mir hatte Karsten Leypold seinen Platz. Er kam aus Sachsen und war der erste Ossi, den ich je zu Gesicht bekam. Leypold stand die Dummheit förmlich in sein fettes Gesicht geschrieben. Als es in der Kantine am nächsten Tag zum Nachtisch eine Banane gab, brach er sie in der Mitte durch und pulte die beiden Hälften mit einem Löffel aus. Ich hatte nicht den Eindruck, dass diese Ess-Technik seiner ostdeutschen Herkunft geschuldet war. Vielmehr schien er schlicht zu doof zu sein, eine Banane zu schälen. Leypold wurde vom zweiten Tage an nur *Schleimbold* genannt.

Im Etagenbett nebenan lagen Sascha Götz und Lars Esser. Götz hatte das Haar weißblond gefärbt, weitaus auffälliger jedoch war sein viel zu groß geratenes Gebiss. Und immer, wenn

Götz sich körperlich anstrengte oder - was eher selten vorkam - angestrengt über irgendetwas nachdachte, biss er seine gefletschten Zähne so fest aufeinander, dass man befürchten musste, sie könnten in tausend Stücke zerplatzen. Zweifellos hatte Götz in seinem Leben mehr Zeit im Fitness-Studio verbracht als in der Schule und wie es aussah, besaß er außer seinen peinlich-bunten Trainingsanzügen keinerlei Zivilkleidung.

Esser hatte das Bett über ihm. Er war noch muskulöser als Götz, sein Schädel kahlrasiert. Essers aufgepumpten Körper verunzierten allerlei preiswerte Tätowierungen, von germanischer Mythologie war er augenscheinlich besonders begeistert. Odin, Siegfried, Thor – in ihrem krakeligen Stich alle miteinander Hägar dem Schrecklichen zum Verwechseln ähnlich. Auf Essers Six-Pack prangte sein eigener Name, die beiden S geschichtsbewusst als Runen ausgestaltet. Zwar hielt sich Esser mit radikalen politischen Äußerungen zurück, aber wer hier der Metzger, wer der Maurer und wer der Mörder war, erschien mir offensichtlich.

Am Fenster lagen Bachmann und Klose. Bachmann war nicht ganz so fett wie Schleimbold, doch mit einem ebenso eindrucksvollen Doppelkinn gesegnet. Dass Bachmann ein massives Alkoholproblem hatte, war unübersehbar. Ständig schwitzte und schnaufte er, und bei jeder sich bietenden Gelegenheit beugte er sich unauffällig in seinen Spind, um heimlich an seinem Schnaps zu nippen. Bei uns hieß Bachmann längst *Flachmann*.

Klose war der einzige in unserer Stube, der tatsächlich einen Schnurrbart trug. Und der einzige Zeitsoldat. Drahtig, verpickelt und kalkweiß. Letztlich war es allerdings sein psychopathenhafter Blick, der mich zu der Entscheidung bewog, jedwede unnötige Plauderei mit ihm tunlichst zu vermeiden.

Und mit diesem Gesindel sollte ich nun ein ganzes Jahr gemeinsam meinen Dienst verrichten, gemeinsam essen, gemeinsam schlafen und gemeinsam duschen. Ich wünschte mich zurück in mein Kinderzimmer.

***

Wenige Wochen nach Beginn des Wehrdienstes war das *Feierliche Gelöbnis* abzulegen. »Danach gibt's kein Zurück mehr«, hatte Götz zu mir gesagt, »ich hab von Leuten gehört, die haben den Kriegsdienst verweigert, obwohl sie schon in der Uniform steckten. Aber wenn das Gelöbnis über die Bühne ist, dann ist endgültig Feierabend!«

Zu dieser Veranstaltung, die demnach ausschließlich dem Zweck diente, die letzte Hintertür zum Zivilleben unwiderruflich zuzuschlagen, durften wir so viele Verwandte und Bekannte einladen, wie wir wollten. Und um dem fragwürdigen Ereignis einen etwas ansprechenderen Charakter zu verleihen, wurde zum selbigen Termin ein *Tag der offenen Kaserne* organisiert, an dem die interessierten Gäste die Möglichkeit hatten, Stuben und Waffenkammer zu besichtigen, eine Show von Militärfahrzeugen anzuschauen und in der kompanieeigenen Turnhalle mit allen Rekruten Kaffee zu trinken. Am Abend würden wir dann im Ortskern des nächstgelegenen Kuhkaffs bei Marschmusik und Fackelschein unser Feierliches Gelöbnis aufsagen.

Das Wochenende vor dem großen Tag nutzte ich, um Hermann und Marianne beim Abendessen letztmalig zu fragen, ob sie zu diesem Anlass den Weg in die Kaserne auf sich nähmen. Zwar hatte ich das Thema bereits mehrfach zur Sprache gebracht, meine Eltern jedoch zu keiner klaren Aussage bewegen können.

»Und?«, fragte ich sie »Habt ihr euch wegen dem Gelöbnis jetzt entschieden? Also kommt ihr nu am Freitag da hin oder nicht?«

»Tja«, entgegnete mein Vater, »das sind ja dreihundertsoviel Kilometer. Und Ende der Woche ist immerhin November, da könnte es auf der Autobahn gefährlich glatt werden. Ich denke, es ist besser, wir bleiben zu Hause.«

Mit einer Absage hatte ich durchaus gerechnet, einen solch billigen Vorwand jedoch nicht erwartet.

Und meine Mutter sattelte sogar noch einen drauf. »Ich hab so was mal im Dritten Programm gesehen. Vielleicht wird das ja übertragen, und wir können uns das hier im Fernsehen anschauen.«

Ich ersparte mir jeglichen Kommentar, warf mein Messer auf den Teller und ging nach oben, um Bianca anzurufen. Sie hatte sich ebenfalls in den letzten Wochen zu keiner konkreten Äußerung durchringen können, obwohl ich sie immer wieder gefragt hatte. Aber nun würde ich mir ihre Zusage holen. »Hey Schatz, wie sieht's aus? Am Freitag ist ja mein Gelöbnis. Hast du dir inzwischen mal überlegt, ob du dabei sein möchtest?«

»Hm«, erwiderte Bianca zögerlich, »Freitag, richtig … also, wenn ich daran denke, die ganze Strecke da hinzugurken und dann wieder zurück, das wäre schon ein ziemlicher Umstand.«

»Musst du mir nicht sagen, ich fahr die Strecke zwei Mal pro Woche. Hört sich eher ein bisschen danach an, als hättest du keine Lust.«

»Na ja, ich weiß sowieso nicht, warum ich diese komische Kaserne überhaupt besichtigen soll. Im Prinzip hab ich da doch gar nichts zu suchen.«

Ich atmete tief durch. Bianca hat dort also nichts zu suchen, dachte ich. Scheiße, ich doch auch nicht! Kein Mensch hat etwas in einer Kaserne zu suchen! Doch Bianca um ihr Erscheinen anzubetteln, kam keinesfalls in Frage. »Ja, ist gut«, entgegnete ich mit kratziger Stimme, »aber wir sehen uns dann am Freitagabend, ja?«

»Ja, denke schon.«

»Okay, ich ruf dich vorher nochmal an. Mach's gut«, verabschiedete ich mich, legte den Hörer auf die Gabel und bekam einen Heulkrampf.

Keine vierundzwanzig Stunden später stand ich mit meinen Kameraden vor dem Kompaniegebäude und ließ mich wieder einmal von einem Uniformierten anbrüllen. Bei dem Schreihals handelte es sich diesmal allerdings nicht um unseren Zugführer Schäfer, sondern um Hauptmann Koch, den Kompaniechef. Plötzlich wurde seine Stimme ungewohnt leise. »Gibt es jemanden, der am Freitag keinen Besuch bekommt?«

»Hier!«, rief ich. Und ich war tatsächlich der einzige.

»Sie melden sich nachher bei mir«, sagte der Kompaniechef zu meiner vollkommenen Verblüffung – so viel Fingerspitzengefühl hatte ich ihm gar nicht zugetraut. Und ich war äußerst gespannt, wie er das Fernbleiben meiner Eltern und meiner Freundin ausgleichen wollte. Ein Urlaubstag wäre wohl zu viel verlangt. Aber vielleicht dürfte ich am Tag der offenen Kaserne ja einfach mal ausschlafen.

In seinem Büro fragte mich Hauptmann Koch erneut: »Und für Sie kommt definitiv niemand?«

Kerzengerade stand ich vor seinem Schreibtisch. »Jawohl, Herr Hauptmann, definitiv niemand!«

»Gut, gut«, erwiderte der Kompaniechef und kramte sinnlos in einigen Papieren herum. »Wie Sie wissen, findet das Kaffeetrinken am Freitagnachmittag in der Turnhalle statt. Geschirr und Besteck werden von der Kantine gestellt. Nur bis wir fertig sind, haben diese Zivilunken längst Wochenende. Also muss das ganze Zeugs in der Umkleidekabine gespült werden. Das übernehmen Sie, in Ordnung?«

Mir schnürte sich die Kehle zu. »In Ordnung!«, krächzte ich, salutierte zackig und verließ das Büro.

***

Zum ersten Mal seit der Einberufung herrschte in der Kompanie regelrecht entspannte Stimmung. Für Anfang November war es außergewöhnlich warm, unter makellos blauem Himmel eroberten Scharen bunt gekleideter Zivilisten die Kaserne und bummelten ungezwungen über das Gelände. Schnatternd schlenderten einige Neugierige bis in die Waffenkammer, um sich von Zugführer Schäfer fachkundig die Funktionsweisen unserer Kriegsgeräte erklären zu lassen. Bachmanns weißhaariger Vater, ungelenk eine Panzerfaust auf der Schulter balancierend, erinnerte mich frappant an einen Volkssturm-Greis aus der Deutschen Wochenschau.

Belustigt begab ich mich in meine Stube, und während meine Kameraden ihren Gästen die sorgfältig aufgeräumten Spinde zeigten, bemerkte ich schnell, dass die Vorführung eigentlich in umgekehrter Richtung funktionierte. Denn in Wahrheit ging es meinen Kameraden darum, den anderen ihre Freundinnen zu präsentieren, die zur Besichtigung in die Kaserne gelockt worden waren. Schon seit Wochen hatten wir uns gegenseitig von unseren Bräuten erzählt, mit Fotos von ihnen geprahlt und bis ins Detail beschrieben, welch unvorstellbare Dinge sie im Bett mit uns anstellten. Und nun eröffnete sich die einmalige Gelegenheit, diese Fabelwesen aus nächster Nähe zu begutachten.

Einigkeit bestand dahingehend, dass Götz' Freundin die geilste von allen war. Standesgemäß erschien sie im pinkfarbenen Trainingsanzug in der Kaserne, den Reißverschluss des Oberteils so weit geöffnet, dass ihre überdimensionalen Titten förmlich hinausquollen. So ließ sie uns auf der Stelle *alles* glauben, was Götz uns über ihr tabulos-nymphomanisches Wesen berichtet hatte. Flachmanns Freundin hingegen schnitt am schlechtesten ab – gedrungen und aufgeschwemmt wie Bachmann selbst, schockierte sie uns mit dem verwarzten Gesicht einer bärbeißigen Bäuerin. Leypold hatte zwar keine Freundin, doch ersatzweise eine Entourage seiner gesamten Verwandtschaft aufgeboten. Die durchweg in Ballonseide verpackte Ossi-Horde hatte eine fünfstündige Zugfahrt aus dem Erzgebirge hinter sich gebracht, um nun fasziniert auf das Bett zu starren, in dem ihr Schleimbold immer nur faul herumlag.

Vor dem Kaffeetrinken wurden den Besuchern auf dem Exerzierplatz unsere Kampffahrzeuge vorgestellt. Als Höhepunkt der Darbietung donnerte Klose im LKW mit quietschenden Reifen vor der Menge entlang, und Esser ballerte aus dem Führerhaus mit einem Maschinengewehr eine Salve Platzpatronen über die Zuschauer hinweg, wofür es Szenenapplaus gab. Anschließend bewegte sich die Menschenmenge Richtung Turnhalle. Im Eingangsbereich bog ich in die Umkleidekabine ab, die bereits für meine Aufgabe vorbereitet war: Neben dem Waschbecken stand eine Flasche Pril.

Frustriert legte ich mich auf eine Bank und rauchte eine Zigarette. Das stets aufs Neue ausbrechende Gelächter der Besucher mit Mühe ignorierend, wartete ich darauf, dass mir die Ordonanzen die dreckigen Hinterlassenschaften der fröhlichen Gesellschaft zum Spülen brächten. Und nach einer halben Stunde ging es los: Tablett auf Tablett wurde auf die Sitzbänke der Umkleidekabine gestellt, jedes einzelne mit Unmengen von benutztem Geschirr und Besteck vollgestapelt. Ich machte mich an die Arbeit. Die Teller hielt ich unter den permanent laufenden Wasserstrahl, sie reinigten sich wie von selbst. Das Besteck zog ich im Waschbecken unter Wasser zwischen meinen Fingern hindurch, dann war es wieder einsatzbereit. Allein die Tassen machten Probleme. Noch nie im Leben hatte ich eine Tasse Kaffee getrunken, geschweige denn eine Kaffeetasse gespült. Bislang hatte ich geglaubt, Zuckerwürfel lösten sich im Kaffee restlos auf. Aber die Wirklichkeit sah anders aus. Der Zucker blieb als breiige Masse so hartnäckig in den Tassenböden kleben, dass mir nichts anderes übrig blieb, als den Zucker umständlich mit den Fingerkuppen herauszupulen.

Die ersten zwanzig Tassen widmete ich meinem Vater. Weil er in seinem Scheißmercedes an diesem Scheißtag allenfalls seine Scheißklimaanlage hätte einschalten müssen, um in aller Bequemlichkeit zu meinem Scheißgelöbnis zu kommen. Ich hasste ihn dafür.

Die nächsten zwanzig Tassen widmete ich meiner Mutter. Weil sie mich bei meinen wenigen Versuchen, Hermann zu widersprechen, nicht ein einziges Mal unterstützt hatte. Dafür hasste ich sie noch mehr.

Die folgenden zwanzig Tassen waren für Bianca. Weil sie hier nichts zu suchen hatte. Weil sie lieber zu Hause geblieben war, obwohl ich sie einhundert Mal gefragt hatte, ob sie mich am heutigen Tage in der Kaserne besuchte. Weder hatte ich sie darum gebeten noch hatte ich es von ihr verlangt. Ich hatte sie nur immer wieder darauf angesprochen. Trotzdem hatte sie nicht bemerkt, wie wichtig mir ihre Anwesenheit gewesen wäre. Dafür hasste ich sie am meisten.

Unaufhörlich brachten die Ordonanzen Tabletts mit zuckerverklebten Tassen in die Umkleidekabine, und strikt vermied ich jeden Blickkontakt. Sie sollten nicht sehen, wie meine Tränen heruntertropften, hinein in die stinkende braune Brühe aus Kaffee- und Zuckerresten, bis ich nach beinahe zwei Stunden mit meinen inzwischen völlig verrunzelten Fingern endlich die letzte der verfluchten Tassen von dem verfluchten Zucker befreit hatte.

Nach dem Kaffeetrinken traf ich in unserer Stube wieder auf meine Kameraden, die sich bereits für das Feierliche Gelöbnis umzogen. Statt der olivgrünen Uniform war *Dienstanzug* befohlen: Schwarze Hose, hellgraues Sakko, blaues Oberhemd und Krawatte.

»Hey Flachmann«, rief Esser, »deine Alte hat ja so 'nen fetten Arsch, wenn du da morgens draufhaust, wackelt der am Abend immer noch, wa?«

Bachmann unterbrach kurz seine Anstrengungen, den dicken Wanst in die Anzughose zu quetschen und grinste mit glasigem

Blick zu Esser rüber. »Und du zähl mal bis zehn, dann haben wir 'ne Viertelstunde Ruhe!«

Alle lachten lauthals durcheinander. Obgleich man uns am Ende der Welt in einem mit Stacheldraht umzäunten Gelände zusammengepfercht hatte, um vollkommen sinnlosen Tätigkeiten nachzugehen, war uns der Humor noch lange nicht ausgetrieben worden.

Nur Leypold ging uns ständig auf die Nerven, sogar beim Anziehen benötigte er Hilfe. Während ich ihm mühselig den Krawattenknoten unter seinem Doppelkinn zurechtband, glotzte er Götz an. »Deine Freundin ist wirklich schön«, blubberte er in seiner unerträglich naiven Art.

Götz war längst mit dem Anziehen fertig und rauchte eine Zigarette. Lächelnd blies er den Qualm durch seine riesigen Zähne. »Ich weiß, Schleimbold, ich weiß. Jetzt lasst uns mal losgehen. Es wird Zeit.

>Ich gelobe – ich gelobe
der Bundesrepublik Deutschland –
der Bundesrepublik Deutschland
treu zu dienen – treu zu dienen
und das Recht und die Freiheit –
und das Recht und die Freiheit
des deutschen Volkes – des deutschen Volkes
tapfer zu verteidigen – tapfer zu verteidigen
so wahr mir Gott helfe – so wahr mir Gott helfe.

So wahr mir Gott helfe, dachte ich, heute stelle ich einen neuen Rekord auf! Nach Dienstschluss war ich sofort zu meinem Auto gerannt und losgerast. Ich musste die Strecke in Höchstgeschwindigkeit bewältigen, um nicht erst gegen Mitternacht bei Bianca einzutreffen. Üblicherweise endete freitags der Dienst kurz nach Mittag, doch wegen dieses Scheißgelöbnisses war ich viel zu spät dran. Und ein paar Bierchen wollte ich mir mit Bianca im *Crystal Palace* auf jeden Fall noch genehmigen.

Auf der Überholspur gab ich unentwegt Vollgas, da bemerkte ich unvermittelt einen bitteren Geruch im Wagen. Erst befürchtete ich, dass durch das hohe Tempo womöglich eine Gummidichtung meines Charmant verschmorte, aber es war doch irgendetwas anderes. Keineswegs ein heftiger Gestank, vielmehr ein Hauch davon. Dennoch reichte das Aroma aus, um mich beinahe in den Wahnsinn zu treiben.

Für einige Sekunden hielt ich mir die Nase zu, doch wurde es mit einem Mal noch wesentlich übler. Ich roch an meiner Hand. Es war nicht zu glauben. Die Kaffeereste hatten sich beim Spülen an meinen Fingern festgesetzt. Das hatte noch gefehlt. Der scheußliche Gestank der Demütigung.

An der nächsten Raststätte fuhr ich von der Autobahn ab und lief zur Toilette. Mit einem halben Liter Seife aus dem Flüssigspender schrubbte ich hastig die letzten Überbleibsel der Entwürdigung von meinen Händen, rannte zurück zu meinem Charmant und trat wieder aufs Gas.

Es war bereits Viertel vor zwölf, als ich in Biancas Straße ankam. Kaum hatte ich den Motor ausgeschaltet, öffnete sich die Haustür. Bianca musste hinter einem der unbeleuchteten Fenster nach mir Ausschau gehalten haben.

»Hallo Schatz«, begrüßte ich sie. »Sorry, ist etwas spät geworden. Aber hab mich echt beeilt...«

Bianca blieb in der Haustür stehen und starrte mich an, als wäre ihr ein Geist erschienen. »Sag mal, spinnst du? Ich hab mich stundenlang für dich zurechtgemacht, und du kommst hier an und siehst aus wie ein Soldat auf Urlaub! So können wir doch nicht ausgehen!«

Wütend warf sie die Tür ins Schloss. Und aus irgendeinem Grunde hatte ich wieder diesen verdammten Kaffeegeruch in der Nase.

***

Das Leben als Pionier war keineswegs so schlimm, wie ich es mir vorgestellt hatte. Es war weitaus schlimmer. Bei Wind und Wetter schleppten wir Minen ins Übungsgelände, vergruben sie im matschigen Boden, nur um sie gleich darauf wieder auszubuddeln und zurück in die Kaserne zu schleppen. Oder wir wurden, während wir uns auf einem heruntergewirtschafteten Acker die regennassen Ärsche abfroren, in den Umgang mit Motorsägen und Bohrhämmern eingewiesen, die vermutlich noch aus den Fünfzigerjahren stammten. Lediglich das Schießen hätte eine halbwegs erträgliche Alternative geboten, wäre es nicht jedes Mal mit dem anschließenden, unsagbar nervigen Reinigen der Waffen verbunden gewesen.

Einige unserer Vorgesetzten, die uns Tag für Tag zu dieser sinnfreien Plackerei antrieben, waren als ehemalige Angehörige der Nationalen Volksarmee der DDR mit der Wiedervereinigung unversehens in der Bundeswehr gelandet. Durchaus bemerkenswert, wie ich fand. Über Jahrzehnte sorgsam zum Feindbild aufgebaut, erteilten sie mir nun wie selbstverständlich militärische Befehle. Wer nach der Auflösung des Warschauer Paktes neuerdings unser Gegner sein sollte, konnte mir keiner so recht sagen. Bis auf weiteres wurde der Feind daher als Gelbland, Grünland oder Blauland bezeichnet.

Stabsunteroffizier Krüger war in der NVA bereits zum Feldwebel aufgestiegen, zur Strafe für den Zusammenbruch der DDR jedoch – wie alle anderen Ost-Vorgesetzten auch – bei dem Übertritt in die Bundeswehr um einen Rang degradiert worden. Gewaltmärsche über zig Kilometer bewältigte Krüger mit einem Liedchen auf den Lippen, ein 24-Stunden-Kampftag schien ihm ein wohltuender Ausflug. Bei den Streitkräften des Ostblocks musste es ungleich rauer zugegangen sein als bei der Bundeswehr. Die damaligen Zustände wollte ich mir gar nicht ausmalen.

Unser Zugführer hingegen, Leutnant Schäfer, war ein waschechter Westdeutscher. Jeden Nachmittag scheuchte er uns kurz vor Feierabend um das gesamte Kasernengelände, und allzu oft benötigten der fette Schleimbold und der fette Bachmann dermaßen viel Zeit für die drei Kilometer, dass bei ihrer Rückkehr die Kantine schon geschlossen hatte und somit tatsächlich die Gefahr bestand, sie könnten ein paar Pfunde ihres enormen Körpergewichtes verlieren.

Als uns Schäfer eines Tages gleich zweimal hintereinander um die Kaserne hetzte, biss sich Götz fester auf die Zähne als je zuvor, und selbst Klose keuchte, als kotzte er sich die Lunge aus dem Leib. Ich war der Ohnmacht nahe. Durchgeschwitzt standen wir so lange vor dem Kompaniegebäude in der Kälte herum, bis sich Flachmann und Schleimbold ebenfalls bei uns eingereiht hatten.

»Männer!«, schrie Schäfer, »Sie werden sich vielleicht fragen, welchem Zweck Ihr anspruchsvolles Training am Ende dienen soll. Und ich kann mir vorstellen, dass mich einige von ihnen für meine harte Hand hassen.«

Ich hörte Esser neben mir grunzen.

»Doch lassen Sie sich Eines gesagt sein! Ich bilde Sie nicht für den Frieden aus, sondern für den Krieg!«

Was für ein Quatsch, dachte ich, der Kalte Krieg ist seit mehr als zwei Jahren vorbei, und der ehemalige Feind sitzt wahrscheinlich gerade bei einem frisch gezapften Bierchen im Offizierskasino nebenan.

Unerwartet trat Kompaniechef Koch aus dem Gebäude und baute sich neben Schäfer auf. »Meine Herren«, begann er in feierlichem Ton, »Ihnen wird eine große Ehre zuteil! Am heutigen Tage wurde unser traditionsreiches Bataillon im Rahmen der UNOSOM-Operation für den Einsatz in Somalia bestimmt. Über weitere Einzelheiten werden Sie innerhalb der nächsten Tage in Kenntnis gesetzt. In den Dienstschluss wegtreten!«

Wie vor den Kopf geschlagen, trotteten wir ins Kompaniegebäude, doch von freizeitlicher Entspannung konnte keine Rede sein.

Götz machte den Anfang. »Was hat der Arsch denn eben gemeint? Wollen die uns jetzt in den Krieg schicken, oder was?«

»Damit mussten wir rechnen«, entgegnete Klose kühl, »immerhin sind wir KRK.«

Irritiert sah ich ihn an. »Wie, *KRK*?«

»*Krisenreaktionskraft*«, erklärte Klose, »wir waren doch von vornherein zum Auslandseinsatz vorgesehen.«

Ich war fassungslos. Die drei harmlosen Buchstaben, hinter denen sich unsere Kriegsverwendung verbarg, waren mir bislang glatt entgangen.

Schleimbold war den Tränen nahe. »Können die uns denn dazu zwingen? Müssen die uns nicht erst fragen?«

»Ich weiß es nicht«, antwortete ich, »aber wir sollten uns mal darauf einstellen, dass die uns einfach so da hinschicken.«

Bachmann öffnete seinen Spind, und zum ersten Mal nahm er für jedermann sichtbar eine Flasche Hansen-Rum heraus, die er in der Innentasche seines Dienstanzuges versteckt hatte. »Wo ist dieses Somalien überhaupt?«, fragte er und gönnte sich einen tiefen Zug.

»Somalia«, verbesserte ich ihn, »das ist in Afrika. Ganz rechts, diese Spitze. Deswegen nennt man das ja auch das Horn –«

»Ist mir scheißegal, wie man das nennt«, unterbrach mich Götz, »sag mir lieber mal, was wir da machen sollen!«

»Nigger abknallen«, grinste Esser.

Götz schlug seine riesigen Pranken gegen einen Spind. »Halt bloß deine Schnauze, Esser! Du hast doch keine Ahnung, wovon du redest.«

»Da ist schon länger Bürgerkrieg«, versuchte ich mich in einer Erklärung, »die UNO will da irgend'ne Friedensmission starten. Nur hätt ich nicht gedacht, dass auch Deutsche dabei sind.«

»Drauf geschissen«, beendete Götz die Debatte. »Flachmann, rück den Fusel raus! Wer weiß, wie lange wir noch leben.«

Gemeinsam leerten wir in der Nacht Bachmanns gesamten Spirituosenvorrat, doch auch am nächsten Tag war der Schock längst nicht überwunden. Zwar standen lediglich Schießübungen auf dem Dienstplan, allerdings hatte der Spaßfaktor beim Durchlöchern von Pappkameraden unter der überraschenden Mitteilung unseres Kompaniechefs erheblich gelitten.

Gegen Mittag traf ein Pritschenwagen zur Verpflegung ein. Nachdem wir uns in einer Reihe vor dem Wagen angestellt hatten und uns der Fraß lieblos in unsere Aluminiumnäpfe geklatscht worden war, ließen wir uns zum Essen auf dem kalten Asphaltboden nieder.

»Warum bloß immer Leber?«, beschwerte sich Götz und sah zu Schäfer rüber, der es sich auf dem Beifahrersitz des Autos bequem gemacht hatte. »Dieses Arschloch lümmelt sich auf dem weichen Polster rum, und wir hocken hier wie seine Schäfchen auf dem blanken Boden.« Grimmig drehte Götz seinen Kopf in die andere Richtung. »Määh«, rief er laut und schob sich ein Stück Leber in den Mund.

Schäfer sah kurz von seinem Essgeschirr auf. Kaum wollte er sich erneut seiner Mahlzeit widmen, legte Götz nach: »Määäh!«

»Määäh«, rief nun auch Esser.

Jetzt ließ sich sogar Bachmann anstecken. »Määääh!«

Und ich wagte es ebenfalls, mich der Rebellion anzuschließen. »Määh!«

Im Nu war der ganze Zug von dem Virus erfasst. Es herrschte ein Gemähe, als weide eine riesige Schafherde vor der Schießbahn. Einige Kameraden mähten eher gackernd, andere extrem laut, wieder andere etwas leiser, dafür umso intensiver.

»Määh!«

»Mäh!«

»Määäääh!«

Wutentbrannt stürzte Schäfer aus dem Pritschenwagen. »Ruhe!«, schrie er, »sofort Ruhe!« Doch hatte er keine Chance, auch nur eines seiner Schäfchen auf frischer Tat zu ertappen, denn es war allzu leicht, seinem Blick durch eine einzige Kopfbewegung zu entwischen. Wie sein eigener Hirtenhund rannte Schäfer um seine widerspenstige Herde herum. »Ruhe! Ruhe! Ruhe!«, kreischte er in einem fort, musste jedoch alsbald einsehen, dass seine Bemühungen, uns auf diese Weise zum Schweigen zu bringen, aussichtslos waren. »Die Mittagspause ist beendet«, brüllte er schließlich, »alle zurück auf die Schießbahn!«

Unser Aufstand verlief sich im Nichts. Lustlos räumten wir die Essgeschirre zusammen und feuerten weiter auf unsere Pappkameraden.

Etwa eine Stunde danach erschien ein Unteroffizier des Geschäftszimmers auf dem Ausbildungsgelände. Im Augenwinkel beobachtete ich, wie er aufgeregt auf Schäfer einredete, während dieser heftig nickte.

»Was will denn der Sesselfurzer hier?«, brummte Götz.

»Mit Sicherheit irgendwas Wichtiges«, entgegnete Klose, »der hat außerhalb der Kaserne eigentlich gar nichts verloren.«

Schäfer salutierte zum Abschied und schrie über die ganze Schießbahn. »Männer! Die Übung wird abgebrochen. Sitzen Sie umgehend auf die LKW auf! In der Kaserne vor dem Kompaniegebäude antreten!«

Das hatte es noch nie gegeben. Noch nie war eine Übung abgebrochen worden. Noch nie mussten wir während des Dienstes vor der Kompanie antreten. Das konnte nur eines bedeuten: Somalia!

Auf der Rückfahrt sprach keiner von uns ein Wort. Stumm saßen wir unter der grünen Plane auf der zugigen Pritsche des LKW. Schleimbold rannen Tränen über seine dicken Wangen, Götz knirschte unentwegt mit seinen riesigen Zähnen, und ich fragte mich nur, ob ich Bianca noch anrufen könnte. Sie würde einen Heidenstress veranstalten, wenn ich in den Krieg nach Afrika zöge, ohne ihr vorher Bescheid zu geben.

Vor dem Kompaniegebäude erwartete uns Hauptmann Koch. Sowie wir Aufstellung genommen hatten, dröhnte er los: »Meine Herren, ich habe Ihnen zwei Mitteilungen zu machen. Erstens: Die bislang offenen Fragen hinsichtlich des UNO-SOM-Auftrages wurden nach Rücksprache mit dem Bundesministerium der Verteidigung heute abschließend geklärt. Der Einsatz in Somalia erfolgt ausschließlich auf freiwilliger Basis. Die betreffenden Einverständniserklärungen liegen im Geschäftszimmer der Kompanie aus.«

Ich fühlte mich von einer Zentnerlast befreit.

»Zweitens: Die Schießausbildung ist ab sofort gestrichen. Wie mir das Haushaltsressort der Bundeswehrverwaltung mitteilte, sind sämtliche Mittel, die uns zu diesem Zweck für das laufende Kalenderjahr zur Verfügung stehen, bereits ausgeschöpft.«

***

Der Januar machte den Dienst beschwerlicher denn je. Und als sei die Plackerei bei Temperaturen jenseits des Gefrierpunktes nicht lästig genug, brachen wir mit der gesamten Kompanie auf, um irgendwo unter freiem Himmel zu übernachten. Den Parka bis unters Kinn zugeknöpft, marschierten wir den ganzen Tag über gefrorene Feldwege und verschneite Straßen, und der eisige Wind fand seinen Weg durch jede noch so kleine Ritze unserer Uniformen. Mein Gesicht war vor Kälte längst taub. Niemals im Leben hätte ich geglaubt, dass es in Deutschland einen Landstrich geben könnte, der so dünn besiedelt war. Gegend, nichts als Gegend, dachte ich. Selbst die wenigen Ortschaften, die wir durchquerten, waren menschenleer. Dimbach, Rimbach, Bimbach. Gleichförmige Namen, gleichförmige

Käffer. Schneebedeckte Häuser, mit Eiszapfen verzierte Dachrinnen. Aus der Ferne ein Postkartenidyll, vor Ort der Eindruck absoluter Gottverlassenheit.

Nach zahllosen Stunden hielt der Tross zum Biwakieren in einer Waldlichtung. Camping im Januar, überlegte ich, was für eine Schnapsidee. Noch dazu bauten wir die Zelte stets in der Verteilung auf, die wir von unseren Etagenbetten gewohnt waren: Götz mit Esser, Klose mit Bachmann, Leypold mit mir. Allerdings war Schleimbolds Unterstützung beim Aufbau unseres Nachtquartiers mehr Hindernis als Hilfe. Während Leypold die Stangen im Inneren des Zeltes festhielt, trieb ich die blechernen Heringe in den steinharten Boden. Mehr und mehr neigte sich das Zelt in meine Richtung.

»Schleimbold, du sollst die Stangen senkrecht halten!«, schrie ich, bekam aber keine Antwort. Wütend krabbelte ich um das windschiefe Zelt und öffnete die Plane vor dem Eingang. Leypold lag rücklings da und schnarchte. »Arschbold«, brüllte ich, »du kannst dich doch nicht ins Zelt legen und pennen!«

Schleimbold sah mich verschlafen an. »Soll ich mich etwa zum Pennen nach draußen legen?«

»Du Dummbold sollst die Scheiß-Stangen halten!«

Blöde grinste Leypold aus der Wäsche.

»Scheißbold! Tu es einfach!«, fuhr ich ihn an, und letztlich gelang es uns wahrhaftig, das Zelt halbwegs standfest zu errichten. Viel Schlaf würden wir darin ohnehin nicht bekommen, denn dass es in der Nacht einen Alarm gäbe, war absehbar. Gleich nach unserer Ankunft hatte Schäfer uns auf der anderen Seite des Waldes die Frontlinie gezeigt. Und vom Zeltplatz bis zur Front hatten wir kleine Phosphorplättchen an die Bäume genagelt, die unserem Zug in der Dunkelheit den Weg durch den Wald weisen sollten.

Mitten in der Nacht ging es los: »Alaaarm!«

Mühsam schälte ich mich aus dem Schlafsack und rüttelte an Schleimbolds fettem Körper. »Aufstehen!«

Leypold brummte kurz und schlief sofort wieder ein. Ich knipste meine Taschenlampe an, griff nach meinen Kampfstiefeln und wollte nicht glauben, was ich sah: Sie waren innen wie außen mit einer millimeterdicken Eisschicht überzogen, die Senkel steifgefroren. Fluchend steckte ich meine Füße in die frostigen Stiefel. Schleimbold schlief nach wie vor.

Ruckartig schlug Schäfer die Zeltplane auf. »Schnell, raus!«

»Leypold pennt noch!«

»Ich kümmer mich drum!«

Kaum war ich losgelaufen, hörte ich hinter mir ein ohrenbetäubendes Krachen. Offenbar hatte Schäfer eine Übungshandgranate in unser Zelt geworfen. Atemlos rannte ich auf den Wald zu und hielt Ausschau nach den Phosphorplättchen, konnte jedoch keine einzige der Markierungen entdecken. Nur pure Finsternis. Neben mir verschwanden einige Kameraden zwischen den Bäumen, eine Sekunde danach war niemand mehr zu sehen.

Vorsichtig bewegte ich mich in die Schwärze des Waldes, stolperte über morsche Baumstümpfe und herabgefallene Äste, bis ich nach ein- oder zweihundert Metern das Ende des Waldes erreichte. Vor mir erstreckte sich eine weitläufige Senke. Das muss die Stelle sein, die uns Schäfer als Frontlinie gezeigt hat, dachte ich. In etwa einem Kilometer Entfernung entdeckte ich ein paar Häuser, hinter deren Fenstern helles Licht brannte. Lautlos legte ich mich auf den Boden und richtete mein Gewehr in das Tal.

Eine halbe Stunde später hatte sich noch immer kein Mensch bei mir blicken lassen. Ich tastete nach meinen Zigaretten. Zwar war das Rauchen im Dienst streng verboten, doch inzwischen schwante mir, dass ich mich an einer völlig verkehrten Stelle befand. Unglücklicherweise war nur noch eine einzige Zigarette in der Schachtel. Zitternd vor Kälte rauchte ich meine letzte Lucky Strike.

Eine weitere Viertelstunde verging. Unentwegt starrte ich auf die Häuser, deren erleuchtete Fenster sich aus der Dunkelheit des Tals abzeichneten. Ich liege hier wie ein Idiot alleine am Waldrand, überlegte ich, und die Zivilisten da unten haben keine Ahnung, was hier vor sich geht. Die arglosen Bewohner konnten nicht ahnen, dass in ihrer Nähe eine ganze Kompanie von Soldaten herumirrte. Und noch viel weniger konnten sie wissen, dass ich in diesem Augenblick auf dem eiskalten Waldboden lag und mit Platzpatronen auf ihre Häuser zielte. Ich stellte mir vor, wie sie in ihren geheizten Zimmern vor dem Fernseher saßen und womöglich gerade ein Bier tranken. Vermutlich waren einige der Glücklichen auch schon zu Bett gegangen. Während die Kälte durch meine klamme Kleidung kroch, schliefen sie auf ihren weichen, mit sauberen Laken bespannten Matratzen. Vielleicht hatten sie sich wegen eines kühlen Lufthauches, der durch das gekippte Fenster wehte, sogar in eine dicke Wolldecke eingerollt. Ich konnte meine eigenen Gedanken nicht ertragen.

Unwillkürlich kamen mir meine Freunde aus der Unterwelt in den Sinn. Keiner von ihnen war zur Bundeswehr gegangen. Keiner von ihnen könnte sich ausdenken, auf welch unnütze Weise ich meine Zeit verschwendete. Und ich würde mir nie verzeihen, ihnen aus dem Weg gegangen zu sein, bloß weil Bianca sie nicht mochte. Wie gern erinnerte ich mich daran, mir mit Alex, Olli, Fix, Frank und Anton im Schulkeller bei der geilsten Musik der Welt einfach nur restlos die Rübe zuzukiffen.

Mittlerweile fragte ich mich, ob meine Phantasien bereits eine Begleiterscheinung des Erfrierens waren. Der Geruch des verglimmenden Haschischs erschien mir derart real, als säßen meine Freunde gleich neben mir und ließen einen Joint in der

Runde kreisen. Möglicherweise sah ich ja schon mein Leben an mir vorbeiziehen. Es hatte doch stets geheißen, erfrieren sei eine solch angenehme Art des Sterbens. Irgendwann würde man die Kälte gar nicht mehr spüren. Man würde unglaublich müde und letztendlich friedlich einschlummern. Aber mir war immer noch arschkalt. Und ich bekam den Haschisch-Geruch nicht mehr aus der Nase. Ich sog die eiskalte Nachtluft tief in meine Lunge und konnte es kaum glauben. Es war keine Einbildung - der Geruch war tatsächlich da! Im ärgsten Winter lag ich mitten in der Nacht am Ende der Welt auf dem Boden herum, und in meiner unmittelbaren Nähe kiffte jemand!

Kriechend drehte ich mich um und blickte in den Wald. Doch war es unmöglich, herauszubekommen, aus welcher Richtung der Geruch zu mir herüberwehte. Erst jetzt kam ich auf die Idee, mich aufrecht hinzustellen. Ungefähr dreißig Meter neben mir sah ich für einen kurzen Moment einen roten Punkt aufleuchten. Ich war mir sicher, dass es die Glut eines Joints war.

Schritt für Schritt näherte ich mich dem geheimnisvollen Kiffer, und schließlich konnte ich in einer kleinen Mulde zwei uniformierte Gestalten ausmachen. »Hallo?«, flüsterte ich.

»Bringen Sie endlich unsere Pizza?«, fragte der eine.

Der andere lachte.

»Nein, ich bin vom zweiten Zug«, antwortete ich und setzte mich zu den beiden in die Mulde.

»Siggi, dritter Zug.«

»Was, *dritter* Zug? Ich dachte, ihr wäret auf der südlichen Seite des Waldes!«

Siggi zog genüsslich an seinem Joint. »Ich würde mal sagen«, erklärte er grinsend, »wir haben uns wohl alle irgendwie verfranzt. Diese dämlichen Phosphorplättchen sind anscheinend von der Volksarmee übrig geblieben - funktioniert haben die zumindest nicht.«

»Und nu?«

»… haben wir erstmal Ruhe«, antwortete Siggi und bot mir seinen Joint an.

»Oh, vielen Dank!«

Der andere reichte mir eine Schachtel Marlboro.

»Supernett von dir!«, entgegnete ich und zog eine Zigarette aus der Packung.

»Krall dir so viele, wie du brauchst!«

Ich war sprachlos. Glimmstängel waren im Gelände absolute Mangelware. »Danke, danke«, stammelte ich und griff mir drei weitere seiner Kippen.

Aber Siggi hatte noch eine ganz andere Überraschung parat. Er öffnete eine seiner Magazintaschen, holte eine Kinder-Schokolade heraus und gab mir fünf Riegel in die Hand. »In eine Tasche passen genau zwei Tafeln«, lachte er, »und die Patronen in meinem Gewehr reichen hoffentlich aus, um den Feind zu besiegen.«

»Leute, ich weiß gar nicht, wie ich das wieder gutmachen kann«, entgegnete ich und dachte an den Schokoladensoldaten Bluntschli aus George Bernard Shaw's *Helden*. Das Stück war erst vor einem Jahr von der Theater-AG unserer Schule aufgeführt worden. Allerdings war ich mir ziemlich sicher, dass Siggi nicht von Shaw inspiriert worden war.

Ich zündete mir eine Zigarette an und fühlte mich mit einem Mal unendlich wohl. Noch vor Minuten hatte ich zu sterben geglaubt, und nun saß ich mit zwei völlig Fremden zusammen, die mich in dieser unwirtlichen Umgebung mit vier Kippen und fünf Schokoladenriegeln zum glücklichsten Menschen des Planeten gemacht hatten. »Wie geht's denn jetzt überhaupt weiter? Müssen wir nicht die anderen suchen? Oder suchen die uns?«

Siggi lachte laut auf. »Vorhin war so ein Fettsack hier, den sie losgeschickt hatten, um uns einzusammeln. Den haben wir schön verarscht. Der Idiot hat uns sogar abgekauft, dass Zöller ein lupenreiner Leutnant ist.« Siggi schlug seinem Kumpel auf die Achselstücke, die ihn als Gefreiten auswiesen. »Hab ihn eben zum Zugführer befördert.«

Sofort war mir klar, dass es nur Schleimbold gewesen sein konnte, der zum Opfer ihres Spaßes geworden war. »Scheiße, mit dem Fettsack teile ich mir ein Zelt!«

»Den wirst du so schnell nicht wiedersehen«, kicherte Zöller, »hab ihn mit kriegsentscheidendem Auftrag zu den Häusern dahinten geschickt.«

»Na, dann fange ich den Trottel mal wieder ein. Und vielen Dank für die Fluppen und die Schoki, ihr habt mir echt das Leben gerettet! Macht's gut!«

»Ja, du auch«, entgegnete Siggi, »und gib uns Bescheid, wenn wir den Krieg gewonnen haben!«

Vom Waldrand aus stapfte ich über eine verschneite Wiese zum Tal hinab, auf halber Strecke kam Leypold mir bereits entgegen. »Schleimbold!«, rief ich, »warum treibst du dich denn hier rum?«

Leypold war nass geschwitzt. Sein Ausflug durch den tiefen Schnee hatte ihm die letzten Kräfte geraubt. »Leutnant Zöller vom dritten Zug hat mich zu dem Dorf befohlen«, keuchte er, »da soll ein Gefechtsstand sein, aber den hab ich nicht gefunden.«

Ich konnte mir ein Grinsen nicht verkneifen. »Ist nicht schlimm, hier sind alle komplett orientierungslos.«

Verzweifelt schüttelte Schleimbold den Kopf. »Nein, das ist ganz wichtig. Leutnant Zöller hat mir einen Spezialauftrag erteilt. Am Gefechtsstand soll ich Solar-Taschenlampen abholen, die wir dringend brauchen!«

»*Solar-Taschenlampen*?« Ungläubig klopfte ich Schleimbold auf die Schulter. »Denk mal drüber nach, mein Freund, denk mal in Ruhe drüber nach!«

***

Immer häufiger meldete ich mich krank. Mal erzählte ich dem Stabsarzt, meine Füße machten irgendwelche Probleme, mal simulierte ich starke Rückenschmerzen. Oder ich behauptete einfach, ich hätte Kopfweh. Die ärztlichen Untersuchungen waren von solch aberwitziger Lächerlichkeit, dass ich heilfroh sein durfte, nicht tatsächlich an einer ernsthaften Krankheit zu leiden.

Im Wartezimmer des Sanitätsbereiches ließ ich mich auf einer Holzbank nieder. Mir gegenüber saß ein Schnurrbärtiger, dessen rechter Arm in einem Gipsverband steckte. Ich schloss die Augen und hoffte, ich würde nicht allzu schnell in den Behandlungsraum gerufen, denn es kam höchst selten vor, dass der Stabsarzt einen Patienten als dienstunfähig nach Hause schickte. Bestenfalls konnte ich mit einem Tag Bettruhe auf der Stube rechnen. Aber meist wurde ich nach der Untersuchung gleich wieder zum Dienst befohlen, womit die Zeit, die ich dösend im Wartezimmer verbrachte, den eigentlichen Nutzen der ganzen Angelegenheit darstellte.

»Hallo.«

Im Halbschlaf schaute ich zur Seite. Neben mir hatte sich ein Glatzkopf platziert. Mit seinen tief in den Höhlen verborgenen Augen und seiner ausgemergelten, in einen abgewetzten blauen Trainingsanzug gehüllten Gestalt erinnerte er mich beinahe an einen KZ-Häftling. Er lächelte mich an. Ich war wie hypnotisiert. Sein Blick strahlte eine Güte aus, wie ich sie nie zuvor bei einem Soldaten gespürt hatte.

»Äh, hallo«, entgegnete ich verunsichert und lehnte mich zurück, um mich erneut meinem Dämmerzustand hinzugeben. Unverhofft sah ich Biancas Gesicht. Sie lachte. Verwirrt öffnete ich die Augen.

»Was hast du gesehen?«

»Meine Freundin. Bianca.«

»Und, war es gut?«

»Es war so real, als wär sie wirklich da gewesen.«

Der Glatzkopf rückte ein wenig näher an mich heran und flüsterte: »Du warst in der Zwischenzeit.«

»Wo?«

»In der *Zwischenzeit*!«

»Was soll das denn sein?«

Mein kahlköpfiger Kamerad lächelte milde. »Die Zeit zwischen Wachzustand und Schlaf. In der Zwischenzeit siehst du Bilder, die viel greifbarer erscheinen als beim Träumen.«

Widersprechen konnte ich dem nicht. »Ja, Biancas Gesicht war zum Greifen nah. Und du meinst, die Zwischenzeit ist was ganz anderes als ein Traum?«

»Das sind völlig unterschiedliche Sphären«, belehrte mich der Glatzkopf in ernstem Ton. »Gewiss, während des Träumens kannst du unglaublich viele Dinge erleben. Aber eben nur das. *Erleben*, jedoch nicht *gestalten*. Und wenn du aus einem Traum erwachst, hast du meist alles Erlebte vergessen. Oder du erinnerst dich an Bruchstücke, doch die Bilder verblassen schnell. Die Zwischenzeit ist anders. Sie ist der Realität viel näher. Du erinnerst dich an sie, wie an Ereignisse, die wahrhaftig geschehen sind. Und du kannst sie gestalten, wie du möchtest.« Sanft legte er seine Hand auf mein Gesicht. »Schließ die Augen und sieh, was du sehen willst!«

Plötzlich stand Bianca vor mir. »Liebst du mich noch?«, fragte ich.

»Ja, ich liebe dich«, antwortete Bianca, »niemals musst du an meiner Liebe zweifeln!«

Ich öffnete die Augen. »Bianca war wieder da!«

»Hat sie dir gesagt, was du wissen wolltest?«

»Das hat sie. Aber ich versteh das nicht. Wieso war ich vorher nie in der Zwischenzeit? Und warum hab ich noch nie was davon gehört?«

Der Glatzkopf neigte sich so nah an mein Ohr, als wollte er mir ein bedeutendes Geheimnis anvertrauen. »Jeder Mensch kennt die Zwischenzeit. Doch wird sie meist als Halbschlaf missdeutet, ihre Macht vollkommen unterschätzt!«

»Hm ...«, erwiderte ich, noch immer rätselnd, worum es hier eigentlich ging, »wenn ich einschlafe, hab ich manchmal das Gefühl, alles begänne zu fließen. Und dann sehe ich irgendwelche Traumbilder, obwohl ich in Wirklichkeit noch wach bin. Ich genieße das jedes Mal, solange es geht.«

»Du hast recht«, bekam ich als Antwort, »man hat das Gefühl, dass alles fließt. Doch ist es nicht die Zwischenzeit, die fließt. Du bist es selbst! Beim Einschlafen ist es, als führe man mit einem Zug durch einen Tunnel. Schaut man aus dem Fenster, erscheint die Beleuchtung des Tunnels wie eine einzige Linie. Und wenn man versucht, sich auf ein einzelnes Licht zu konzentrieren, ist es bereits fort. Aber die meisten Menschen in diesem Zug schauen nicht mal aus dem Fenster.« Mein Kamerad sprach jetzt noch leiser. »Und du, mein Freund, sitzt gar nicht in diesem Zug. Du hast die Gabe, in den Tunnel hineinzugehen. Du kannst dir jedes Licht genau ansehen. Doch du kannst noch mehr. Du besitzt die Macht, die Farben der Lichter zu verändern, den ganzen Tunnel umzugestalten. Der Tunnel ist dein! Die Zwischenzeit ist dein!«

Wieder schloss ich meine Augen. Die Welt verschwamm. Ich erblickte Mikes tolle Schwester. Sie stand, mir den Rücken zugewandt, bis zur Hüfte im Wasser. Langsam watete ich auf sie zu und legte meine Arme um ihren nackten Oberkörper. Meine Hände umfassten Katharinas tolle Titten. Überrascht riss ich die Augen auf. »Kann ich denn so lange in der Zwischenzeit bleiben, wie ich will?«

»Die Zwischenzeit kennt keine Grenzen«, erklärte mein weiser Kamerad und hob warnend den Zeigefinger. »Nur gehe behutsam mit ihr um! Du darfst dich keinesfalls in ihr verlieren!«

»Was soll das bedeuten? Sich in ihr *verlieren*?«

Besorgt guckte mich der Glatzkopf an. »Die Zwischenzeit ist die gefährlichste Droge, die es gibt. Sie vermittelt dir einen Rausch, den keine Substanz zu bewirken im Stande ist. Und die Zwischenzeit vermag dich unendlich träge werden zu lassen. Du kannst den gesamten Tag im Bett verbringen, dich aber am Abend an eine Weltreise erinnern. Dann wirst du keinen Grund mehr sehen, dich überhaupt noch in der Realität zu bewegen.«

Ein weiteres Mal schloss ich die Augen. Ich starrte auf das Wasser, in dem Katharina gestanden hatte, doch sie war verschwunden. Enttäuscht öffnete ich die Augen. Der Glatzkopf war auch nicht mehr da.

»Wo ist denn der Typ hin?«, fragte ich den Schnurrbärtigen.

»Welcher Typ?«

»Der mit der Glatze, der neben mir saß.«

Ich erntete einen verwunderten Blick. »Da hat die ganze Zeit noch keiner gehockt. Du bist reingekommen, hast dich hingesetzt und bist sofort eingepennt.«

»Und was ist mit der *Zwischenzeit*?«

Der Schnurrbärtige schüttelte den Kopf. »In der Zwischenzeit ist hier nichts passiert.«

***

Nie hätte ich für möglich gehalten, dass der Sommer entsetzlicher sein könnte als der Winter. Aber ich wurde eines Schlechteren belehrt. Bei gleißender Hitze stand ein Siebzig-Kilometer-Marsch auf dem Dienstplan. Als olivgrüne Linie bewegten sich die drei Züge unserer Kompanie durch unwegsames Gelände, über staubige Trampelpfade oder glühenden Asphalt. Die Tragegurte meines Rucksackes hatten mir längst die Haut unter meiner verschwitzten Kleidung wundgescheuert. Jedes Rinnsal nutzte ich, um meine Feldflasche nachzufüllen, doch der Vorrat von einem Liter Wasser war bereits nach kürzester

Zeit wieder aufgebraucht. Trotz der sengenden Sonne war es strikt verboten, die Uniformjacke auszuziehen. »Ein deutscher Soldat legt im Felde niemals unbefohlen seine Kleidung ab!« hatte mich Schäfer angeranzt.

Stabsunteroffizier Krüger schien den Marsch für einen erquickenden Spaziergang zu halten. So langsam fragte ich mich, ob er hinter seinem nachsichtigen Lächeln den Gedanken verbarg, er hätte mit seiner NVA die alte Bundesrepublik im Handstreich erobert, hätte er nur gewusst, welch unfähiger Haufen verweichlichter Muttersöhnchen die westdeutschen Streitkräfte gewesen waren.

Gelegentlich wurde unsere qualvolle Tour von nicht weniger anstrengenden Sondereinsätzen unterbrochen. Mal hangelten wir uns an Drahtsträngen über eine Schlucht hinweg, mal seilten wir uns eine Felswand hinab. Davor, dazwischen, danach: Marschieren, marschieren, marschieren. Und Bianca wollte am Wochenende bestimmt wieder mit mir spazieren gehen. Mittlerweile bezweifelte ich ernsthaft, dass unsere Beziehung das Ende meines Wehrdienstes erleben würde. Viel zu oft stritten wir wegen Kleinigkeiten. Bianca reagierte mit blankem Unverständnis, wenn ich am Freitagabend um Punkt zehn Uhr todmüde war, und sie erklärte mich gar für verrückt, wenn ich am Samstagmorgen um halb sieben aufwachte und völlig verzweifelt meine Uniform suchte. Und erst recht konnte Bianca nicht nachvollziehen, dass ich samstagabends nicht ausgehen wollte, weil es mir unangenehm war, in einer Menge von Zivilisten herumzustehen. Inzwischen wünschte ich mir, ich könnte mit Götz und Flachmann ins *Crystal Palace* gehen, dort Klose und Schleimbold treffen, um mit ihnen an der Theke bei ein paar Bierchen über Leutnant Schäfer abzulästern.

Als wir ein Stoppelfeld flankierten, hob Schäfer seine Hand. »Halt!«

Abrupt stand der ganze Zug auf der Landstraße still.

»Männer, es gilt ein Gewässer zu durchqueren. Ich frag mal, wann wir an der Reihe sind. Halten sie sich hier auf dem Feld bereit!« Schäfer watschelte zu einem am Straßenrand geparkten Pritschenwagen.

»Keinen Handschlag tu ich mehr«, jammerte Schleimbold und setzte sich auf den stoppeligen Boden.

»Ich lauf seit zwanzig Kilometern nur noch auf Blasen«, ächzte Bachmann und ließ sich neben Schleimbold in einen Strohhaufen fallen.

»Wo soll überhaupt das Gewässer sein?« fragte ich Götz.

»Irgendwo hinter dem Abhang. Komm, wir schauen uns die Sache mal an!«

Auf der anderen Seite der Landstraße eröffnete sich uns ein groteskes Bild. Am unteren Ende einer Böschung befand sich, von wenigen kargen Bäumchen umgeben, das Gewässer - allerdings mehr Teich als See. Und einige Kameraden vom ersten Zug schwammen, einer Entenfamilie gleich, mit ihren Bundeswehr-Feinripp-Unterhosen hintereinander durch das brackige Nass.

»Was soll denn der Scheiß, da könnte man doch einfach dran vorbeigehen«, sagte ich zu Götz.

»Und schau dir diese Dreckssuppe an«, erwiderte er grantig, »die Plörre kann man nicht mal saufen!«

Fassungslos wandten wir uns von dem seltsamen Schauspiel ab und kehrten zu dem Stoppelfeld zurück.

»Wo ist denn Esser?«, wollte ich wissen.

»Kacken«, antwortete Klose.

»Und Leypold?«

»Hat sich krank gemeldet«, erwiderte Bachmann und deutete mit seinen Wurstfingern auf die Landstraße. »Dahinten steht er. Schäfer hat ihn zum Streckenposten gemacht.«

»Vielleicht sollten wir uns schon mal für die Gewässerdurchquerung ausziehen«, schlug Klose vor.

»Ist doch Quatsch«, widersprach Götz, »solange es nicht befohlen wird, mach ich hier gar nichts. Und außerdem ist das kein Gewässer! Das ist 'n mittelgroßer Tümpel! Allerhöchstens!«

»Ja, lasst uns noch etwas warten«, sagte ich, denn durch den stinkenden Teich zu schwimmen war das Letzte, wonach mir der Sinn stand. Und jede weitere Minute der Verzögerung nährte meine törichte Hoffnung, mir bliebe durch ein plötzlich auftretendes Wunder diese sinnlose Tortur erspart. Wenn möglich, gehe dieser Kelch an mir vorüber, betete ich, doch fiel mir im gleichen Augenblick ein, dass dieses Flehen nicht einmal bei Jesus Christus höchstpersönlich erfolgreich gewesen war.

Nachdem Schleimbold sich bereits krank gemeldet hatte, kam diese Ausrede für mich wohl kaum noch in Betracht. Ich sah zu ihm hinüber. Leypold war mit einer orangefarbenen Warnweste ausgerüstet worden und wedelte mit einer gelben Signalflagge einem Opel Corsa entgegen. Der Wagen schien sein Tempo allerdings in keiner Weise zu verringern. »SCHLEIMBOLD!«, schrie ich, »WEG DA!«

Nur wenige Meter vor dem ungelenk winkenden Leypold raste der Corsa von der Landstraße auf den abschüssigen Acker. Sprachlos betrachteten wir die unwirkliche Szenerie, bis der Wagen hinter der Böschung verschwunden war. Sekunden später hörten wir ein lautes Krachen, dann ein gewaltiges Platschen.

In Windeseile rannte ich mit Klose und Götz über die Straße und sah den Abhang hinab. Der Wagen lag mit dem Dach zuunterst im Wasser. Er musste sich auf dem Acker überschlagen haben, bevor er in dem Teich gelandet war. Einige Angehörige des ersten Zuges standen wie festgewachsen am Ufer und starrten auf das Auto, das im Zeitlupentempo in der trüben Brühe versank.

Götz und Klose liefen die Böschung hinunter und sprangen ins Wasser. Wie benommen folgte ich ihnen bis zum Ufer und beobachtete, wie die beiden immer wieder zur Fahrertür des Wagens tauchten, ab und zu Luft holten, um dann erneut unter der Wasseroberfläche zu verschwinden. Irgendwann hatten sie es geschafft, schleppten den Körper des Fahrers ans Ufer und legten ihn direkt vor meine Füße. Der Mann schüttelte sich und erbrach braunes Wasser.

Unbeholfen tätschelte ich seine Wangen. »Können Sie mich hören?«

»Was ist …« hustete der Mann, »was ist mit meiner Tochter?«

Ich sah ihn verständnislos an.

»Lisa! Meine Tochter!«

Noch immer hatte ich keine Ahnung, was er meinte.

»Auf dem Kindersitz«, keuchte er, »Lisa! Hinten, auf dem Kindersitz!«

Verstört blickte ich auf das Wasser. An der Oberfläche verebbten die letzten kleinen Wogen. Von dem Corsa war nichts mehr zu sehen.

VI.

Immer aufs falsche Pferd

Schlagartig öffne ich die Augen. Ich bin völlig nackt. Meine Fußsohlen sind eiskalt. Ich stehe auf gekacheltem Boden. Vor mir ein Eingang. In der Dunkelheit kann ich auf dem Klingelschild meinen Namen erahnen. Vorsichtig drücke ich gegen die Wohnungstür. Sie ist verschlossen. Ich habe keinen Schimmer, wie lange ich bereits hier herumstehe. Vielleicht ein paar Sekunden, vielleicht seit Stunden. Nur eines ist gewiss: In dieser Lage darf ich keinesfalls verbleiben. Trotz der nachtschlafenden Zeit, könnte jeden Moment ein anderer Mieter auftauchen. Die Peinlichkeit wäre gar nicht auszudenken. Aber was bleibt mir übrig? Meine Nachbarn kann ich unmöglich splitternackt aus dem Bett klingeln. Wenngleich das Ehepaar von nebenan ganz nett zu sein scheint. Beide nicht viel älter als ich, höchstens Ende dreißig. Und die Frau hat schon einige Male recht freundlich gegrüßt, wenn sie mit einem Wäschekorb in der Hand zum Speicher hinaufgegangen ist. Zum Speicher hinauf, denke ich, das könnte die Lösung sein!

Auf Zehenspitzen schleiche ich nach oben. Das Licht lasse ich vorsorglich ausgeschaltet. Sollte unversehens ein weiterer Bewohner im Treppenhaus erscheinen, er würde mit Sicherheit die Beleuchtung anknipsen. Dann wäre ich gewarnt.

Unentdeckt erreiche ich den Eingang zum Speicher. Bitte, bitte, sei nicht abgeschlossen, hoffe ich und drücke auf die Klinke. Unter leisem Quietschen lässt sich die Tür öffnen. Im Zwielicht des durch die Dachluken fallenden Mondscheines kann ich mehrere quer durch den Raum gespannte Drähte erkennen, an denen ein Bettbezug und ein Laken zum Trocknen aufgehängt sind. Bibbernd nehme ich die Wäsche von der Leine, wickele mich darin ein und lege mich hin. Ich muss mich nur zwingen, einzuschlafen, überlege ich, und morgen früh klingele ich bei meinen Nachbarn. Den Bettbezug wie eine römische Toga tragend, werde ich ihnen belustigt von meiner Schlafwandelei erzählen. Anschließend werde ich meine Wohnungstür geschwind von einem Schlüsseldienst öffnen lassen und zum guten Schluss meinen Nachbarn höflichst anbieten, das Bettzeug für sie zu waschen. Und damit wäre die Angelegenheit erledigt.

Doch will es mir nicht gelingen, in den Schlaf zu finden. Der Estrichbelag des Speichers scheint noch eisiger als der Kachelboden im Treppenhaus. Es kommt mir vor, als sauge der dünne Stoff die Kälte des klammen Untergrundes wie ein Schwamm auf, um sie dann ungefiltert an meinen Körper weiterzugeben. Unweigerlich erinnere ich mich an meine Zeit bei der Bundeswehr. Schon damals habe ich oft entsetzlich gefroren. Aber so übel wie hier oben, ist es dort nie gewesen, da bin ich mir sicher. Ich drehe mich von der einen Seite zur anderen und fühle an meiner Flanke. Die Haut ist eiskalt. So kann ich nicht einschlafen, denke ich, so *darf* ich gar nicht einschlafen! Ich muss meine Nachbarn um Hilfe bitten. Es geht nicht anders.

Zähneklappernd verlasse ich den Speicher und tapse die Treppe herunter. Vor der Tür meiner Nachbarn halte ich einen Moment inne. *Beimesche* steht auf der Schelle. Ich muss den Beimesches sofort erklären, was geschehen ist, überlege ich, nicht eine Sekunde dürfen sie Zeit haben, mich für einen Perversen zu halten, der sich aus reinem Vergnügen unterhosenlos in ihre Bettwäsche schmiegt, um in dieser Aufmachung mitten in der Nacht im Treppenhaus herumzugeistern. Mit zitternden Fingern taste ich nach dem Klingelknopf.

Ding-dong.

Es ist der Ehemann, der öffnet. In einer Mischung aus Müdigkeit und Überraschung glotzt er mich an. »Was ist dir denn passiert?«

»Ich bin schlafgewandelt, und meine Tür ist zugefallen«, flüstere ich hastig.

Der Mann schüttelt ungläubig den Kopf. »Komm rein, es ist ja bitterkalt.«

»Hab versucht, auf dem Speicher zu pennen«, bemühe ich mich zu entschuldigen, als ich ihm in den Flur folge.

»Ich hol dir was zum Anziehen, setz dich erstmal«, erwidert mein Nachbar und deutet auf die Tür zum Wohnzimmer.

Während Herr Beimesche ein paar Klamotten zusammensucht und gleichzeitig seiner Frau in kurzen Worten die Situation erklärt, versinke ich fast in einem butterweichen IKEA-Sofa. Auf der riesengroßen schwarzen Mattscheibe des millimetergenau auf die Couch ausgerichteten LED-Fernsehers betrachte ich mein Spiegelbild. Ich sehe aus wie ein Nachtgespenst.

»Er wollte tatsächlich auf dem Speicher schlafen«, höre ich meinen Nachbarn sagen und glaube so etwas wie Fassungslosigkeit in seiner Stimme zu erkennen. Mit einer Jogginghose und einem Pulli in der Hand kommt er zurück. »Ach, die Socken noch«, murmelt er und wirft mir die Sachen zu.

Nach einer halben Minute, die Herr Beimesche mir dankenswerterweise durch seine vorgetäuschte Vergesslichkeit eingeräumt hat, um mich unbeobachtet anzuziehen, betritt er mit einem Paar dicker Wollstrümpfe erneut das Zimmer. »Hat jemand einen Ersatzschlüssel für deine Wohnung?«

»Nee, nee, hab gar keinen zweiten Schlüssel.«

In einen knallroten Pyjama gekleidet, erscheint nun auch Frau Beimesche. »Mensch, wieso hast du denn nicht direkt bei uns geklingelt? Hättest ja erfrieren können!«

»War gar nicht so schlimm«, entgegne ich und reibe mir die beinahe erfrorenen Hände.

Unvermittelt fühlt die Frau an meinen Fingern. »Du bist ja völlig unterkühlt«, sagt sie entsetzt, »ich mach dir mal 'nen heißen Kaffee.«

Ich zucke zusammen. »Nein danke, nicht nötig«, rufe ich ihr hinterher, aber sogleich höre ich Frau Beimesche in der Küche an einer Kaffeemaschine herumfuhrwerken.

Ihr Mann hat derweil einen wesentlich besseren Vorschlag. »Morgen lässt du einen Schlüssel nachmachen und deponierst den bei uns, okay?«

»Okay, was für ein Wochentag ist morgen denn überhaupt?«

»Morgen ist Samstag. Also, eigentlich heute. Ist ja viertel vor fünf in der Früh.«

»Oh ...«

»Die Noteinsätze von den Schlüsseldiensten sind unverschämt teuer«, fährt mein Nachbar fort, »du kannst ja bei uns schlafen, und wir lassen die Tür morgen öffnen. Dann kostet das nicht ganz so viel.«

Den Rest der Nacht bei den Beimesches zu verbringen, kommt für mich gar nicht in Frage. Und ich habe bereits eine Idee, wie sich das Problem anderweitig lösen ließe: Jens! »Ich kann einen Freund herbitten, der hat die Tür schon mal aufgemacht.«

»Ah, gut, und wenn's nicht klappt, trittst du sie einfach ein«, lacht mein Nachbar, »das war wirklich saubere Arbeit, als du bei den Asis unten reingedonnert bist. Und seitdem hört man von denen ja keinen Mucks mehr.«

Mir ist gar nicht bewusst, dass Herr Beimesche damals Zeuge meines ungestümen Auftritts geworden war. Irgendwie ist mir der Gedanke unangenehm. »Habt ihr einen Internet-Anschluss? Dann such ich die Nummer von dem Freund raus, der mir helfen kann.«

»Ja, natürlich, dauert nur einen Moment.«

Aus dem Nebenzimmer schafft mein Nachbar ein Telefon und ein Laptop herbei. Kaum hat er die Geräte vor mir aufgebaut, stellt seine Frau eine Tasse Kaffee daneben.

Angespannt sehe ich meine alten E-Mails durch. Jens hat erst vor einigen Monaten seinen Telefonanbieter gewechselt und mir seinerzeit die neue Festnetznummer zugesandt. Rasch werde ich fündig, und Jens ist sofort am Apparat.

»Barlage, hallo?«

»Hi Jens, ich bin's. Ein absoluter Notfall! Ich hab mich beim Schlafwandeln ausgesperrt. Jetzt sitz ich bei meinen Nachbarn und komm nicht mehr in meine Wohnung. Kannst du mir helfen?«

Details möchte Jens gar nicht wissen. »Gib mir zwanzig Minuten! Ach, besser dreißig, ich muss noch Werkzeug aus meiner alten Bude holen.«

»Nur keine Eile«, entgegne ich erleichtert und frage mich ein weiteres Mal, wie ich Jens seine Hilfsbereitschaft jemals vergelten könnte.

Jens ist schnell. Schnell vor Ort, schnell fertig, und schnell möchte er wieder nach Hause. »Du solltest mal 'nen neuen Schließzylinder einbauen«, grinst er, während er seinen Kram zusammenpackt, »bei dem hier bekomm ich mittlerweile Routine.«

»Deswegen lass ich das alte Schloss ja auch drin. Vielen Dank nochmal, und wir sehen uns Freitag im Büro!«

»Ja, bis dahin!«

Die Beimesches stehen noch immer in der Tür zu ihrer Wohnung, von wo aus sie fasziniert Jens' fachmännischen Einsatz beobachtet hatten.

»Ich bring euch die Klamotten, sobald ich sie gewaschen habe«, sage ich zu ihnen, »und den Ersatzschlüssel geb ich euch auch in den nächsten Tagen.«

»Tu das«, antwortet meine Nachbarin. »Vielleicht solltest du die Tür von innen absperren, bevor du dich hinlegst.«

»Mach ich. Schlaft erstmal schön! Und danke auch für den Kaffee.«

Als ich aufwache, ist es schon Mittag. Ich fühle mich wie gerädert. Doch der angebrochene Tag wird glücklicherweise alles andere als stressig. Erst werde ich meine Wohnung ein wenig aufräumen, dann ein bisschen mit Clara telefonieren und schließlich einen ruhigen Abend mit Sandra verbringen. Zwar ist es längst zur Gewohnheit geworden, dass Sandra samstags zwischen sieben und acht bei mir eintrudelt, aber ebenso ist es zur Gewohnheit geworden, dass ich mich vorher dennoch kurz bei ihr melde, um zu fragen, ob sie mich besuchen möchte. Gerade will ich ihre Nummer wählen, da entdecke ich eine SMS auf meinem Handy. Sandra ist mir dieses Mal wohl zuvorgekommen.

> *Geht es Dir gut? Ich denke jeden Tag an Dich. Kussi* <

Ich bin fassungslos. Die Nachricht ist von Liria. Es ist gespenstisch. Als könne sie spüren, dass mir etwas Unangenehmes passiert ist. Verärgert speichere ich die Mitteilung im Liria-Ordner meines Handys und rufe Sandra an. »Hallo Schatz!«

»Ah, hallo, alles klar bei dir?«

»Ja, alles okay. Also, zumindest jetzt wieder. Hab heute Nacht 'nen kleinen Ausflug gemacht.«

»Aha.«

»Du wirst's nicht glauben! Ich bin schlafgewandelt und hatte mich ausgesperrt. Jens ist um fünf Uhr hergedüst, um die Tür zu öffnen.«

»Ja, ja, ich weiß.«

Sandra scheint mir gar nicht zuzuhören »Stimmt was nicht?«

»Komm bitte zu mir!«

Sandras Bitte ist eine faustdicke Überraschung. Obwohl wir inzwischen beinahe ein halbes Jahr zusammen sind, bin ich noch niemals in ihrer Wohnung gewesen.

»Wann soll ich denn bei dir sein?«

»So bald, wie du kannst.« Sandra klingt fast verzweifelt. »Meine Adresse hast du doch, oder?«

»Ja, die hab ich. Bin in 'ner halben Stunde da.«

Sofort mache ich mich auf den Weg. Mein Fußmarsch wird zwar ein paar Minuten länger dauern als eine Fahrt mit dem Auto, doch verschafft mir die ständige Bewegung wenigstens das Gefühl, keine Zeit zu verschwenden. Sandra hat sich furchtbar unglücklich angehört. Ihr muss etwas Schreckliches zugestoßen sein, denke ich, womöglich ein Unfall. Oder hat sie etwa ihren Job verloren? Oder gar erfahren, dass sie an einer unheilbaren Krankheit leidet?

Es könnte ja auch was ganz anderes sein, überlege ich auf halber Strecke. Vielleicht ist Sandras Mutter gestorben. Oder ihr Vater. Vielleicht sogar beide! Doch eventuell auch nur ihre Oma.

Endlich erreiche ich Sandras Haus. Beim Klingeln ist mir ein wenig flau im Magen.

»Zweiter Stock«, quäkt es aus der Gegensprechanlage. Trotz aller Verzerrungen des Lautsprechers kann ich abermals die Verzweiflung in Sandras Stimme hören. Und das klang beim besten Willen nicht nach toter Oma.

Als ich in der zweiten Etage ankomme, ist mir richtiggehend übel. Die Tür ist angelehnt. Das kann nichts Gutes bedeuten. Zögerlich betrete ich die fremde Wohnung, und mit einem Mal bin ich völlig perplex. An den Wänden des schmalen Flures sind beidseitig billigste Sperrholz-Regale angebracht, auf denen dutzende zerlegter Autoradios und zahllose verstaubte Handys herumliegen. In anderen Fächern stapeln sich Plattenspieler auf Kassettendecks, DVD-Player auf Videorecordern. Allen Geräten ist nur eines gemein: In silberner Farbe ist mit dickem Lackstift das Wort *defekt* auf die Frontseite gekritzelt.

Hier bin ich wohl falsch, denke ich, doch gerade als ich das seltsame Elektronik-Depot verlassen möchte, vernehme ich ein

Weinen. Sandras Weinen! Mühselig schiebe ich mich durch die überladenen Regale, um in einen Raum zu gelangen, der eher einer Reparaturwerkstatt als einem Wohnzimmer gleicht. Wo ich auch hinsehe, stehen und liegen Faxgeräte, Drucker, Computer und Telefone, dazwischen Unmengen von Werkzeug und Ersatzteilen. Und genau in der Mitte des Raumes, unter einem ganzen Geschwader von an der Decke baumelnden Modellfliegern, auf einem an diesem Ort unendlich deplatziert erscheinenden Rokoko-Chaiselongue, völlig in sich zusammengesunken: Sandra.

Unvermittelt schaut sie zu mir hoch. Trotz ihrer verheulten Augen und der zerlaufenen Schminke sieht sie wunderschön aus. Ich wage es nicht, mich ihr einen weiteren Schritt zu nähern.

Langsam schüttelt Sandra den Kopf. »Ich habe Jens nichts von uns erzählt. Vor sieben Monaten hab ich mit ihm Schluss gemacht. Und er ruft immer noch jeden Tag an. *Jeden verdammten Tag!*«

Sandra und Jens. Ich kann es kaum fassen. Meine Göttin und der hässlichste Mensch der Welt. Meine Freundin und mein Freund. Vor lauter Hilflosigkeit bin ich regelrecht betäubt. »Schatz, wie ... wie soll das denn jetzt weitergehen?«

Sandras Blick verliert sich in dem sie umgebenden Elektro-Meer. »Es geht nicht weiter. Bitte versteh das! Bitte!«

Wie in Trance drehe ich mich um, zwänge mich zurück durch den Flur, schließe die Tür, renne die Treppe runter. Erst auf der Straße wird mir bewusst, dass ich mich gar nicht von Sandra verabschiedet habe. Ich bin einfach gegangen. Gegangen, ohne auch nur den Versuch zu unternehmen, die Sache zu retten. Doch niemals hätte ich Sandra in den Arm nehmen, ihr sagen können, wir würden das mit Jens schon irgendwie klären. Zu lange hat Sandra bereits gelitten. Zu vernünftig ist ihre Entscheidung, einen Schlussstrich zu ziehen.

Auf dem Heimweg frage ich mich, ob ich Sandra überhaupt nochmal wiedersehen werde. Es gibt keinerlei Dinge, die wir auszutauschen hätten. Sandra hat stets darauf geachtet, keine Spuren in meiner Wohnung zu hinterlassen. Nie hat sie etwas bei mir vergessen, geschweige denn absichtlich hinterlegt. Keine Zahnbürste, keine Creme, kein T-Shirt zum Schlafen. Und in all der Zeit habe ich keine einzige dieser kleinen durchsichtigen Folien gefunden, in die jeder Tampon dieser Welt verpackt ist, und die bei einer *echten* Beziehung eigentlich immer irgendwann im Badezimmer-Mülleimer auftauchen.

***

Ich klopfe an die Tür von Zimmer 106. Niemand öffnet. »Hallo?« Keine Antwort. Wieder klopfe ich, diesmal ein wenig energischer. Erneut vergeblich. Ratlos schaue ich auf den Zettel in meiner Hand: *Hotel Zum.* Zimmer 106.

Zurück in der Lobby, laufe ich meinen Eltern direkt in die Arme. »Ach, da seid ihr ja! Ihr habt mir doch erst vor 'ner halben Stunde gesagt, ihr wäret in Zimmer 106.«

»Tja, Junge«, antwortet mein Vater, »kaum hatte deine Mutter den Hörer aufgelegt, mussten wir das Zimmer wechseln. Da war ein Lüfter, genau unter unserem Fenster. Der hat schrecklich laut gesummt. Marianne hätte bei dem Lärm bestimmt die ganze Nacht kein Auge zugemacht.«

»Das war wirklich schlimm«, nickt meine Mutter, »und du weißt ja, wie geräuschempfindlich Hermann ist.«

Nach nur einer Minute in Gesellschaft meiner Eltern habe ich das Gefühl, einen gesamten Tag verschwendet zu haben. Natürlich hätte ich wissen müssen, dass sie längst in einem anderen Zimmer wohnen. Niemals geben sie sich mit der Unterbringung zufrieden, die sie gebucht haben. Meine Eltern haben *immer* etwas zu bemängeln. Ich hätte sofort zur Rezeption gehen und nach den beiden alten Leuten fragen sollen, die sich schon kurz nach ihrer Ankunft über ihr Zimmer beschwert haben. Dann hätte man mich mit Sicherheit unverzüglich zur richtigen Tür geschickt.

Beinahe zwei Jahre lang ist es mir gelungen, wenn auch unter Ausnutzung hanebüchenster Ausreden, Hermann und Marianne von einem Besuch abzuhalten. Aber irgendwann sind mir sogar die fadenscheinigsten Argumente ausgegangen. Glücklicherweise ist das Urlaubsprogramm meiner Eltern recht übersichtlich gestaltet. Zuerst wollen sie sich meine Wohnung anschauen, danach mit mir zu Abend essen. Sofern im *Hotel Zum* keine weiteren Komplikationen auftreten, werden sie dort die Nacht verbringen und gleich morgen wieder nach Hause fahren. Für eine Hin- und Rückreise am selben Tag ist mein Vater mittlerweile zu alt.

»Machen wir uns auf den Weg«, schlage ich vor, »meine Wohnung ist nicht weit von hier. Die paar Meter können wir zu Fuß gehen.«

»Ja, gern«, erwidert meine Mutter, »das scheint gar nicht so eine schlechte Gegend zu sein. Ich hab noch keinen einzigen Tippelbruder gesehen. Und vielleicht kommen wir ja an einer Konditorei vorbei, dann könnten wir ein paar Stückchen Kuchen mit zu dir nehmen.«

Mein Vater sieht auf seine Armbanduhr. »Kuchen? Wieso Kuchen? Die Kaffeezeit ist längst vorbei!«

Mit Mühe kann ich mir einen Kommentar verkneifen. Ich hasse die Verknöchertheit meines Vaters. Eher würde er verhungern, als zu einer falschen Uhrzeit etwas zu essen. Hermann richtet sich nach Zahlen. So ist er nun mal. Und so ist er immer gewesen. Schon früher, in meinem Elternhaus, wenn es meiner Mutter zu warm oder zu kühl war, dann ging mein Vater nicht zum Fenster, um es zu öffnen, oder zum Heizkörper, um ihn höher zu stellen. Hermann marschierte schnurstracks zum Thermometer. Zeigte es 19 Grad an, durfte man sich nicht beklagen. Denn das Thermometer konnte nicht irren. Und es stand ständig auf 19 Grad.

Vor dem Ausgang des *Hotel Zum* blickt mein Vater in den wolkenverhangenen Himmel. »Gleich kommt sicher ein übler Schauer«, prophezeit er griesgrämig und deutet auf mein tadellos frisiertes Haar. »Hast du keine Mütze dabei?«

»Hab ich zu Hause vergessen.«

»Vergessen,« brummt mein Vater und setzt seinen grauen Hut auf seine grauen Haare, um sich ungestört seine grauen Gedanken zu machen.

Die grauen Herren wollen immer nur die Zeit stehlen, denke ich. »Kommt, hier geht's lang!«

Unbehelligt von jeglichen Regentropfen erreichen wir meine Wohnung. Eine Woche lang habe ich sie sorgfältig präpariert. Die Fenster sind geputzt, alle Regale abgestaubt, sämtliche Aschenbecher im Schrank verstaut. Meine Couch hab ich gleich zweifach gereinigt, die Fransen meines Wohnzimmerteppichs gewissenhaft gekämmt. Auch die Handschellen, die seit Ewigkeiten ungenutzt auf meinem Nachtschränkchen lagen, habe ich verschwinden lassen. Und ganze sieben Tage in meiner Wohnung nicht geraucht.

Nervös beobachte ich, wie meine Eltern das Ergebnis aller Mühen kontrollieren. Hermann übernimmt Wohnzimmer, Schlafzimmer und Flur, Marianne die Küche und das Bad.

Mit prüfendem Blick klopft mein Vater gegen die Wohnzimmerwand. »Wie alt ist denn das Haus?«

Darüber habe ich mir noch niemals Gedanken gemacht. »Sechzigerjahre.«

»Hm, würd eher auf Siebziger tippen. Und die Heizung? Öl oder Gas?«

Ich habe nicht den Hauch einer Ahnung. »Zentralheizung.«

Mein Vater verdreht die Augen.

»Wo hast du denn die Putzmittel?«, ruft Marianne unversehens aus dem Badezimmer.

Als ich nachschaue, was dort vor sich geht, kann ich es kaum glauben. Meine rückenkranke Mutter steht gebeugt über meiner Toilettenschüssel und hantiert mit der Klobürste darin herum.

»Du musst auch immer unten sauber machen, wo das Wasser steht«, erklärt sie, »da wird es schon etwas grün.«

»Ja, ja, ist gut, ich mach das später selbst. Komm doch ins Wohnzimmer, dann setzen wir uns mal.«

Tatsächlich gelingt es mir, Marianne aus dem Badezimmer zu bugsieren und auf der Couch neben meinem Vater zu platzieren, der gerade mit seiner Hand über das abgewetzte Polster streicht. »Wie alt ist denn das Sofa?«

»Äh, keine Ahnung … also, ein paar Jahre.«

»Und wieso hast du nicht längst ein neues gekauft? Hast du nicht genug Geld dafür?«

Ich denke ernsthaft darüber nach, meine Eltern aus der Wohnung zu schmeißen. Aber den kurzen Weg zurück ins *Hotel Zum* würden sie mit Sicherheit niemals allein finden. »Mit der Couch ist doch alles in Ordnung!«

»Nein, Junge, die sieht wirklich nicht mehr besonders schick aus«, pflichtet Marianne meinem Vater bei, »und wenn du kein Geld hast, um dir ein neues Sofa zu kaufen, tut dir Hermann bestimmt was dazu.«

Mein Vater nickt.

Für einen Moment überlege ich, aus dem Fenster zu springen. Doch die Gefahr, dass ich den Aufprall überlebe, ist viel zu groß. »Ich kaufe mir eine neue Couch, sobald ich dazu komme.«

»Sobald du dazu kommst«, brummelt mein Vater, »bist du denn inzwischen mal dazu gekommen, den alten katholischen Friedhof zu besuchen? Viele außergewöhnliche Grabmäler, wie man hört.«

»Nein, da bin ich auch noch nicht zu gekommen.«

»Und hier in der Kirche, da liegt doch dieser Bischof Dingens. Sehr schöner Sarkophag, übrigens.«

»Ich hab lieber mit lebenden Menschen zu tun.«

»Ach Junge«, unterbricht uns meine Mutter unverhofft, »du weißt doch, wer der zweite Papst war?«

»Sicher. Der heilige Linus.«

»Im Fernsehen hättest du dafür eine Million Mark gekriegt!«

»Euro«, verbessert Hermann meine Mutter, »das war in dieser Millionärsschau. Und das Publikum hatte auch keine Ahnung. Über so viel Dummheit auf einem Haufen braucht man sich im Privatfernsehen ja nicht zu wundern. Diese Sendung ist… «

»Hermann!« fällt meine Mutter ihm ins Wort, »der Quizleiter konnte das doch selbst nicht beantworten. Und der weiß sonst fast alles. Ich sehe mir die Millionärsschau schon wegen diesem netten Moderator gern an.«

Dass Marianne und Hermann sich nicht einig sind, erlebe ich so selten wie Sex an einem Werktag. Und dass meine Mutter ausgerechnet an einem Showmaster Gefallen findet, der übergangslos vom Berufsjugendlichen zum Lustgreis mutiert ist, gibt mir ebenfalls zu denken. »Ich gucke das eigentlich nie«, murmele ich.

Marianne sieht mich bedrückt an. »Junge, ich kann mir gar nicht so recht vorstellen, wie du hier deine Freizeit verbringst. Du hast ja nicht einmal eine Tageszeitung abonniert. Und ins Museum gehst du doch auch nicht.« Plötzlich erhellt sich ihre Miene. »Oder hast du wieder eine Freundin?«

Ich muss mir schleunigst etwas einfallen lassen, um dem Verhör zu entkommen. »Nein, nein, ach, schaut mal, es ist gleich sieben!«

»Mensch, höchste Zeit fürs Abendessen«, entgegnet mein Vater, »jetzt lasst uns mal ein Restaurant suchen. Nicht, dass wir hier noch mehr Zeit vertrödeln.«

Hermanns Verknöchertheit hat mich vorerst gerettet. Keinesfalls kann ich mit meiner Mutter über Sandra, geschweige denn unsere Trennung sprechen. Und unter gar keinen Umständen möchte ich mit Marianne über meine aktuelle Freundin plaudern. Denn davon erzähle ich niemandem. Ich bin wieder mit Liria zusammen.

***

»Da kann doch was mit dir nicht stimmen, wenn du nicht gern in den Urlaub fährst.«

Lirias Tonfall signalisiert mir, dass ich um einen Streit mit ihr kaum mehr herumkomme. Und meine Laune ist ohnehin bereits auf dem Tiefpunkt, weil Liria sich trotz der zweifachen Säuberung meiner Couch abermals auf meinem kunstledernen Schreibtischsessel niedergelassen hat, um ihre Hose nicht mit Fusseln zu verunreinigen.

Nach dem Desaster mit Sandra habe ich Liria auf ihre SMS geantwortet. Sie hat mich um ein *allerletztes* Treffen angefleht, keine halbe Stunde später hatten wir den besten Sex unseres Lebens, und damit ist wieder alles beim Alten. Wir ficken oder streiten. Weder sprechen wir über mein Telefonat mit Mutter Teresa noch über Herrn Braselmann. Mir ist es inzwischen gleichgültig – ich kann Liria ohnehin kein Wort mehr glauben. Doch selbst bei striktester Ausblendung aller entscheidenden Fragen, will es mir nicht gelingen, ein Thema zu finden, bei dem wir einer Meinung sind. Und nun steht eine Grundsatzdiskussion zum Thema *Urlaub* an.

Dieses Mal ist es tatsächlich meine Schuld. Niemals hätte ich Liria erzählen dürfen, dass ich nicht gern verreise. Ich hätte es besser wissen müssen. Zu oft im Leben habe ich mich schon auf diese Diskussion eingelassen. Und es gibt keinerlei Möglichkeit, die Debatte zu gewinnen. Ich habe bislang nicht einmal einen Menschen getroffen, der meinen Standpunkt auch nur zu *akzeptieren* bereit gewesen wäre. Es ist eine Ansicht, die man schlichtweg nicht vertreten darf. Jeder Bewohner dieses Planeten muss mit Freude in den Urlaub fahren. Wer sich verweigert, ist verrückt.

Sämtliche Argumente der Urlaubs-Befürworter sind mir bereits dutzende von Malen gepredigt worden, und ich verspüre nicht das geringste Bedürfnis, mir ausgerechnet von meiner Freundin ein weiteres Plädoyer zu diesem leidigen Thema anzuhören. Und als fundamentaler Grund für die Notwendigkeit einer Urlaubsreise wird sowieso stets derselbe genannt: Heiße Luft!

»Na, mit dir wäre das natürlich was vollkommen anderes«, versuche ich Liria zu beschwichtigen, »mit dir würde ich überall hinfahren!«

Meine Taktik ist sogar für Liria zu durchsichtig. »Ich mach doch nicht mit jemandem Urlaub, der da gar keine Lust zu hat. Das kann doch nicht gut gehen.«

Das geht nicht mal *ohne* Urlaub gut, überlege ich. »Ach Liria, so wichtig ist das doch nicht, da brauchen wir wirklich nicht drüber zu diskutieren.«

»Für mich ist das aber durchaus wichtig. Was soll denn überhaupt schlimm an einem Urlaub sein? Das ist doch was Schönes. Mal absolut ausspannen und sich vom Alltag erholen!«

Liria muss sich also erholen, denke ich, aber wovon denn bloß? Etwa von ihrer harten Arbeit?

»Ich verbringe fast jeden Sommer mit meinen Eltern ein paar Wochen in Spanien«, erzählt sie, »da freue ich mich monatelang drauf. Es ist herrlich da! Ich kann mit dem Rad zum Meer fahren und schwimmen gehen. Oder am Strand faulenzen!«

Radfahren, Schwimmen, Faulenzen. Liria erscheint mir kindlicher als je zuvor. »Für dich mag das ja alles wunderbar sein. Nur find ich das nicht so besonders toll, wenn überall Sand in den Klamotten ist.«

»Man muss ja nicht an den Strand gehen. Es ist auch richtig schön, sich auf der Veranda im Liegestuhl zu sonnen!«

Den von mir so geliebten Leberfleck hat sich Liria aus ihrer übertriebenen Angst vor Hautkrebs entfernen lassen, die ungeheuren Gefahren intensiver Sonnenbestrahlung hingegen sind ihr offenbar völlig unbekannt.

»Das mit der Sonne ist mir ziemlich egal«, erwidere ich genervt, »Regen finde ich eigentlich auch ganz angenehm.«

»Meine Güte, dann fahr halt irgendwohin, wo es regnet! Es sind doch tausend Dinge, die einen Urlaub ausmachen. Da ist man zum Beispiel mal von Leuten umgeben, die man noch nicht kennt.«

»Liria, hier kenne ich doch auch keinen.«

»Und was ist mit Kultur? Es gibt so viel auf der Welt zu besichtigen!«

Jetzt kommt sie mir auch noch mit Kultur! Dabei hat Liria in ihrem Leben mit Sicherheit nicht ein einziges Buch gelesen. Und die Frage nach dem Namen des amtierenden Bundespräsidenten würde sie vermutlich vor eine unlösbare Aufgabe stellen.

»Hm«, entgegne ich, »hier gibt's auch so einiges zu besichtigen. Ich war noch gar nicht auf dem alten katholischen Friedhof ... und den Sarkophag von diesem Bischof Dingens muss ich mir sowieso noch anschauen.«

»Ich meine doch nicht in dieser Stadt! Möchtest du nicht mal in einer anderen Umgebung sein? An einem Ort, wo du noch nie warst?«

»Dazu brauch ich nur hundert Meter die Straße in die andere Richtung zu gehen, da war ich auch noch nie.«

»Oder mal in den Winterurlaub, zum Snowboarden. Das macht total Spaß!«

Nun reicht es mir. Liria ist mit ihrem alten Braselmann im Skiurlaub gewesen, und jetzt erzählt sie mir, wie spaßig das war.

»Ich hab nun mal kein Defizit, das ich mit einem Urlaub kompensieren muss«, knurre ich sie an.

»Und ich will bestimmt nicht mit jemandem zusammen sein, der nicht gern wegfährt«, schnauft Liria und klemmt sich ihre Handtasche unter den Arm. »Hab eh keinen Bock mehr auf so 'ne Blödsinns-Diskussion.«

Ohne Abschiedskuss rauscht Liria aus meiner Wohnung. Ich laufe ihr nicht hinterher. Ich weiß, dass es keinen Sinn hat. Den wahren Grund für meine Abneigung gegen Urlaubsreisen kann ich Liria ohnehin nicht erklären. Sie würde meine Sorgen niemals verstehen. Die Sorge, dass bei meiner Rückkehr nicht mehr alles so ist wie zuvor. Die Sorge, dass sich während meiner Abwesenheit etwas radikal verändert hat. Die Sorge, dass plötzlich ein geliebter Mensch einfach nicht mehr da ist.

***

»Wie ist das eigentlich mit Jens? Weiß der immer noch nichts von dir und Sandra?«

»Ach Clara, der weiß natürlich von nichts. Trau mich kaum, ins Büro zu fahren und mit ihm zu quatschen.«

»Hm, das ist ja doof. Hast du nochmal was von Sandra gehört?«

»Nein, gar nichts. Hab mich allerdings auch nicht mehr bei ihr gemeldet.«

»Ist wahrscheinlich besser so. Und der tolle Mike? Zu dem noch Kontakt?«

»Na ja, er hat letztens 'ne Party gemacht. Wohnungseinweihung. War nur kurz da, in seiner neuen Luxusbude darf man nicht mal rauchen. Und todlangweilig war's sowieso.«

»Hört sich ja nicht so toll an. Und Nicole aus Hamburg?«

»Wir schreiben uns alle paar Wochen mal 'ne SMS. Sie ist ja wieder mit ihrem Mann zusammen. Hauptsächlich wegen des Kindes, glaub ich.«

»So ist das halt mit Kindern. Ach, sind deine Eltern nicht kürzlich zu Besuch gewesen? Wie war's denn?«

»Oh Clara, das war der reinste Horror. Das Hotelzimmer haben sie nur ein Mal gewechselt, aber beim Abendessen ging's dann richtig los. Der erste Tisch war ihnen zu nah am Eingang, der zweite zu nah an der Küche, der dritte zu nah am Klo, und der vierte zu weit weg von allem.«

»Mensch, sei nicht so streng mit ihnen! Es sind eben alte Leute.«

»Mein Vater hat auch noch an meiner Couch rumgenörgelt. Und drei Tage später hat meine Mutter angerufen und gefragt, ob ich mir schon 'ne neue gekauft hab. Kannst du dir das vorstellen?«

»Ehrlich gesagt, wenn das immer noch das ausrangierte Teil aus dem *Café Bizarr* ist, kann ich mir das sehr gut vorstellen.«

»Clara, jetzt fang nicht auch noch an! Du glaubst nicht, wie nervig dieser eine Tag war. Hermann hat mir tausend Fragen gestellt, von denen ich keine einzige beantworten konnte. Da komm ich mir vor wie der letzte Depp!«

»Wenn Eltern zu Besuch sind, wird jeder wieder zum Kind. Das ist bei mir nicht anders.«

»Nur bei mir ist das hundertmal schlimmer! Die begreifen mein Leben nicht im Ansatz!«

»Wie sollen die dein Leben auch begreifen, wenn du ihnen nie davon erzählst? Du machst doch aus allem ein Geheimnis!«

»Die würden glatt beide gleichzeitig 'nen Herzinfarkt kriegen, wenn die wüssten, was ich in meiner Freizeit so treibe ... «

»Mag ja sogar sein, aber das ist nun wirklich nicht deren Schuld. Die sind doch auch nur die Kinder *ihrer* Eltern. Hast du deine Großeltern eigentlich gekannt?«

»So gut wie gar nicht. Sind alle gestorben, als ich noch klein war.«

»Dann kannst du dir ja die Zeiten vorstellen, in denen deine Eltern aufgewachsen sind. Also, saufen und ficken war damals mit Sicherheit nicht das Wichtigste im Leben. Die hatten andere Sorgen, glaub mir.«

»Jaaa, das nervt mich trotzdem manchmal. Was ist überhaupt bei dir in Berlin so los?«

»Ach, mit Lego hatt ich 'ne Weile was am Laufen, da hatte ich auf Dauer allerdings doch keine Lust drauf. Als Single macht's hier wesentlich mehr Spaß. Solltest mich echt mal besuchen! Ich weiß ja, dass du nicht in den Urlaub fährst, aber mit dem Rücken zur Theke stehen kannst du hier besser als in irgendeiner anderen Stadt auf der Welt! Ich geh gleich in 'ne Bar, direkt bei mir um die Ecke, die würde dir sicher gefallen.«

»Jetzt noch? Heut ist doch Dienstag!«

»Ja und? Ich bin fast jeden Abend aus.«

»Hm, hier wird nur am Wochenende gefeiert. Werd mal schauen, was in der Glotze läuft.«

»Oje, ich kenn keinen Menschen in Berlin, der 'nen Fernseher hat. Und überleg dir das mal mit dem Besuch, ja?«

»Ja, mach ich.«

***

In diesem Sommer sehe ich unglaublich viele Nackte. Bei jedem zufälligen Blick zu den Häusern auf der anderen Straßenseite belästigen mich deren Bewohner durch ihre offen stehenden Balkontüren mit baumelnden Pimmeln oder hängenden Titten. Bei vierzig Grad im Schatten ist meinen Nachbarn sogar die Unterwäsche zu viel. Und die Ventilatorenhersteller trifft der Sommer auch wieder völlig unvorbereitet.

In Frankreich bereits mehr als fünftausend Hitze-Tote, melden die Nachrichten, überwiegend ältere Menschen. Puh, überlege ich, man möchte kein alter Franzose sein in diesen Zeiten. Doch der Gedanke an Lirias bevorstehenden Geburtstag lässt mich die Hitze beinahe vergessen. Ihr Achtzehnter! Ob ich Liria zu diesem Anlass wahrhaftig zu Gesicht bekomme, steht leider alles andere als fest.

Endlich ruft sie an. Nachdem es mir geglückt ist, einige Minuten ohne das Entfachen eines Wutausbruchs mit ihr zu plaudern, stelle ich die entscheidende Frage: »Wie verbringen wir denn deinen Geburtstag? Feiern wir heute rein oder sehen wir uns morgen? Mir wäre natürlich beides recht!«

»Weiß nicht, also ... eher heute. Morgen bin ich unterwegs.«

»Aha, dann meldest du dich nochmal bei mir?«

»Ja, gegen Abend.«

»Freu mich!«, säusele ich zum Abschied und bete, dass Liria mir zusagen wird. Denn welch maßgebliche Bedeutung ich der Tatsache beimesse, sie an ihrem Ehrentag zu sehen, kann Liria nicht erahnen. Schon an meinem Geburtstag musste ich mich mit einer ihrer schnoddrigen Kurzmitteilungen zufriedengeben. Und Lirias Geburtstag ist mir bei weitem wichtiger als mein eigener. Allein die vage Aussicht, sie möglicherweise Punkt Mitternacht umarmen zu dürfen, versetzt mich in Hochstimmung. Das wäre ein Liebesbeweis! Und einen solchen habe ich bitter nötig.

Kurz nach zehn piept mein Handy. > *Das klappt heut leider nicht. Melde mich die Woche mal.* <

Das darf nicht wahr sein, denke ich und blicke auf die nun völlig unnütz auf meinem Couchtisch drapierten Geschenke: Die Geburtstagskarte, auf der nirgendwo die Zahl 18 zu finden ist, weil ich mit Liria nie darüber gesprochen habe, wie alt sie tatsächlich ist. Der viel zu teure silberne Ring, den sie wahrscheinlich sowieso in ihrer Handtasche hätte verschwinden lassen, anstatt ihn zu tragen. Daneben die CD von den No Angels, deren Musik ich unausstehlich finde, Liria hingegen für ihr Leben gern hört. Zu alledem die DVD eines Animationsfilms über einen dämlichen kleinen Fisch, der aus irgendeinem Grunde ganz dringend gefunden werden muss. Und schließlich der vollkommen übertrieben große Strauß roter Rosen, deren Blüten in der Hitze der Nacht längst traurig über den Rand der gleich dazu gekauften Vase sinken. Kopfschüttelnd betrachte ich die auf dem Laminatboden sorgfältig angeordneten Teelichter. Mit flammendem Herzen hatte ich Liria begrüßen wollen. Ich komme mir vor wie ein Teenager. Zum Glück hat Liria abgesagt, überlege ich. Wie lächerlich, dieser ganze Kitsch!

Mit jedem Teelicht, das im Abfalleimer landet, wächst meine Wut. Liria! Sie wird an ihrem Geburtstag *nichts* von mir hören. Kein Lebenszeichen! Ach was, *nie wieder* wird sie etwas von mir hören!

Als zum guten Schluss auch noch der Blumenstrauß im Müll entsorgt ist, öffne ich eine der beiden Sektflaschen, die ich für Lirias Geburtstag kaltgestellt hatte. Jetzt werde ich *meinen* Geburtstag feiern! Den Tag, an dem ich endgültig mit Liria abgeschlossen habe. Und morgen werde ich wie neugeboren erwachen. Vermutlich mit tosenden Kopfschmerzen, aber dafür in einem Leben ohne diese Zivilisationsautistin.

Nach der ersten Flasche Sekt bin ich ein riesengroßer Fan der No Angels. Wirklich phantastische Sängerinnen, denke ich, die hab ich total unterschätzt! Nach der zweiten Flasche halte ich Findet Nemo für den besten Film der letzten zehn Jahre. Wahrhaftig ein Meisterwerk! Beim anschließenden Bier kehrt meine Wut zurück. Liria! Wieso hatte ich mich bloß erneut auf sie eingelassen? Unser kleinster gemeinsamer Nenner ist null. Und durch null lässt sich nicht teilen, das steht so fest wie mein Entschluss, nie wieder mit Liria Kontakt zu haben. Ich muss es sie nur noch wissen lassen.

Das Tippen meiner Nachricht bereitet mir ungeahnte Schwierigkeiten. Die garstigen kleinen Buchstaben scheinen auf meinem Handy einen wilden Tanz aufzuführen. Hochkonzentriert visiere ich jede einzelne Taste an, und tatsächlich bekomme ich einen kompletten Satz fehlerfrei zustande: > *Es ist aus und vorbei!* <

Für einen Moment bin ich restlos entspannt. Sobald ich die Nachricht abgeschickt habe, bin ich Liria für immer los. Dann bin ich frei. Dann muss ich mir keine Gedanken mehr über den alten Braselmann machen. Dann gibt es niemals wieder Streit. Dann muss ich mich auch nicht mehr darüber ärgern, dass Liria sich aus ihrer idiotischen Angst vor Fusseln nicht auf meine Couch setzt. Immer diese Angst, überlege ich. Liria hat vor nahezu allem Angst: Hautkrebs, Vergewaltigung, Islamisten-Terror, Dunkelheit und Zahnarzt. Vor dem Tod ihrer Eltern, großer Höhe, vor großer Tiefe sowieso. Selbst vor den Blicken der Tauben auf dem Sims meines Fensters fürchtet sie sich. Und vor Jazz-Musik. Ja, sogar vor Jazz-Musik! Ich wiederum fürchte mich vor gar nichts.

Entschlossen drücke ich auf die entscheidende Taste. *Nachricht gesendet.* Die Anzeige verschwindet von meinem Display und gibt den Blick auf die Uhrzeit frei. Punkt Mitternacht. Mit einem Mal kriege ich schreckliche Angst.

***

14:20 Uhr > *Hi Nicole! Wie läuft's bei Dir in Hamburg?* <
14:35 Uhr > *Geht so…* <
14:43 Uhr > *Sorgen?* <
14:55 Uhr > *Lebe wieder getrennt.* <
14:56 Uhr > *Brauchste Ablenkung? Kannst mich jederzeit besuchen!* <
14:57 Uhr > *Passt Dir übernächstes WE? Von Freitagabend bis Sonntagabend?* <
14:58 Uhr > *Passt!* <

***

Ich bin viel zu früh am Flughafen. Nachdem ich das Gate ausfindig gemacht habe, an dem Nicole eintreffen wird, schlendere ich gemächlich an den vielen trotz der späten Uhrzeit geöffneten Läden entlang und überlege, ob ich Nicole überhaupt erkennen werde. Unser Zusammentreffen liegt mittlerweile mehr als zwei Jahre zurück, und um ein Foto habe ich sie in dieser Zeit nicht bitten wollen. Doch immer wieder geistert mir das Bild durch den Kopf, wie Nicole mir beim Einkaufen den Strampelanzug für ihre Tochter vor die Nase hält und mich fragt, ob der ihr wohl gefalle. Nicoles erwartungsvoller Gesichtsausdruck hat sich seit damals rätselhafterweise unauslöschlich in meinem Hirn eingebrannt.

Schließlich kehre ich zu dem Gate zurück, von dem ich meinen Rundgang begonnen hatte. Obwohl nur ein einziger Flieger aus Hamburg um 23:10 Uhr landet, gleiche ich ein x-tes Mal ab, ob die über dem Durchgang angezeigte Flugnummer mit den Zahlen auf meinem Zettel übereinstimmt. Sie stimmt nach wie vor.

Mehr und mehr Leute sammeln sich an dem Gate. Als die Maschine mit wenigen Minuten Verspätung gelandet ist, dauert es noch eine halbe Ewigkeit, bis endlich die ersten Passagiere durch den gläsernen Ausgang strömen. Vorneweg die üblichen Anzugträger mit pseudo-geschäftsmännischem Tunnelblick, dahinter ein paar der unvermeidlichen Strohhut-Touristen, in übertriebener Aufregung nach bekannten Gesichtern Ausschau haltend. Und dann Nicole. Ich erkenne sie gleich. Sie zieht einen Trolley hinter sich her und trägt eine Jacke über dem Arm. Statt zu winken lacht sie mich an. Sofort bleibt mein Blick an ihrer Oberweite hängen, die mir wesentlich ausladender erscheint als bei unserer letzten Begegnung.

Unerwartet stürmisch fällt sie mir um den Hals und gibt mir einen Schmatzer auf den Mund. »Hey, mein Süßer!«

»Ja hey, Nicole!«

»In welche Richtung müssen wir?«

»Da rüber! Was darf ich dir abnehmen? Trolley oder Jacke?«

»Ach, nichts von beidem. Ich zieh die Jacke grad an.«

Ein Glück, denke ich, denn so kann ich Nicole mit meiner rechten Hand zum Auto geleiten, nebenher mit der linken in der Hosentasche meinen unerträglich hart gewordenen Schwanz unauffällig in eine etwas angenehmere Position bringen. »Und, wie war der Flug?«

»Ganz okay, hat ja nicht so lang gedauert.«

»Klingst trotzdem ein bisschen erledigt«, erwidere ich und hoffe, ich muss mit Nicole nicht noch der Form halber ausgehen, bevor ich ihre mächtigen Glocken läuten darf.

»Ja, der Tag war ziemlich stressig. Hatte in der Kita noch 'ne kleine Diskussion, dann hab ich Kind und Hund zu meinen Eltern nach Wandsbek gebracht. Und Gesprächsbedarf hatten die auch schon wieder. Dann nochmal zu mir nach Hause, dann zum Flughafen, also, sei bitte nicht böse, aber mir ist heut echt nicht mehr nach feiern zumute. Bin einfach zu platt dafür.«

»Ach, nicht so schlimm.«

In meiner Wohnung angekommen, begeben wir uns ohne Umwege ins Schlafzimmer.

»Ich hab 'ne Überraschung für dich«, lächelt Nicole, als wir auf meinem Bett liegen. Knopf für Knopf öffnet sie die Bluse, um mir stolz ihre formvollendeten Möpse zu präsentieren. »Die hab ich mir zum Vierzigsten geschenkt. Und den Bauch hab ich mir straffen lassen.«

»Echt schön geworden«, entgegne ich und streichele sachte über Nicoles nagelneue Titten. »Muss ich denn jetzt irgendwie aufpassen?«

»Nein«, flüstert Nicole, »alles verheilt.« Ihre Hand hat längst den Weg zu meiner Gürtelschnalle gefunden. »Lass uns die Romantik heut weglassen«, haucht sie, und nur eine Viertelstunde danach haben wir uns bereits in den Schlaf gevögelt.

Am nächsten Morgen weckt mich Nicoles ungewohnte Stimme. »Hast du hier extra Platz für meine Sachen freigeräumt?«

Durch die offen stehende Schlafzimmertür sehe ich Nicole zwischen meinen beiden CD-Schränken in ihrem Trolley kramen.

»Nein, nein«, antworte ich und strecke mich ausgiebig. »Da soll eigentlich noch 'n drittes Regal hin. Bin nur zu faul, es zu kaufen.«

»Dann mach das doch heute!«

Ich werfe den Slip, den ich Nicole in der Nacht vom Leib gerissen habe, in ihre Richtung, treffe sie jedoch nicht. »Die wenige Zeit, die wir haben, möcht ich doch nicht bei IKEA verschwenden.«

»Ich kann ja was zu essen machen, und du holst den Schrank. Deiner Küche nach zu urteilen bist du ja nicht grad ein Sternekoch.«

»Warum soll ich auch mühsam 'ne Fähigkeit erlernen, die euch Frauen in die Wiege gelegt ist?«

»Hab kein Problem damit, die Hausfrau zu spielen«, lacht Nicole, »wenn du das Geld nach Hause bringst. Aber jetzt mal ernsthaft: Ich muss sowieso noch einiges einkaufen, du hast ja fast gar nichts zum Kochen hier.«

»Wenn du tatsächlich nichts dagegen hast … «

Keine zwei Stunden später kehre ich mit den Einzelteilen des Regals in meine Wohnung zurück. In der Küche brät Nicole gerade Zwiebeln oder irgendwas an.

»Hey, das ging ja schnell«, ruft sie mir ins Wohnzimmer zu, »ich brauch noch 'ne Weile mit dem Essen. Bau das Ding doch schon mal auf!«

Als ich die Pappe von den Einlegeböden reiße und die Dübel in die vorgebohrten Löcher stecke, fühle ich mich so entspannt wie seit Langem nicht mehr. Der Holzgeruch des neuen Schrankes mischt sich mit dem würzigen Duft des Essens, und meine Gedanken schweifen in eine Richtung, die mir sogleich unrecht ist. Ich stelle mir vor, Nicole und ich seien ein Liebespaar und richteten unsere erste gemeinsame Wohnung ein. Vergeblich versuche ich, den Gedanken nicht zu genießen.

Am Abend gehen wir auf ein paar Drinks ins Stonehenge. An der Theke erzählt mir Nicole von all den Problemen, die ihre erneute Trennung mit sich gebracht hat, von all den Sorgen als alleinerziehende Mutter und dem inzwischen über Anwälte ausgetragenen Streit um die erst in Jahrzehnten abbezahlte Vier-Zimmer-Wohnung. Und nach dem siebten Bier stimme ich mit Nicole überein, dass auf Lebenszeit während Anschaffungen wie Kinder oder Eigentum keinesfalls auf der fragilen Basis einer zwischenmenschlichen Beziehung beruhen sollten. Beinahe drei Stunden lang erörtern wir die Unwägbarkeiten des Daseins, und als die Außenbeleuchtung des Stonehenge erlischt, haben wir den Begriff Lebensplanung längst zum Unwort des Jahrtausends erklärt.

Völlig abgefüllt stolpern wir in meine Wohnung, werfen uns aufs Bett und ziehen uns gegenseitig aus.

»Mach mit mir, was du willst!«, stöhnt Nicole und wälzt sich auf dem Laken, als brauche sie einen Exorzismus.

»Wirklich *alles*?«

»Jaaa, aber mach's sofort!«

»Dann dreh dich rum, heut kriegst du's in den Arsch«, lalle ich, hole die alten Handschellen aus meinem Nachtschränkchen, schließe die eine Schelle um Nicoles Handgelenk, ziehe die Kette durch das Bettgestell und schließe die andere.

Willig streckt mir Nicole ihren Hintern entgegen. Nachdem ich ihren Darmausgang mit etwas Speichel angefeuchtet habe, ficke ich sie zunächst ganz langsam, ramme dann immer heftiger hinein. Während Nicole von Stoß zu Stoß lauter wird, hoffe ich innig, dass es sich bei ihrem Gejohle weniger um den

Ausdruck rektaler Schmerzen handelt als vielmehr um eine Art analverkehrsbedingtes Frohlocken. Und als ich schließlich das Bild aus meinem Kopf verbannt habe, wie mich die Beimesches am nächsten Tag im Treppenhaus auf unsere triebhafte Störung der Nachtruhe ansprechen, möchte ich niemals mehr aufhören, Nicole auf diese Weise zu ficken.

Nach einer Ewigkeit spritze ich ab. Nass geschwitzt lasse ich mich neben Nicole auf die Matratze fallen.

»Mann, war das geil!«, keucht sie.

»Scheiße, ja!«, entgegne ich atemlos und taste nach dem Schlüssel, um Nicole alsbald von ihren Fesseln zu befreien. Ungeschickt stochere ich in der Dunkelheit an den Schellen herum.

»Mach bitte schnell, meine Handgelenke tun weh«, maunzt Nicole.

»Nur noch eine Sekunde«, erwidere ich, finde endlich das Schloss und drehe den Schlüssel um. Die Schelle öffnet sich nicht. Ich probiere es ein zweites Mal. Wiederum erfolglos. Mit einem höchst unguten Gefühl schalte ich das Licht ein. Sofort bin ich stocknüchtern. »Nicole ... da ist was abgebrochen.«

»Nicht im Ernst!«

»Leider doch«, antworte ich und halte ihr den bartlosen Schlüssel vor die Nase.

»Oh nein, was machen wir denn jetzt?«

»Das kriegen wir schon hin. Ich hab 'nen Bolzenschneider, damit bekomm ich zumindest die Kette durch. Dann gehen wir zu den Bullen und lassen die Schellen öffnen. Das Revier ist ganz in der Nähe.«

Nicole zieht einen Schmollmund. »Warum kommen eigentlich immer die Bullen ins Spiel, wenn wir uns treffen?«

Nur wenige Minuten später stehen wir vor der Glastür einer winzigen Polizeistation. Im Inneren sehe ich eine Uniformierte einsam hinter einem Tresen sitzen und schlecht gelaunt auf einen Monitor glotzen.

»Du hast mich wundgebumst«, jammert Nicole.

»Sag das lieber nicht dieser ungefickten Krähe da drin«, erwidere ich und rüttele an der Tür.

Kopfschüttelnd schaut mich die Polizistin an und betätigt einen elektronischen Türöffner.

»Tschuldigung, wir hätten da ein Problem«, erkläre ich der Krähe am Tresen und habe das Gefühl, schrecklich zu lallen. Dem Blick der Polizistin kann ich entnehmen, dass es stimmt.

Nicole hebt zur Erklärung ihre Arme in die Höhe.

»Da kann ich auch nichts machen«, knurrt die Uniformierte, »für die alten Teile hab ich keinen Schlüssel.«

Und außerdem bist du noch nie im Leben richtig durchgefickt worden, denke ich. »Trotzdem danke!«

»Wie kann eine Polizistin nur so unfreundlich sein?«, empört sich Nicole vor der Tür, »die wollte uns ja gar nicht helfen!«

»Mach dir keine Sorgen, hier ist 'ne Tanke in der Nähe, da gibt's bestimmt das passende Werkzeug.«

»Die Dinger werden immer enger. Hoffentlich geht das schnell.«

Besorgt sehe ich mir Nicoles knallrote Handgelenke an. »Ja, versprochen, das dauert nicht mehr lang.«

Die Tankstelle hat tatsächlich noch geöffnet. Der Kassierer, nicht älter als achtzehn Jahre alt, strahlt bei seiner Begrüßung über das ganze Gesicht. »Guten Morgen!«

»Ja, äh, guten Morgen«, entgegne ich, »wir haben ein kleines Problem.«

Erneut hebt Nicole ihre Arme: »Aber schick uns bloß nicht zu den Bullen! Da kommen wir nämlich gerade her.«

Der Kassierer scheint uns für Bonnie und Clyde zu halten. »Tut ... tut mir leid«, stottert er kreidebleich, »wir sind keine Werkstatt ... ich würde ja gern ... nur geht das bei uns wirklich nicht.«

Ich hatte es fast geahnt. »Okay, okay, ist schon gut«, erwidere ich entnervt und wende mich gleich wieder von ihm ab.

»Alles Gute für Sie!«, ruft uns das Jüngelchen noch hinterher, während wir die Tankstelle verlassen.

In meiner Wohnung stelle ich überrascht fest, dass es bereits halb sechs morgens ist. »Kannst dich nochmal für einen Moment hinlegen. Ich hol 'nen Freund her, der wird uns garantiert helfen.«

»Bitte beeil dich, ich halt das kaum noch aus!«

Knappe zwanzig Minuten später ist Jens bei mir. Nach kürzester Zeit hat er Nicole von ihrem Elend erlöst. »Endlich mal was Neues«, lacht er, als er sein Werkzeug eingepackt hat.

Verlegen nehme ich die durchgesägten Schellen in die Hand. »Jens, du warst echt die letzte Rettung.«

»Hey, wozu sind Freunde da?«

»Ja, wozu sind Freunde da?«, antworte ich beschämt und blicke auf mein Bett, in dem ich ein halbes Jahr lang seine geliebte Sandra durchgevögelt habe.

***

20:53 Uhr > *Hi Nicole! Gut in Hamburg gelandet?* <
20:58 Uhr > *Ja, hat alles bestens geklappt.* <
21:02 Uhr > *Ich hoffe, du kommst bald nochmal zu Besuch.* <
21:27 Uhr > *Na ja, ganz so bald bestimmt nicht …* <

***

Schlaftrunken watschele ich barfuß durch meine stockdunkle Wohnung und drücke auf die Klinke der Klotür.

»Besetzt!«

»Entschuldigung«, murmele ich, pisse in der Küche ins Spülbecken und watschele zurück ins Schlafzimmer. Beim Einschlummern schwirrt mir noch ein Gedanke durch den Kopf, aber ich bin zu müde, ihn zu verfolgen. *Ich wohne doch alleine hier ...*

Als ich mittags aufwache, bin ich wahrhaftig allein. Karin? Katrin? Katharina? Ich komme einfach nicht mehr auf den Namen meiner nächtlichen Besucherin. Alles war so schnell gegangen. Weil ich im *Bienenstock* kein passendes Opfer gefunden hatte, war ich kurz vor Ladenschluss ins *Betty Ford* getorkelt, hatte mich sturztrunken neben eine Blondine an den Tresen gelehnt, zwei Wodka-Red-Bull bestellt und die Unbekannte gefragt, ob wir die Gläser noch anstandshalber leeren müssten, bevor wir zu mir nach Hause fahren. Sie hatte gelächelt, die Drinks waren unangetastet auf der Theke stehen geblieben, und freundlicherweise hatte sie sogar das Taxi gezahlt.

Auf jeden Fall was mit K, überlege ich, das hatte sie ausdrücklich betont. Kirsten? Katja? Kimberly? Verdammt! Krampfhaft versuche ich mir ihr Gesicht in Erinnerung zu rufen, doch bleibt es stets bei der Hinteransicht eines rhythmisch wippenden, weißblonden Kopfes. Trotzdem bezweifle ich nicht im Geringsten, dass sie absolut fantastisch ausgesehen hat.

Nachdem Nicole aus Hamburg vor zwei Monaten zu Besuch gewesen ist, hat es mich gleich zurück an den Ort unserer ersten Begegnung gezogen. Die einzigartige Mixtur aus Zigarettenqualm, Achselschweiß und Drogeriemarktparfum, in der hunderte von Partysüchtigen völlig besoffen zu unsagbar primitiver Musik abzappeln, schlug mich sofort wieder in ihren magischen Bann. Und in den darauffolgenden Wochen ist es mir immer häufiger gelungen, ohne allzu großen Aufwand irgendeine Braut abzuschleppen. Mittlerweile besteht mein Wochenendprogramm aus nichts anderem mehr.

Meinen Stammplatz habe ich in der oberen Etage. Über Julia, die jedes Wochenende hinter der Theke arbeitet und der Einfachheit halber nur »Ju« gerufen wird, weiß ich, dass sie irgendwann in der Karibik eine Pool-Bar eröffnen möchte, in der ihre Gäste auf steinernen Barhockern im Wasser sitzen. Von mir weiß Ju, dass ich ausschließlich Bier trinke, wenn ich allein an der Theke lehne, aber umgehend zu Wodka-Red-Bull wechsele, wenn ich einer Frau einen Drink ausgebe.

»Hi, Ju!«

»Ach, hallo!«

Sekunden später rutscht ein Bier über den Tresen. Das Glas in der Hand, drehe ich mich mit dem Rücken zur Theke. Obwohl sich mal wieder die aufgedonnertsten Bräute wie Dutzendware im *Bienenstock* tummeln, steht mir wohl eine einsame Nacht bevor. Denn erst gegen fünf Uhr früh habe ich die Frau mit K kennengelernt, und an zwei Tagen hintereinander bin ich beim Aufreißen höchst selten erfolgreich.

Wenn heut Nacht noch was passieren soll, muss ich wohl das engmaschige Netz auswerfen, denke ich nach fast drei Stunden und leere freudlos mein achtes Pils.

»Wollen wir mal zusammen was trinken?«

Überrascht wende ich mich zur Seite. Bei meiner intensiven Analyse des Treibens auf der Tanzfläche hatte ich die Dicke backbords glatt übersehen.

»Ich bin die Nina! Trinken wir nu was?«

Für einen Moment fehlen mir die Worte. Einen so entschlossenen Auftritt hätte ich von einem solchen Moppel nie erwartet.

»Ja, gern!«

»Was magst du denn haben?«, fragt sie schwankend.

»Ich mag eigentlich alles, wo Alkohol drin ist.«

Nina kichert. Sie hat verstanden. Und so dick sie ist, so erleichtert strahlt sie mich an. Denn inmitten der zahllosen aufgetakelten Hühner im *Bienenstock* haben es Dicke besonders schwer. Dabei ist gegen Sex mit Dicken gar nichts einzuwenden. Selbst als Kind konnte ich nicht begreifen, warum Miss Piggy von Kermit ständig eine Abfuhr kassierte. Diese Sau hatte doch die größten Titten des gesamten Muppet-Universums! Aber was versteht schon ein Frosch davon?

Beim Rammeln der dicken Nina frage ich mich, ob dieser Fick womöglich der aufrichtigste der letzten Wochen ist. Nicht ein einziges verlogenes Kompliment musste ich meiner korpulenten Sexpartnerin in ihre Schweinsohren flöten, damit sie mein Bumsangebot annimmt. Dicke sind so dankbar, überlege ich und verkralle mich noch fester in ihrer speckigen Hüfte, Dicke sind so wunderbar einfach!

Der nächste Morgen ist jedoch gerade bei Dicken besonders deprimierend. Die alkoholbedingten Wahrnehmungsstörungen, gepaart mit dem spätestens gegen drei Uhr morgens einsetzenden Zeitdruck, lassen ohnehin jede Frau im Discolicht wie eine Liebesgöttin aussehen. Und war ich bereits in der Nacht nicht einhundertprozentig überzeugt, dass eine umwerfende Schönheit vor mir steht, dann ist der Schock am nächsten Tag vorprogrammiert. Leider macht auch die dicke Nina keine Ausnahme. Sie ist fürwahr alles andere als tageslichttauglich. Ich komme mir vor wie die Perle vor der Sau.

»Wo ist denn das Klo?«

Blöde Frage, denke ich. »Hinter der einzigen Tür, die nicht offen steht.«

Nina rollt sich aus meinem Bett und verschwindet im Badezimmer.

Hoffentlich macht sie's sich hier nicht gemütlich, überlege ich und betrachte meine Nachttischlampe, die zerbrochen neben dem Bett liegt. Mit ihren ungelenken koitalen Bewegungen hat es die dicke Nina tatsächlich geschafft, sie von meinem Nachtschränkchen zu fegen, ohne es auch nur zu bemerken.

Nach einigen Minuten stampft sie zurück ins Schlafzimmer. »Ich muss kurz meine Mitbewohnerin anrufen, sonst macht die sich Sorgen«, erklärt sie und holt ihr Handy aus der Handtasche.

Während sie mit der Rechten die Nummer wählt, streichelt sie mir mit der Linken die Brust. Ihre Berührungen ekeln mich an.

»Mailbox«, flüstert sie, um gleich darauf übertrieben laut ihre Nachricht zu hinterlassen: »Hallo Kamilla, ich hab bei 'nem Freund übernachtet und bin gegen zwölf zu Hause. Bis nachher!«

Mit einem Mal sitze ich aufrecht im Bett. »Kamilla? Ist die zufällig weißblond?«

Nina sieht mich entsetzt an. »Hast du die etwa auch gefickt?«

»Wie kommst du denn darauf?«

»Jeder, der Kamilla kennt, hat sie gefickt!« Hektisch macht sich die dicke Nina daran, ihre auf dem Schlafzimmerboden verstreut liegenden Klamotten anzuziehen. »Da mache ich *ein Mal* so was, und dann gerate ich ausgerechnet an jemanden, der meine Mitbewohnerin gefickt hat. Aber ist ja auch kein Wunder. Wahrscheinlich lässt sich in der gesamten Stadt kein Kerl mehr finden, der Kamilla noch nicht gefickt hat!«

»Diese Kamilla, die schreibt sich doch mit K, richtig?«

»Frag mich nach ihrer Telefonnummer, und ich hau dir eine rein!«

Da hab ich ja nochmal Glück gehabt, denke ich. Denn das wäre in der Tat meine nächste Frage gewesen.

***

Eine Woche lang habe ich mich nicht rasiert. Weil ich in den vergangenen Tagen mehr Akten als üblich bearbeiten musste, hab ich meine Wohnung nur verlassen, um an einer Pommesbude etwas zu essen. Und den Pommesbuden-Besitzern ist es merklich gleichgültig. Sie sind immer unfreundlich, egal ob ich rasiert bin oder nicht.

Nun stehe ich vor meinem Badezimmerspiegel, um endlich die langen Bartstoppeln loszuwerden. Vier Flaschen Bier habe ich mir bereits gegönnt, und in meiner guten Laune spare ich bei der Rasur die Oberlippe aus. Eigentlich ganz cool, so 'n Schnurrbart, überlege ich, irgendwas zwischen Tom Selleck und Burt Reynolds. Flugs rasiere ich rechts und links ein Stück ab. Charlie Chaplin. Vergnügt kämme ich meine nassen Haare zum Seitenscheitel. Hitler vor der Machtergreifung, denke ich und ziehe ein paar grimmige Fratzen. Jetzt dürfte ich bloß nicht an einem Herzinfarkt sterben! Auf meiner Beerdigung würde die gesamte Verwandtschaft am offenen Sarg vorbeidefilieren, um völlig bestürzt in mein Hitlergesicht zu schauen. Und Tante Gisela aus Münster, sonst stets das Opfer der Lästereien meiner Mutter, würde sich von allen Kondolierenden vermutlich am meisten aufregen. Eilig entferne ich meine diabolischen Führer-Borsten und mache mich auf den Weg in die Innenstadt.

Im *Betty Ford* genehmige ich mir ein weiteres Bier, da zupft unversehens jemand von der Seite an meiner Jacke. »Hey, kannst du dich noch an mich erinnern?«

Das kann ich definitiv nicht. Zwar machen ihre hellblonden Haare sie auf den ersten Blick recht sympathisch, doch mein Versuch, etwas Vertrautes in ihrem Gesicht zu entdecken, bleibt erfolglos. »Äh, woher kennen wir uns denn?«

»Von Mikes Wohnungseinweihung!«

»Ach ja, da war ich allerdings nur kurz.«

»Hab ich gemerkt. Mikes neue Wohnung ist wirklich toll, oder?«

»Toll, ja. Und woher kennst du Mike?«

»Aus dem Büro. Wir sind Arbeitskollegen.«

»Verstehe«, entgegne ich und komme bei genauerer Betrachtung meines Gegenübers zu dem Ergebnis, dass sie wahrhaftig der Kategorie der *Arbeitskolleginnen* zuzuordnen ist. Denn Arbeitskolleginnen sind nie der Renner. Im Gegensatz zu *Praktikantinnen*, die so gut wie immer geil aussehen, sind Arbeitskolleginnen meist ziemlich uncool, etwas zu alt und oftmals sogar

Brillenträgerinnen. Normale Menschen haben ohnehin nur mit ihnen zu tun, weil sie rein zufällig Arbeitskolleginnen sind. Ebenso wie die Angehörigen der Kategorie *Mitbewohnerinnen* sind sie allesamt chronisch untervögelt und total verklemmt, aber sobald sie was gesoffen haben, furchtbar aufdringlich. Und das Exemplar vor mir hat offenbar schon so Einiges getankt. Unaufgefordert brabbelt sie über ihren Job, der mir unglaublicherweise noch langweiliger erscheint als mein eigener, und rückt bei jedem Satz näher an mich heran. Schließlich lässt sie sich plump in mich hineinfallen, hält sich schrill lachend an meinen Armen fest. Unwillkürlich erwidere ich ihre Umarmung, und prompt kreist ihre schleimige Zunge in meinem Mund.

Doch es kommt noch schlimmer. »Lass uns tanzen!«, ruft die Arbeitskollegin euphorisch, »das Lied ist sooo schön!«

Mit eisernem Griff zieht sie mich durch das Gedränge, und unvermittelt finde ich mich auf der Tanzfläche wieder, eng umschlungen mit ihr zu irgendeiner Idioten-Musik schwofend.

»Entschuldige bitte«, schreie ich ihr ins Ohr und löse mich aus der Umklammerung, »ich geh mal kurz aufs Klo!«

»Ja, mach das! Ich warte hier.«

»Bis später«, entgegne ich, schiebe mich Richtung Toilette, biege im letzten Moment zum Ausgang ab und flüchte in den *Bienenstock*.

Ju stellt mir sofort ein Bier auf den Tresen. Ich drehe mich um und begutachte die Lage. Hier wird sich garantiert was Besseres finden als die Arbeitskollegin, überlege ich und kippe das Glas auf ex runter. Glücklicherweise scheint es einer dieser seltenen Abende zu sein, an denen ich problemlos zwanzig Drinks nehmen kann, ohne völlig besoffen zu werden. Und die heitere Stimmung zwischen absoluter Nüchternheit und komplettem Vollsuff ist die beste Voraussetzung für eine erfolgreiche Jagd. Wenn sich dieser hilfreiche Zustand auch noch mit dem

Aufreiß-Zeitfenster des *Bienenstocks* deckt, ist das Optimum erreicht. Wer unter diesen perfekten Bedingungen keine Begleitung für die Nacht findet, bekommt selbst im Puff keine Frau ab, da bin ich mir sicher.

Das Fenster der unbegrenzten Möglichkeiten öffnet sich für gewöhnlich gegen ein Uhr. Um diese Zeit sind alle Suchenden vor Ort. Es wird sondiert und abgecheckt. Dann muss man sich entscheiden und in die Offensive gehen. Innerhalb der ersten Stunde abzublitzen, ist kein Fiasko. Es bleibt ja noch eine zweite. Doch gegen drei schließt sich das Fenster gnadenlos. Wer dann nichts hat, der muss allein nach Haus. Allenfalls lässt sich gegen fünf nochmal was machen, denn kurz vor Ladenschluss öffnet sich das Zeitfenster ein letztes Mal, doch bloß auf Kipp. Dann gehen die wenigen Übriggebliebenen aufs Ganze. Allerdings sollte man darauf besser nicht spekulieren. Die sehen nämlich schon vor dem Sex richtig scheiße aus.

Nach einem halben Dutzend weiterer Biere werfe ich meine gesamte Theorie über den Haufen. Trotz unwiderleglicher Kongruenz sämtlicher notwendiger Konditionen stehe ich als Verlierer da. Alles Schwachsinn, denke ich und berechne die mathematische Wahrscheinlichkeit, überhaupt noch zum Zuge zu kommen. Von den etwa hundert Bräuten, die mir im *Bienenstock* gefallen, würden sich mit Sicherheit fünfzig von mir auf einen Drink einladen lassen. Doch von diesen fünfzig wären vermutlich höchstens zehn dazu bereit, mit mir rumzuknutschen. Und von diesen zehn würden sich vielleicht ganze zwei für zwanglosen Sex zur Verfügung stellen. Unter Berücksichtigung der Heisenbergschen Unschärferelation komme ich zu dem Ergebnis, dass die Chance, auf Anhieb eine der willigen Zwei zu erwischen, praktisch bei null liegt. Frustriert wende ich mich zur Theke und gucke Ju an. »Siehst echt geil aus, Baby!«

»Schön, dass dir das mal auffällt«, lacht sie, »drehst mir ja sonst immer den Rücken zu.«

»Wann hast du eigentlich Feierabend?«, lalle ich und blicke ihr tief in die Augen.

Ju bekommt einen Lachanfall. »Glaubst hoffentlich nicht, du kannst bei mir landen, nur weil du hier beim Resteficken nichts auf die Kette kriegst. Geh mal lieber nach Hause und nimm 'ne kalte Dusche!«

Sie ist ungeheuer clever, denke ich, sie hat mich ganz und gar durchschaut. »Dann mach ich mich mal auf den Weg. Bis nächste Woche!«

»Ja, bis dahin!«

Torkelnd verlasse ich den *Bienenstock* und atme tief durch. Das war wohl nichts, überlege ich, aber eine letzte Möglichkeit gibt es ja noch: Die Arbeitskollegin im *Betty Ford*! Allerdings sind seit meiner Flucht mehr als drei Stunden vergangen, und irgendwie hab ich das Gefühl, mein Ich-geh-mal-kurz-aufs-Klo-Spruch könnte doch nicht so eine glänzende Idee gewesen sein. Zudem hab ich längst ihr Gesicht vergessen. Aber schließlich hat sie versprochen, auf mich zu warten.

Im *Betty Ford* halte ich verzweifelt Ausschau nach den hellblonden Haaren. Ich fühle mich wie in einem Atombunker. Wer drin ist, ist drin. Hoffnung auf neue Gäste gibt es nicht, keine andere Kneipe hat zu dieser Uhrzeit noch geöffnet. Es ist ernüchternd. Alternativlos.

Plötzlich spricht mich ein blonder Haarschopf an: »Hi! Ich dacht schon, wir sehen uns gar nicht mehr wieder.«

»Äh, hatte zu tun. Also, ich würd gern bei mir zu Hause noch was mit dir trinken ...«

»Klar!«, lacht sie und hakt sich bei mir unter.

Nachdem sie das Taxi zu meiner Wohnung bezahlt hat, wanke ich mit meiner Begleiterin in mein stockdunkles Schlafzimmer.

»Machst du mal das Licht an?«, fragt sie, »ich krieg im Dustern die Stiefel nicht aufgeschnürt.«

»Sicher«, erwidere ich und knipse meine Nachttischleuchte ein.

»Oh, die Lampe ist ja neu!«

Ich bin starr vor Schreck. Mikes Arbeitskollegin kann unmöglich wissen, dass ich erst kürzlich eine neue Lampe gekauft habe. Auf meinem Bett sitzt offenbar eine völlig andere! Und als sei das an Verwechslung nicht genug, schleppe ich die Braut sogar zum zweiten Mal ab! Wortlos sehe ich mir die Unbekannte von oben bis unten an.

»Stimmt was nicht?«, fragt sie lächelnd.

Erst jetzt fällt bei mir der Groschen. »Nein, nein, alles in Ordnung«, entgegne ich und schalte das Licht wieder aus. »Lass die Stiefel einfach an, Kamilla!«

VII.

Schlechte Gesellschaft

»Steh auf, Junge! Der Krieg hat angefangen!«

Erschrocken fuhr ich hoch. Was denn für ein Scheißkrieg, dachte ich. Etwa bei uns? Nur einen Augenblick später wurde mir klar, was der Hintergrund dieser so dramatisch vorgetragenen Mitteilung meines Vaters war: Resolution 678. Die Vereinten Nationen hatten Saddam Hussein bis zum 15. Januar Zeit gegeben, seine Truppen aus dem besetzten Kuwait abzuziehen. Vor 24 Stunden war das Ultimatum abgelaufen, und alle Welt hatte sich schon ungeduldig gefragt, wann die letzte Schlacht zwischen Gut und Böse denn endlich losginge.

Zu meiner Überraschung frühstückten meine Eltern nicht in der Küche, sondern im Wohnzimmer, direkt vor der Glotze. Ich konnte es kaum fassen. *Frühstücksfernsehen.* Das hatte es bisher nur bei den Olympischen Spielen gegeben. Gebannt saß mein Vater vor der Mattscheibe und starrte auf die unscharfen grünen Bilder des nächtlichen Bagdad. Wie Perlenketten zogen sich die Leuchtspurgeschosse der irakischen Flugabwehr in den Himmel, untermalt von einer betont öffentlich-rechtlichen Kommentatorenstimme. Im Augenwinkel sah ich Marianne lächelnd Hermanns Kaffeetasse auffüllen, als scheinbar lautlos eine weitere Bombe einschlug, mitten in der Hauptstadt des Diktators, der nach Ansicht meines Vaters die schlimmste Geißel der Menschheit seit Adolf Hitler war. Scheiße, dachte ich, und ich muss in die Schule!

Eine halbe Stunde danach sprang ich aus dem Bus, rannte die große Treppe zum Gymnasium hinauf und hielt Ausschau nach Mike. Weder fand ich ihn im Aufenthaltsraum noch auf dem kleinen Hinterhof, wo er gelegentlich heimlich rauchte. Verdrossen machte ich mich auf den Weg zum Musiksaal. Noch nie war ich gern zur Schule gegangen - aber für ganz besonders unsinnig hielt ich diese lästige Pflicht, wenn gerade Weltgeschichte passierte. Und nachdem bereits der Fall der Berliner Mauer nebst Wiedervereinigung von sämtlichen Lehrern strikt ignoriert worden war, würde ihnen der erste richtige Krieg, der zu unseren Lebzeiten ausbrach, wohl auch keiner Erwähnung wert sein.

Selbst der Musikunterricht stand den anderen Fächern an Absurdität in nichts nach. Quälend lange fünfundvierzig Minuten würde sich unser greiser Musiklehrer, Herr *Morgenschweis*, wieder einmal bemühen, jedem seiner wehrlosen Opfer den letzten Rest des möglicherweise verbliebenen Interesses an diesem Thema endgültig auszutreiben. Morgenschweis, die wahre Geißel der Menschheit, dachte ich, als mir Oliver entgegenschlurfte.

Ich wollte – wie ich es immer tat, wenn mir Oliver über den Weg lief – lediglich grüßend an ihm vorübergehen. Denn jegliche Begegnung mit ihm verunsicherte mich zutiefst. Als wir noch Kinder gewesen waren, hatte Olli nur zwei Häuser entfernt gewohnt. Jede freie Sekunde hatten wir gemeinsam verbracht, bis er eines Tages mit seiner Familie fortgezogen war, ohne ein einziges Wort des Abschieds. Und plötzlich, erst wenige Wochen war es her, da tauchte er als neuer Schüler in meinem Gymnasium auf und besuchte die 11. Jahrgangsstufe, obwohl er eigentlich bei mir in der 12. hätte sein müssen. Anders als früher trug Oliver langes Haar, aus dem rechts und links seine mit Ringen durchstochenen, abstehenden Ohren hinauslugten, die ihn schon als Kind ziemlich lustig hatten aussehen lassen. Auch an beinahe jedem seiner Finger steckte ein Ring, und Ollis Jeans hatten die Grenze von verschlissen zu zerfetzt längst überschritten. Dummerweise hatte ich den Zeitpunkt, an dem ich ihn wegen unseres überraschenden Wiedersehens freudig hätte umarmen sollen, irgendwie verpasst. Also nickte ich Oliver im Vorbeigehen nur beiläufig zu.

Anstatt einfach zurückzunicken, hielt Olli mich am Arm fest. »Hast du nach der Schule noch Zeit, oder musst du nach Hause?«, fragte er beinahe wispernd.

Darüber brauchte ich nicht lange nachzudenken. »Klar hab ich Zeit. Was hast du denn vor?«

Oliver schaute mich geheimnisvoll an. »Wirst du dann sehen«, flüsterte er, ließ meinen Arm los und schlurfte weiter.

Für einen Moment blieb ich noch stehen und sah Olli hinterher. Was der wohl von mir will, überlegte ich. Doch wie lange sein mysteriöses Vorhaben auch immer dauern sollte, spielte tatsächlich keine Rolle. Denn seit meine Mutter stolze Besitzerin eines Mikrowellenherdes war, stand nach dem Schultag nicht mehr Marianne kochend am Herd, sondern das vorgekochte Essen auf dem Tisch der verwaisten Küche. Deckel drauf, rein in die Mikro, dann den 600-Watt-Knopf drücken. Dabei war die Uhrzeit wirklich nicht so wichtig.

Den ganzen langweiligen Schultag machte ich mir Gedanken, was Oliver wohl im Sinn hatte. Beinahe zehn Jahre hatten wir nicht miteinander gesprochen, und inzwischen beschlich mich das eigenartige Gefühl, dass uns die gemeinsame Vergangenheit eher trennte als verband. Die kindischen Abenteuer, die wir damals zusammen erlebt hatten, waren zumindest mir nun etwas peinlich.

Nachdem ich die letzte der nervtötenden Unterrichtsstunden hinter mich gebracht hatte und die verhasste Schule verließ, wartete Oliver an der großen Treppe auf mich.

»Lass uns erstmal einkaufen gehen.«

Ich hatte keine Ahnung, was Oliver besorgen wollte, doch unsere erste Verabredung seit Kindertagen erschien mir derart befremdlich, dass ich seinen Plan nicht gleich hinterfragen wollte. »Okay.«

Im nächstgelegenen miniMAL nahm Oliver zwei Sixpacks Bier aus einem Regal. In meinem gesamten Leben hatte ich noch keinen Alkohol getrunken, und so hoffte ich, Olli würde dies jetzt nicht von mir erwarten. Vor der Tür gab er mir eines der Sechserpacks in die Hand. »Besser, du hast was für die anderen dabei.«

So langsam nahm die Angelegenheit groteske Züge an. Noch immer ließ mich Oliver vollkommen im Ungewissen, aber merkwürdigerweise vermittelte mir die Selbstverständlichkeit, mit der er schweigend die Richtung unseres Weges vorgab, den Eindruck, er wüsste ganz genau, was zu tun war - und überdies, was für mich das Beste sei.

Erst als Oliver wieder das Schulgebäude ansteuerte, kamen mir ernsthafte Bedenken. Keine zwanzig Minuten zuvor war ich diesem missliebigen Bau entronnen, und nun liefen wir erneut geradewegs darauf zu. Statt die große Treppe zum Eingang hinaufzugehen, nahm Olli Kurs auf den Fahrradkeller. Wir durchqueren mehrere von vergilbten Leuchtstoffröhren leidlich erhellte Räume, bis wir schließlich eine massive Eisentür erreichten. Oliver kramte einen Schlüssel aus der Tasche.

»Willkommen in der Unterwelt«, lächelte er, als er das Schloss geöffnet und das Licht angeknipst hatte.

»Danke«, erwiderte ich unsicher und sah mir an, welch unheimlicher Ort das Ziel unseres Weges gewesen war. Dicker roter Teppichboden bedeckte ein riesiges Zimmer, dessen Wände vollständig mit leeren Eierkartons zugepflastert waren. Auf der einen Seite des Raumes standen abgewetzte Couches und Sessel, auf der anderen waren diverse Musikinstrumente aufgebaut, hinter denen ein Bettlaken mit dem rätselhaften Schriftzug *Wiseman Skiff* ans Mauerwerk genagelt war.

»Sieht nach nix aus, das Teil, aber die CX-3 klingt wie 'ne echte Hammond«, erklärte Oliver, während er hinter einem Keyboard Platz nahm.

»Aha …«

Olli hantierte an ein paar Reglern herum. »Der Musikunterricht hier ist nicht besonders aufregend, hm?«

»Ja, Musik ist scheiße.«

»Dann warte mal ab«, lachte Oliver und griff in die Tasten.

Fasziniert sah ich seine flinken Finger über das Keyboard wirbeln, dabei eine Melodie erzeugen, die sich dermaßen nach guter Laune anhörte, dass mein Kopf unwillkürlich zum Takt nickte und mich gar nicht bemerken ließ, dass sich hinter mir abermals die Tür geöffnet hatte.

»Hey, geht's schon los?«

Erschrocken drehte ich mich um. Vor mir stand ein langhaariger Typ in ausgewaschenen Jeansklamotten, eine erloschene Zigarettenkippe im Mund.

Grinsend reichte er mir die Hand. »Hi, ich bin Alexander. Haste noch 'n Bier übrig?«

***

Das seltsame Kellerzimmer entpuppte sich als Proberaum unserer Schulband. Gleich nach seinem Wechsel auf mein Gymnasium hatte Oliver den Direktor offiziell um Erlaubnis gebeten, eine Räumlichkeit zum Musizieren nutzen zu dürfen. Olli hatte sofort die Zusage und den entsprechenden Schlüssel erhalten, doch hatte sich trotz intensivster Suche auf unserer Schule kein Mensch finden lassen, der bereit gewesen wäre, mit ihm in einer Rockformation zu spielen. Also hatte Oliver kurzerhand mit dreien seiner Freunde eine Band gegründet: Für Gesang und Gitarre war Frank zuständig, der von den anderen nur *der Grüne* genannt wurde. Den Bass spielte Steve. Der hieß eigentlich Stefan. Der echte Name des fetten Schlagzeugers verblieb im Geheimen, er hörte auf den Spitznamen Fix. Und gemeinsam mit Oliver waren sie *Wiseman Skiff*.

Dass sich der Schulleiter jemals nach der Entwicklung des Bandprojektes erkundigen würde, war glücklicherweise nicht zu erwarten. Denn jede Form von »Unterhaltungsmusik« war ihm ebenso gleichgültig wie dem alten Morgenschweis. Aber das war gut so. Vielleicht hätte man dem Direktor noch erklären können, warum die Schulband zu drei Vierteln aus Musikern bestand, die mit unserer Schule gar nichts zu tun hatten. Höchst problematisch wäre es hingegen gewesen, ihm begreiflich zu machen, was die ganzen Leute im Schulkeller zu suchen hatten, die nicht einmal zur Band gehörten. Und das waren so einige. Auf den Couches und Sesseln vor der Bühne lümmelte sich ständig ein gutes Dutzend weiterer Typen, die permanent rauchten, soffen, kifften und lachten.

Und schon am Abend des ersten Tages, den ich in der Unterwelt verbrachte, bemerkte ich etwas vollkommen Unerwartetes. Nicht nur etwas zuvor absolut Unvorstellbares, sondern etwas ganz und gar Unerhörtes. Ich spürte es mit jeder Faser meines Körpers: Hier war ich zu Hause! Hier wollte ich für immer bleiben!

Tag für Tag stieg ich fortan nach dem Unterricht in das magische Universum des Proberaums hinab. Der Keller erschien mir wie der Himmel, direkt unter der Hölle, die in Form des Schulgebäudes millionentonnenschwer über unseren Köpfen lastete. Zu beobachten, wie *Wiseman Skiff* probten, wie Frank sich in Trance sang, dabei manchmal nach hinten wegkippte, nicht aufhörend, seine Stratocaster zu malträtieren, war mit Abstand die großartigste Erfahrung, die es im Leben zu machen galt. Und die Geschichten von Alexander, der bereits auf einer Million Partys gewesen sein musste, und der so lange wie ein Wasserfall quasselte, bis er irgendwann derart besoffen war, dass er während des Redens einfach einpennte, galten mir als göttliche Offenbarung.

Ich hatte den Sinn meines Daseins gefunden: *Rock'n'Roll!* Diese brillante Musik, von niveaulosen Barbaren auf dem Altar des Pop geopfert, hatte die Jahrzehnte unbemerkt in der Dunkelheit des Schulkellers überdauert. *Rock'n'Roll!* Dieses einzigartige Lebensgefühl, in der Außenwelt unwiederbringlich von Bergen gesellschaftlicher Zwänge erdrückt, hatte nur darauf gewartet, von uns wieder zum Leben erweckt zu werden. Wir vergötterten die Doors, die Stones, Dylan, Hendrix und Chuck Berry, während man in der Welt da draußen solch lächerlichen Götzen wie Milli Vanilli, Londonbeat, MC Hammer oder Snap! huldigte (ausgenommen unseres Musiklehrers Morgenschweis natürlich, dem selbst Popmusik total unbekannt war, und der stattdessen ständig über die allzu moderne Jazz-Musik schimpfte, wobei er das Wort Jazz auch noch in lupenreinem nazi-deutsch aussprach: Jatz!).

Standesgemäß feierten wir unsere Helden jeden Nachmittag mit Hektolitern Dosenbier, bis allabendlich ein Typ namens Anton auftauchte. Ich schätzte Anton auf höchstens sechzehn, und mit seiner knabenhaften Gestalt, seinem dunklen Teint und seinem schwarzen Haar sah er aus wie einer jener italienischen Jungen, die in unseren Familien-Urlauben an der Adria immer versuchten, sich mit mir anzufreunden, von meinem Vater aber augenblicklich verscheucht wurden, weil sie mich ja sowieso nur bestehlen wollten.

Anton, der von den anderen *Montana* gerufen wurde, war für den fortwährenden Gras-Nachschub verantwortlich. Stets erschien er pünktlich um 19:00 Uhr in der Unterwelt, die Taschen voll mit feinstem *Super Skunk*, einer – wie Anton mir erklärte – brandneuen Erfindung unserer holländischen Nachbarn, gezüchtet aus feminisierten Hybrid-Samen, die – völlig zu Recht, wie Anton meinte – bei der letzten Verleihung des *Cannabis Cup* in Amsterdam mit großem Abstand den ersten Platz gemacht hatte.

Allerdings hatte ich mit Oliver, dem ich mein neues Leben verdankte, noch immer nicht das Gespräch geführt, das ich für so dringend nötig hielt. Nie redete er von dem, was war. Selbst in den großen Pausen, die wir meist etwas abseits vom Schulhof verbrachten, erklärte er mir zwar geduldig alles, was ich rund um *Wiseman Skiff* wissen wollte, ohne jedoch mit einem einzigen Wort unsere gemeinsame Vergangenheit zu erwähnen.

»Habt ihr mal überlegt, eigene Lieder zu schreiben?«, fragte ich ihn, als wir ein paar Meter vom Schulgelände wegschlenderten.

»Na ja«, lachte Oliver, »der Grüne hat's mal probiert. Über die Titelzeile ist er aber nicht hinausgekommen: *Bring me the head of Yoko Ono!*«

Was daran witzig sein sollte, blieb mir leider verborgen. »Wieso heißt Frank bei euch eigentlich *der Grüne*?«

Olli zuckte mit den Achseln. »So heißt er halt: Frank Grüne.«

»Oh. Und was ist mit Steve los? Ich meine, er ist echt cool. Nur labert er ziemlich wenig.«

»Das ist bei Bassisten immer so. Je weniger der Basser quatscht, desto besser spielt er.«

»Aha. Und warum trinkt er nie was? Steve ist ja der einzige in der Unterwelt, der nicht säuft. Und kiffen hab ich ihn auch noch nie sehen.«

»Steve ist *Straight Edge*, raucht nicht mal Kippen. Hab da riesigen Respekt vor. Und wenn Steve so viel schlucken würde wie sein Bruder, dann könnten wir uns ja gleich 'nen neuen Basser suchen.«

»Wie? Welcher Bruder?«

»Wusstest du das nicht? Steve und Alex sind Geschwister.«

Ich konnte es kaum glauben. Niemals zuvor hatte ich zwei so unterschiedliche Brüder gesehen – abgesehen von Fabian und mir. Keine Sekunde meines Lebens würde ich freiwillig mit meinem dämlichen Bruder verschwenden, dachte ich, als Oliver unvermittelt das Thema anschnitt, auf das ich so lange gewartet hatte.

»Sag mal ... Hattest du damals mitbekommen, *warum* wir weggezogen sind?«

Das war der Punkt. Seit dem Tag unseres Wiedersehens hatte diese Frage wie eine unsichtbare Mauer zwischen uns gestanden. Als sich Olivers Familie seinerzeit in Luft aufgelöst hatte, war meine Welt zusammengebrochen. Und kein Mensch hatte auch nur den Hauch einer Ahnung gehabt, wohin er mit seiner Familie gegangen war.

Angespannt zog ich an meiner Lucky Strike. »Was war denn passiert?«

»Meine Eltern hatten sich getrennt.«

»Was? Die sind doch noch 'nen härteren Religions-Film gefahren als meine!«

»Nein, nein«, lachte Oliver bitter, »das war nur meine Mutter. Mein Vater fand das schon immer reichlich übertrieben. Irgendwann hat er's einfach nicht mehr ausgehalten. Meine Schwestern sind dann bei meiner Mutter geblieben, und ich bin mit meinem Vater in die Stadt gezogen.«

»Aha. Wo wohnst du jetzt überhaupt?«

Oliver deutete auf zwei Reihen von Hochhäusern, die in wenigen Kilometern Entfernung lieblos in einen Hügel gestampft worden waren. »Ganz links, in dem wohnen wir. Elfter Stock, Alex und Steve nur zwei Etagen drunter.« Ollis Finger wanderte ein paar Millimeter nach rechts. »Im dritten Turm, da wohnt der Grüne mit seiner Mutter. Sein Alter steckt in irgend'ner Klinik. Hat dem Grünen immer auf die Fresse gehauen, als der noch klein war. Scheiß-Alki, eben. Mit sechzehn hat Frank dann mal zurückgeschlagen. Seitdem isser weg, der Schweinehund. Ach ja, Fix wohnt mit seiner Freundin direkt gegenüber. Im Prinzip kommen alle Jungs, die in der Unterwelt rumhängen, aus der Siedlung.«

Mir rann ein Schauer über den Rücken. Die Harbig-Siedlung! Noch niemals im Leben war ich dort gewesen. Aber jedermann wusste, dass es ein Asozialen-Viertel war. Im Grunde das einzige Asozialen-Viertel unserer Stadt. Kein Mensch, der bei klarem Verstand war, hätte sich unbewaffnet in die Siedlung gewagt! Wortlos starrte ich auf die düsteren Wohnsilos, die ich erst jetzt als die fauligen Zähne des auf die Stadt hinabgrinsenden Ghetto-Mauls erkannte, das meine neuen Freunde tagtäglich in die stickige Atmosphäre der Unterwelt rotzte. »Wohnt Anton auch da?«

»Nein, Montana hat 'ne Wohnung hier in der Nähe.«

»Eine eigene Wohnung? Anton? Wie alt ist er denn?«

Lustlos schnippte Olli seine Zigarette weg. »Montana ist der Älteste von uns, sieht nur so jung aus. Dabei ist er schon dreiundzwanzig.« Olivers Blick wurde ungewohnt finster. »Verdammtes Heroin. Davon ist er wohl in seiner körperlichen Entwicklung stehengeblieben.«

Ich spürte einen Kloß im Hals. *Heroin*! Das war die schlimmste Droge, die es auf dieser Welt gab! Das wusste ich spätestens, seit meine Eltern mir verboten hatten, *Christiane F. – Wir Kinder vom Bahnhof Zoo* anzuschauen. Bislang hatte ich es schlichtweg für unmöglich gehalten, jemals einem Menschen zu begegnen, der dieses Teufelszeug nahm. Und nun ausgerechnet Anton! Das Läuten des Pausengongs setzte meinem Schock vorläufig ein Ende. »Ich kann Anton echt gut leiden«, sagte ich leise.

»Ja«, erwiderte Oliver, »ich weiß. Und glaub mir, er mag dich auch.«

»Könnte man nicht mal bei ihm vorbeischauen?«, fragte ich, schnippte nebenbei auch meine Kippe weg.

»Das ginge«, antwortete Olli und sah mir tief in die Augen. »Aber da gehen wir beide zusammen hin!«

***

Es war ein Samstagnachmittag, an dem wir Anton besuchten. Seine Wohnung bestand aus zwei Räumen, wobei das Schlafzimmer mit einem Bett und einem Kleiderschrank, für den es offenbar keine Türen mehr gab, recht spärlich eingerichtet war. Antons Wohnzimmer war ebenfalls mit keinerlei überflüssigen Möbeln zugestellt. Außer einer Sitzecke, in der Anton und Oliver Platz nahmen, fand sich dort lediglich ein Tapeziertisch mit zwei Plattenspielern sowie ein zurechtgezimmertes Regal, das vermutlich eine vollständige Sammlung aller entscheidenden Alben der jüngeren Musikgeschichte beherbergte.

Mit geneigtem Kopf las ich die viel zu klein gedruckten Buchstaben auf den Außenseiten der Plattencover, konnte allerdings bestenfalls mit jedem zweiten Namen etwas anfangen: Stevie Ray Vaughan, Janis Joplin, Van Morrison, Johnny Cash, J.J. Cale, B.B. King und so weiter und so weiter. Gern hätte ich Anton nach sämtlichen mir unbekannten Sängern befragt, wollte meine Unwissenheit jedoch nicht allzu offensichtlich zur Schau stellen. »Wer ist denn dieser J.J.-Cale-Typ nochmal?«

»Der hat *Cocaine* geschrieben. Die Meisten kennen's nur in der Clapton-Version, genau wie *After Midnight*. Kannste gern mal auflegen. Oder irgendwas anderes.«

Ich war vollkommen baff. Allein die Möglichkeit, in Antons ehrfurchtgebietender Sammlung herumzustöbern, erschien mir der Ehre genug. Die Erlaubnis, seine Platten sogar abzuspielen, kam mir einem Ritterschlag gleich. »Danke, Mann«, entgegnete ich und entschied mich für Creedence Clearwater Revival.

»Gute Wahl«, rief Anton von der Couch herüber, während er zum Takt von *Suzie Q* kopfnickend mit Oliver Gras abwog, um es sodann in handelsübliche Portionen umzupacken. Mit einem Mal wurde Antons Blick unerwartet düster, und das Kopfnicken endete jäh. »Diese Scheiß-Popmusik, die in den Charts läuft«, knurrte er, »die geht mir voll auf den Sack!«

»Warum denn?«

»Bei Popmusik geht's immer nur um Liebe. Hast du mal Roxette gehört? Totaler Scheiß! Liebe, Liebe, nichts als Liebe!«

»Klar, Roxette ist Scheiße.«

»Ganz genau! Scheiß-Popmusik! Da ist der Blues schon was anderes!«

»Sicher, sicher. Nur ... geht's im Blues nicht auch meistens um Liebe?«

»Nein Mann, im Blues geht's doch nicht um Liebe! Es geht um Leben und Tod, verstehst du? *Leben und Tod*!«

»Hm... «

»Weißt du, was ich trotzdem glaube?«

»Was denn?«

»Ich glaube, kein Mensch kann ohne Musik leben. Selbst, wenn's diese Scheiß-Popmusik ist.«

»Ja, ich denke auch, dass Musik wichtig ist«, erwiderte ich und betrachtete auf einem Beatles-Cover einen Haufen Leute, von denen ich allerdings nur Dick & Doof erkannte.

»Mann, ich meine nicht *irgendwie* wichtig, sondern *lebenswichtig*.« Anton überließ nun Oliver die Gras-Arbeit, weil er seine Hände viel dringender zum Gestikulieren benötigte. »Ich sage dir, wenn von einer Sekunde zur anderen jegliche Musik abgeschaltet würde, dann gingen alle Menschen elendig zugrunde. Stell dir das mal vor! Keine Konzerte, keine Tapes, keine Platten. Und keine Lieder im Radio. Nicht mal Filmmusik. Das wäre der Tod unserer gesamten Spezies!«

»Ja, nur ... meine Eltern, zum Beispiel, die hören gar keine Musik.«

»Was?« Anton saß für einen Moment regungslos da. »Dann ist ja meine komplette Theorie im Arsch!«

»Nein, nein, Anton«, entgegnete ich nachdenklich, »ich glaub, da hast du absolut recht. Kommst du eigentlich nachher mit auf die Party?«

»Klar komm ich mit«, grinste Anton, »darf ich mir doch nicht entgehen lassen: Der tolle Mike an den Turntables.«

Ich hätte mir denken können, dass Anton von Mike gehört hatte. Schließlich war Mike das bekannteste Bonzen-Kind der Stadt. Ebenso hätte ich mir denken können, dass er Mike nicht mochte. Denn Bonzen-Kinder mochte niemand aus der Unterwelt.

Also nahm ich Anton den ironischen Unterton keineswegs übel, als er mich nach Mike fragte: »Du bist mit ihm ganz gut befreundet, hm?«

»Ja, kenne ihn schon ziemlich lange.«

»Und, kennst du auch seine kleine Schwester?«

»Klar. Katharina.«

»Was geht denn mit der? Haste da mal was gestartet?«

Um nicht zugeben zu müssen, dass ich in meinem Leben noch bei keinem Mädchen *etwas gestartet* hatte, versuchte ich es auf die Ungeschriebene-Gesetze-unter-Kumpels-Tour: »Nee, ich fang doch nichts mit der kleinen Schwester eines Freundes an.«

»Wieso denn nicht? Sieht verdammt geil aus, die Braut.«

»Mensch Anton, jetzt tu nicht so! Wenn Olli 'ne kleine Schwester hätte, die geil aussäh, würdest du ja auch nichts mit ihr anfangen.«

Anton guckte Oliver an und grinste. »Wenn Olli 'ne kleine Schwester hätte, die so geil aussäh, würde er sie selber ficken.«

Oliver bemühte sich, sein Lachen zu unterdrücken, doch sein heftig wippender Oberkörper verriet seine Belustigung.

»Wie kommen wir überhaupt heute Abend da hin?«, wollte ich wissen.

Olli sah vom Couchtisch, auf dem inzwischen ein ganzer Berg grasbefüllter Plastiktütchen lag, nur kurz hoch. »Alex und Fix fahren. Wir treffen uns alle um acht am Bahnhof.«

Anton nickte. »Lasst uns den Kram hier noch zu Ende machen, ein bisschen Mukke hören und dann in Ruhe loslatschen. Aber in Alexanders Unglücks-Karren setz ich mich auf keinen Fall. Ich fahr bei Steve und Tausi mit.«

»Tausi?«

»*Fix*«, lachte Oliver. »Der hat mit seinen einundzwanzig Jahren schon zwei Bräute geschwängert. Das kostet. Und mit der Miete kommt er jeden Monat auf 'nen *Tausi fix*.«

Oh mein Gott, dachte ich, als Anton mich unvermittelt mit ernster Miene ansah. »Apropos Geld. Hab gesehen, dass du Alex ab und zu was leihst. Lass das in Zukunft lieber bleiben.«

»Na ja, höchstens mal fünf oder zehn Mark.«

»Egal, wie viel oder wenig es ist, du siehst die Kohle sowieso nie wieder. Ich kenne Alex so lange ich denken kann, und selbst ich würde ihm niemals was auf Kombi geben.«

»Okay.«

»Na gut«, lächelte Anton, »leg mal was Schnelleres auf, Smiley Lewis oder so. Wir haben ja noch ziemlich viel Zeit.«

»Mach ich«, erwiderte ich und schob den Lautstärkeregler ein Stück nach oben. Denn die Musik, die vom tollen Mike am Abend zu erwarten war, würde nicht halb so gut sein.

***

In Alexanders Wagen, einem mindestens fünfzehn Jahre alten, giftgrünen BMW 1602, alberten Frank und Oliver zugedröhnt auf der Hinterbank herum. Vom Beifahrersitz beobachtete ich die Rücklichter von Fix' Passat, durch dessen Heckscheibe sich gelegentlich Antons Profil abzeichnete. »Muss echt cool sein, 'ne eigene Wohnung zu haben«, murmelte ich vor mich hin.

»Ne eigene Wohnung hatte ich auch schon mal«, entgegnete Alex und klemmte seine Bierdose zwischen die Oberschenkel, um sich eine Zigarette anzuzünden.

»Was? Warum bist du denn wieder ausgezogen?«

»Die war mir auf Dauer doch zu teuer.«

Frank und Oliver konnten sich auf der Rückbank vor Lachen kaum halten.

»Also, in Wirklichkeit«, rief Olli, »*in Wirklichkeit* war das so: Wir hatten uns auf Alex' Einweihungsparty echt krass weggeschossen. Und hinter den ganzen Umzugskartons hat der Grüne plötzlich so 'ne schrottige Skiausrüstung entdeckt.«

»Und dann«, lachte Frank, »hab ich Alex gefragt, ob er überhaupt Ski fahren kann. Er sagte *ja*, ich sagte *nein*, und dann ging's los: Mit Skianzug und Brille auf der Nase isser auf den alten Brettern das Treppenhaus runtergedonnert, volles Rohr!«

»Und dann noch durch die Wohnungstür vom Hausmeister«, ergänzte Oliver gackernd, »der hätte bei dem Anblick fast 'nen Herzanfall gekriegt. Die Kündigung kam gleich am nächsten Tag!«

»Ja, aber auf Dauer wär die Wohnung *wirklich* zu teuer gewesen«, murrte Alex und setzte den Blinker.

»Wieso willst du denn da lang?«, fragte ich ihn, »Fix fährt doch geradeaus.«

»Ich nehm immer diese Strecke.«

»Warum denn? Das ist ein Riesen-Umweg!«

»Nur so.«

»Wie, *nur so*? Das macht doch keinen Sinn!«

Alex reagierte gar nicht auf meinen Einwand. Auf der Rückbank war es auch plötzlich verdächtig ruhig.

Ich war höchst irritiert. »Sag mal, Alex, was ist denn los?«

»Da drüben ist 'ne Eisenbahnbrücke, direkt über der Fahrbahn. Kennste die?«

»Klar kenn ich die.«

»Da fahr ich nie drunter her.«

»Und weshalb?«

»Weil da letztes Jahr der Unfall war.«

»Welcher Unfall?«

»Oh Mann, du gehst mir echt auf die Eier. Also, ich mach's kurz: Grad hatte ich meinen Scheißführerschein gemacht und fahr hinter so 'nem Scheißschulbus her. Da steckt eins von den Scheißkindern seine Scheißbirne oben aus der Scheißluke, eine Sekunde bevor der Bus unter dieser Scheißbrücke herfährt. Der Scheißkopf ist genau auf meiner Scheiß-Motorhaube gelandet. Ende der Geschichte.«

»Scheiße!«

»Hab gleich keinen Sprit mehr«, erwiderte Alex und lenkte seinen BMW in die Einfahrt einer freien Tankstelle.

»Lass uns was zu saufen holen«, schlug Oliver vor und kletterte mit Frank vom Rücksitz aus der Fahrertür.

»Hey, ich komm mit«, rief ich, »ich brauch noch Kippen.«

Kaum war ich ausgestiegen, spürte ich Alexanders Hand auf meiner Schulter. »Äh, mein Freund, kannst du mir ein bisschen Geld leihen? Bin ziemlich knapp bei Kasse.«

Das hatte mir gerade noch gefehlt. »Mehr als 'n Zwanni ist nicht drin. Und den bekomm ich nächste Woche zurück, klar?«

»Klar, Alter!«

Genervt drückte ich Alex den Schein in die Hand und betrat den Verkaufsraum der Tankstelle, in dem sich Frank und Oliver derart uneins über die Wahl des Schnapses waren, dass es der kaninchengesichtigen Verkäuferin bereits zu viel wurde.

»Mann«, zischte Olli, »wieso denn Tequila? Davon haben wir genug im Auto!«

»Ach ja«, antwortete Frank und trottete zum Spirituosen-Regal zurück.

Gerade stand er mit einer Flasche Southern Comfort erneut an der Kasse, verdrehte Oliver schon wieder die Augen. »Mensch, bist du blind? Ich hab 'ne Pulle Jim Beam in der Hand! Was sollen wir noch mit diesem gestreckten Gesöff? Hau bloß ab mit dem Dreck!«

Frank trat abermals den Rückweg an, als Alex in die Tanke kam und sofort Oliver anranzte: »Jim Beam? Wieso denn Jim Beam? Davon haben wir doch genug im Auto. Jetzt stell das Zeug weg!«

Mir war das Durcheinander mittlerweile zu bunt. »Eine Schachtel Lucky Strike und ein Raider, bitte!«

Alex bezahlte noch das Benzin mit meinem Zwanni, und ich lächelte zum Abschied entschuldigend der Kaninchenfrau zu, die mit Sicherheit heilfroh sein würde, wenn wir endlich weg waren.

»Seid ihr bescheuert?«, rief ich im Wagen, »seid ihr zu blöd zum Einkaufen? Und was sollte das überhaupt heißen, *davon haben wir genug im Auto*. Wo soll denn hier was zu saufen sein?«

»Hast die Braut super abgelenkt«, kicherte Frank, zog die Flasche Southern Comfort aus seiner rechten Innentasche, die Flasche Tequila aus seiner linken. Oliver kramte derweil den Jim Beam unter seinem Kapuzenpulli hervor.

Ich war fassungslos. »Leute, ich komm mir vor, als hätten wir den Laden grad überfallen!«

Mit diesem Satz erntete ich das schallendste Gelächter der ganzen Fahrt.

An unserem Ziel angekommen, hatte sich meine Empörung längst gelegt. In einem dusteren Partyraum drängelten sich etwa zweihundert Gäste. Ich ging zum DJ-Set und gab dem tollen Mike die Hand. »Hi Mike!«

»Hey, da bist du ja! Alles klar?«

»Ja, alles klar. Bei dir auch?«

»Klar!«

»Ist deine Schwester hier?«

»Äh, ja, Katharina ist da vorn auf der Tanzfläche. Ach, ich wollte dir noch jemanden vorstellen.« Mike winkte einen Typen herbei, der mit seiner hellen Bundfaltenhose und seinem weinroten Sakko auf einer solchen Party völlig overdressed erschien.

Ich hatte ihn schon öfter mit dem tollen Mike auf dem Schulhof gesehen, aber noch nie ein Wort mit ihm gewechselt. »Das ist Sebastian!«

»Ah, hallo«, begrüßte ich ihn flüchtig und drehte mich zur Seite, um bloß keine Tanzbewegung von Mikes anbetungswürdiger Schwester zu versäumen. Nach einigen Sekunden schob sich eine andere Blondine in mein Blickfeld. Die Unbekannte grinste kurz, drehte sich um und tanzte weiter.

»Wer war das denn?«, fragte Sebastian.

»Keine Ahnung.«

»Die ist wirklich sehr attraktiv.«

»Mag sein«, antwortete ich und sah mir an, was im Geflimmer der Lichtorgel von der Partygesellschaft sonst noch zu erkennen war: Ein paar absolut uncool tanzende Kommunisten der Schülervertretung meines Gymnasiums, einige unfassbar hübsche Skater-Bettys vom Bahnhofsvorplatz und mehrere seltsame Typen, die am Rande der Tanzfläche herumlungerten, alle die gleichen Jacken trugen und auffällig mürrisch dreinblickten.

»Weißt du, was das für Freaks dahinten sind?«, fragte ich Sebastian.

»Hab ich auch noch nie gesehen. Aber ganz geheuer sind die mir nicht.«

»Ich schau mich mal um«, erwiderte ich und fand im Gedränge Anton, gemeinsam mit Steve und Fix, die sich gerade über die saumäßig schlechte Musik des vollkommen unfähigen DJs lustig machten. »Was sind denn das für Vögel, die alle dieselben Kutten anhaben?«

»*Revenger*«, entgegnete Anton. »Wenn du ihnen aus dem Weg gehst, passiert auch nichts.«

»*Revenger*? Nie was von gehört.« Noch bevor ich genauer nachfragen konnte, tauchte die Attraktive vor uns auf. Diesmal winkte sie sogar zu mir herüber.

»Freundin von dir?«, fragte Anton.

»Nee, ich kenn die gar nicht.«
»Dann geh hin, Mann!«
»Und dann?«
»Sagst du einfach *Hallo* und trinkst was mit ihr! Mach schon!« Mit einem sanften Schubser setzte mich Anton in Bewegung.

Wie ferngesteuert marschierte ich auf die Unbekannte zu und stotterte los: »Äh, hi du! Äh, wollen wir zusammen was trinken?«

»Können wir machen!«

Ich hätte auf der Stelle vor Aufregung kotzen können. Noch nie zuvor hatte ich ein Mädchen angesprochen. Und ich hatte nicht den blassesten Dunst, worüber ich mit ihr reden sollte. Verkrampft lotste ich sie zum Tresen, besorgte zwei Bier und drehte mich mit dem Rücken zur Theke. »Prost erst mal!«

Wir stießen unsere Plastikbecher gegeneinander, und vorsichtshalber trank ich einen übergroßen Schluck Bier ab, damit die Brühe in meinen zittrigen Händen nicht über den Rand schwappte. Glücklicherweise tat mir meine Blondine den Gefallen, das Gespräch in die Hand zu nehmen. Es stellte sich heraus, dass sie Bianca hieß, ein Jahr jünger war als ich und das andere Gymnasium unserer Stadt besuchte.

»Hab gesehen, du hast eben den DJ begrüßt«, lächelte sie, »das ist Mike, richtig?«

»Ja, den kenn ich schon ziemlich lange.«

»Die Musik, die er macht, ist wirklich toll.«

»Ja, ganz toll«, erwiderte ich und bemerkte im Augenwinkel Alexander. Er schwankte, in der einen Hand den Jim Beam, in der anderen den Southern Comfort, hin und her.

»Aber du bist nicht allein hier, oder?«

Alex torkelte verdächtig nah an einem *Revenger* vorbei.

»Nein, Bianca, ich bin mit –«

Alexander verlor das Gleichgewicht und kippte ungebremst in den *Revenger*. Ein kurzes Wortgefecht, ein Schlag, Alex auf dem Boden. Wie aus dem Nichts stürzte sich Frank auf den *Revenger*, dessen Kumpane ihn sofort packten und über die halbe Tanzfläche schleuderten. Während sich Bianca vor Angst an mir festklammerte, beobachtete ich entsetzt, wie Oliver auf einen der *Revenger* losging, um direkt von einem anderen einen heftigen Tritt in die Seite zu bekommen. Ich glaubte meinen Augen nicht zu trauen.

Nur wenige Sekunden später war der Spuk vorüber, und mit einem Mal schienen sämtliche *Revenger* vom Erdboden verschluckt. Reglos starrte ich meine lädierten Begleiter an: Den blutverschmierten Alex, orientierungslos umherglotzend, an seiner Seite Oliver, der sich vor Schmerzen gekrümmt an Frank festhielt, dessen Klamotten wiederum von oben bis unten mit der Schlammsuppe des Tanzbodens befleckt waren. Wie drei abgekämpfte Zombie-Soldaten, die soeben aus der ultimativen Vernichtungsschlacht gegen die Menschheit zurückgekehrt waren. Ich legte meinen Arm fest um Biancas Schultern. »Mit denen bin ich hier, Bianca, das sind meine Freunde.«

***

Am folgenden Montag schlenderte ich nach Schulschluss geradewegs zu Antons Wohnung. Weil Oliver für den Tritt des *Revengers* mit einem ärztlichen Attest belohnt worden war, blieb nicht nur Olli dem Unterricht fern, sondern auch die Unterwelt bis auf Weiteres geschlossen.

»Hey, Mann, alles klar?«, empfing mich Anton.

»Klar«, entgegnete ich, doch im Wohnzimmer erwartete mich eine böse Überraschung: Auf Antons Couch saß ein Revenger und kurbelte sich in aller Ruhe einen Joint.

Lächelnd sah er zu mir auf. »Hi!«

»Äh, hi«, antwortete ich entgeistert und blieb wie angewurzelt stehen.

»Besten Dank, Montana«, grinste der *Revenger*, steckte den Stick in die Brusttasche seiner Kutte und gab Anton die Hand. »Mach's gut, mein Freund.« Auf seinem Weg zum Ausgang klopfte er mir zum Abschied auch noch auf die Schulter. »Bis zum nächsten Mal.«

Erst als die Wohnungstür ins Schloss gefallen war, löste sich meine Schockstarre. »Anton, was war das denn gerade?«

»Chris«, erwiderte Anton seelenruhig.

»Sag mal, spinnst du? Ich bin mir hundertprozentig sicher, dass der Typ am Samstag Alex vermöbelt hat. Und du lässt den Wichser in deine Wohnung! Hast du 'nen Knall?«

Anton ließ sich nicht im Geringsten in seiner stoischen Gelassenheit stören. »Hock dich erstmal hin. Ist doch alles halb so wild.«

Ich hatte nicht das leiseste Bedürfnis, mich auf Antons Verräter-Couch zu setzen. »Halb so wild? Sind dir deine Scheiß-Geschäfte wichtiger als deine Freunde, oder was?«

»Also«, lächelte Anton nachsichtig, »erstens: Am Samstag wurde niemand vermöbelt. Die Jungs sind mit ein paar Blessuren davongekommen, so schlimm war das wirklich nicht. Zweitens: Mit meinen Scheiß-Geschäften zahle ich meine Scheiß-Miete. Und drittens: Du pflanzt dich jetzt endlich hin!«

Widerwillig setzte ich mich neben Anton auf das Sofa.

»Und nun«, fuhr Anton fort, »erzähle ich dir mal was über die *Revenger*. Wir reden hier nicht über die *Crips* oder die *Bloods*, sondern über ein paar Bauernjungs vom nächsten Dorf. Die haben von irgendwelchen Typen aus der Stadt so oft was aufs Maul gekriegt, dass sie sich eines Tages zusammengetan haben. Und wenn ein *Revenger* dumm angemacht wird, gilt das als Angriff auf die ganze Truppe. Dann helfen sich alle gegenseitig, ohne vorher groß nachzufragen. Kannst du das nicht ein Stück weit verstehen?«

»Ja … «

»Na also. Man muss sie halt in Ruhe lassen. Und das weiß Alex, der Idiot, schon lange. Aber wie mir zu Ohren gekommen ist, hat er Chris im besoffenen Kopf fast umgerannt, und statt sich dafür zu entschuldigen, ist er ihm auch noch blöd gekommen. Das war ein Fehler. Oder bist du anderer Meinung?«

»Nein ... «

»Gut, dann ist das ja geklärt. Und glaub mir, Chris ist echt in Ordnung. Ich sehe die Sache so: Das am Samstag war für Chris und Alex nur eine ungünstige Gelegenheit, um sich kennenzulernen.«

In meinem gesamten Leben hatte ich noch keinen solch abwegigen Quatsch gehört. Doch aus Antons Mund klang selbst der absurdeste Schwachsinn vollkommen überzeugend.

»Jetzt mal was anderes«, wechselte Anton das Thema, »da war so ein blondes Mädel, das du angesprochen hattest.«

»Ja, Bianca heißt die. Und die fand das total asozial mit der Schlägerei.«

»Logo, ist ja auch 'ne Braut. Ist denn trotzdem was gelaufen?«

»Wir haben noch rumgemacht.«

Anton strahlte über das ganze Gesicht. »Dann war die Party ja super für dich! Und denk nur nicht, du hättest dich in den Stress mit Alex einmischen müssen! Das war okay. Lass dir bloß von niemandem einreden, 'ne Freundschaft zwischen Typen wär wichtiger als ein korrektes Weib! Das ist komplette Scheiße.«

»Meinst du echt?«

»Ich schwör's dir, Mann! Wen willst du denn mal heiraten? Irgendeinen Kumpel? Und mit wem willst du Kinder haben? Etwa mit Alex, dem Idioten?«

»Ach, Anton, was redest du denn da von Hochzeit und Kindern? Ich weiß ja nicht mal, ob ich mit der Braut zusammen bin.«

»Also das, mein Freund«, grinste Anton, »*das* wirst du mit Sicherheit ziemlich schnell herausfinden.«

***

Das hatte ich mir anders vorgestellt. Das hatte ich mir sogar *ganz anders* vorgestellt. Spätestens seit meiner Pubertät hatte ich mir ausgemalt, eine feste Beziehung zwischen einem Jungen und einem Mädchen bestünde im Wesentlichen aus hemmungslosem Sex. Bedauerlicherweise war es sogar *ganz, ganz anders*. Nachdem ich halbwegs begriffen hatte, wie man die Sache überhaupt zuwege brachte, erwiesen sich die Gelegenheiten zum Ausleben meiner grenzenlosen Sex-Phantasien in Wahrheit als recht rar gesät.

Zu mir nach Hause konnte ich Bianca keinesfalls mitnehmen. Meinen Eltern hatte ich gar nichts von ihr erzählt - schließlich ging Hermann und Marianne mein Privatleben nichts an. Doch letztlich standen Biancas Eltern den meinen an Spießigkeit in nichts nach. Sobald ich mich mit meiner Freundin länger als fünf Minuten in ihrem Zimmer aufhielt, hatte ihre Mutter plötzlich etwas furchtbar Wichtiges vor ihrem Fenster zu erledigen oder grub in Sichtweite irgendwelche Blumenbeete um. Konnte Biancas Mutter uns durch die Scheibe nicht sofort entdecken und befürchtete, wir befänden uns womöglich in der Horizontalen, begann sie aus heiterem Himmel von außen das Fenster zu putzen. Kein Fenster der Stadt wurde so gründlich gereinigt wie das von Biancas Zimmer, so viel war sicher.

Aber selbst wenn ihre Eltern nicht zu Hause waren, hieß das keineswegs, dass ich für meine Vorstellung einer leidenschaftlichen Liebesbeziehung freie Bahn hatte. Denn anstatt zu ficken, ging Bianca lieber spazieren. Gehen um des Gehens Willen. Die Inkarnation der Zeitverschwendung. Und an meiner ersten Freundin waren diverse weitere Mängel zu konstatieren: Bianca wusste weder den Wert eines ordentlichen Deliriums zu schätzen noch hatte sie ein besonders ausgeprägtes Interesse an guter Musik. Sämtliche Songs, deren bahnbrechende historische

Bedeutung ich ihr mühselig zu vermitteln suchte, verunglimpfte Bianca kurzerhand als Oldies. *Oldies!* Allenfalls konnte dieses Unwort für die weichgespülten Evergreens auf Biancas *sieben* Eis-am-Stiel-Soundtracks gelten, wobei sie selbstverständlich keine einzige dieser harmlosen Teenie-Klamotten jemals angeschaut hatte, weil sie hinter dem zweideutigen Filmtitel gleich übelste Hardcore-Pornographie vermutete. Filmmäßig war Bianca eher der La-Boum-die-Fete-Typ.

Zu alledem kam noch ein weiteres, wesentlich schwerwiegenderes Problem hinzu: Bianca hasste meine Freunde aus der Unterwelt. Sie kamen aus der Siedlung, und das reichte als Grund für ihre Abneigung schon aus. Drogen, Diebstahl, Schlägerei. Dies war das Bild, welches Bianca von den Furcht erregenden Ghettobewohnern vor Augen hatte. Und ich passte in ein solches Milieu nicht hinein, meinte sie. Ich hatte Bianca zuliebe bereits mit der Kifferei aufgehört, aber das genügte ihr längst nicht. Auf Dauer sollte ich mich gänzlich von meinen Freunden fernhalten. Das war das erklärte Ziel der Bianca'schen Beziehungspolitik.

Ich kam mir vor wie ein Abtrünniger, als meine Besuche in der Unterwelt stetig sporadischer wurden. Im Laufe der Zeit ließ ich mich fast gar nicht mehr dort sehen, denn der Verrat an meinen Freunden wurde von Bianca belohnt. Und zwar mit Sex. Leider nur mit Blümchen-Sex, doch der war zumindest besser als Gar-kein-Sex. Statt im Schulkeller, fand ich mich nun immer häufiger mit Bianca, Sebastian und dem tollen Mike im *Crystal Palace* wieder, einem Popper-Laden, in dem sich Bonzen-Kinder mit Bonzen-Kindern trafen, um über nichts anderes als Bonzen-Scheiße zu quasseln. Die Musik im *Crystal Palace* war an Abscheulichkeit nicht zu überbieten. Allerdings wurde der Eurodance aus dem Hause Dr. Alban oder Haddaway wenigstens so leise gespielt, dass es mir nahezu gelang, diesen musikalischen Ramsch zu ignorieren.

Oliver brachte für meinen Rückzug aus der Unterwelt weit weniger Verständnis auf als Anton. In den Pausen war er irgendwann gar nicht mehr aufzufinden, und so stand ich meist mit dem tollen Mike und Sebastian auf dem Schulhof herum. Bianca hatte ihr Ziel beinahe erreicht. Doch trotz jeglichen Entgegenkommens meinerseits wurde sie niemals müde, mir mit der von ihren Eltern eingetrichterten Spießigkeit auf die Nerven zu gehen.

Bei einem unserer unsäglichen Waldspaziergänge war es wieder soweit: »Hast du eigentlich ein Sparkonto?«

»Wieso das denn? Wofür soll ich denn sparen?«

»Für deinen Führerschein, zum Beispiel. Den willst du doch nächstes Jahr machen. Oder etwa nicht?«

»Ich denk mal, den bezahlt mir mein Vater. Hat er zumindest bei meinem Bruder gemacht.«

»Hm, und gehst du in den Herbstferien arbeiten?«

»Nö, sind doch Ferien.«

»Du bist echt 'ne Marke. Hast du dir denn mal überlegt, was du studieren möchtest?«

»Nein, noch nicht. Ich muss ja erstmal zur Bundeswehr, da wird mir bestimmt irgendwas einfallen.«

»Na ja, beizeiten solltest du dir auf jeden Fall mal Gedanken über deine Zukunft machen. Du willst doch nicht eines Tages als verkrachte Existenz enden.«

Verkrachte Existenz! Ich hörte Biancas Eltern reden. Und hörte sie nicht schnellstens damit auf, mich mit ihrem Kapitalisten-Gelaber zu belästigen, würde es bei einem unserer gemütlichen Spaziergänge wieder mal zu einem Riesen-Krach kommen.

Doch meine Freundin wollte auf etwas ganz anderes hinaus. »Ach, Schatz, wenn du in den Herbstferien nicht arbeitest. Ich hab da was geplant. Wir sind ja bald drei Monate zusammen. Und du weißt, meine Eltern haben in Holland ein Haus. Die letzten Wochen musste ich wirklich hart darum kämpfen.

Meine Mutter war natürlich total dagegen, aber jetzt konnte ich sie endlich überreden. Stell dir vor: Wir dürfen da Urlaub machen! Nur du und ich!«

***

Ich hatte Anton seit einer halben Ewigkeit nicht mehr gesehen. Und zum ersten Mal empfing er mich nicht an seiner Wohnungstür. Ich fand ihn in seinem völlig überheizten Schlafzimmer im Bett liegen, das Plumeau bis zum Bauchnabel heruntergezogen, mir so den Blick auf seinen ausgemergelten Oberkörper gestattend. Die Brustwarzen hatte Anton mit Pflastern zugeklebt, seine blasse Haut war mit Pusteln übersät.

»Mensch Anton, was hast du denn?«

»Körperlichen Verfall.«

»Was? Ich meine, was hast du denn *genau*?«

»Sechs Jahre Heroin. Da musste es ja irgendwann mal bergab gehen.«

»Aber ... warum so plötzlich?«

»Ach, keine Ahnung. Schön, dass du da bist. Bin grad nicht fit genug. Wieg dir bitte selber was ab.«

»Hey, ich bin nicht zum Kaufen hier. Ich wollte dich einfach mal besuchen!«

Anton lächelte mit geschlossenen Augen. »Sonst kommen alle nur wegen dem Zeug zu mir. Und du bist bloß da, um mich zu sehen. Ist ja nicht zu fassen.«

»Warst du mal beim Arzt?«

»Nee, nee.«

»Also, ich kann ja mitkommen, wenn du das allein nicht schaffst. Ist echt kein Problem!«

»Ich glaube, ... weißt du, was ich glaube?«

»Was denn?«

»Ich glaube, du bist mein einziger Freund.«

»Mann, Anton, was redest du da? Das würde jeder aus der Unterwelt für dich machen!«

Anton öffnete für eine Sekunde die Augen, schüttelte wie in Zeitlupe seinen Kopf. »Die Unterwelt existiert nicht mehr«, sagte er langsam, »seit einem Monat dicht. Die Lehrer haben da 'ne richtige Razzia veranstaltet.«

»Das gibt's doch nicht!«

»Doch, doch, endgültig aus und vorbei. Deswegen musste Oliver ja von der Schule.«

»Olli ist geflogen? Im Ernst?«

Anton entgegnete nichts. Ungläubig starrte ich ihn an. In der Tat war mir Oliver auffällig lange auf dem Schulhof nicht mehr über den Weg gelaufen. Zudem wäre es ja nicht das erste Mal, dass er spurlos aus meinem Leben verschwände. Und letztlich hatte Anton niemals unrecht.

Ratlos setzte ich mich ans Fußende des Bettes und betrachtete das, was von Anton übrig geblieben war. Nichts mehr vom fröhlichen Italiener-Jungen aus dem Sommerurlaub, nur noch ein kreidebleicher, kleiner Leib. Antons Gesicht war nicht einmal zu entnehmen, ob er wach war oder schlief. So leise wie möglich stand ich auf und öffnete ein Fenster. Erst jetzt bemerkte ich, welch übler Geruch in dem Schlafzimmer herrschte.

»Das tut gut«, vernahm ich Antons dünne Stimme.

»Wann warst du eigentlich zuletzt draußen?«

»Ach, das war so 'ne Sache. Da war ich bei Karstadt und wollte ein paar Alben holen. Nur war die Plattenabteilung nicht mehr da. Hab dann so 'n Verkäufer gefragt, und weißt du, was der gesagt hat?«

»Erzähl!«

»Dass sie keine Schallplatten mehr haben.«

»Wie, keine Platten mehr?«

»Ja, die verkaufen nur noch Compact Discs«

»Das kann ja wohl nicht wahr sein!«

»Die Dinger sind gar nicht so schlecht. Hab mir direkt 'nen Player geholt, und einige CDs dazu.«
»Aha. Und was?«
»Ne Band aus Seattle. Coole Mucke. Grunge.«
»Grunge?«
»Ist der Name von der Musik, nicht von der Band. Der Sänger ist echt gut. Kurt heißt der.«
»Kurt? Ein Deutscher?«
»Keine Ahnung, warum der Kurt heißt. Aber ich schwör dir, wenn's nochmal einer soweit bringt wie Elvis, Jagger oder Bowie, dann dieser Kurt.«
»Okay … Werde mir das Zeug bei Gelegenheit mal anhören.«
»Wie läuft's denn mit deiner Kleinen? Wie hieß die noch?«
»Bianca.«
»Ja, Bianca.«
»Läuft ganz gut. Wir fahren nächste Woche in den Urlaub.«
»Oh, schön. Wohin denn?«
»Holland.«
»Amsterdam?«
»Nee, Küste.«
»Schön, wirklich schön«, erwiderte Anton und zog seine Bettdecke kraftlos bis unters Kinn.
»Zu kalt?«
»Nein, lass das Fenster ruhig auf. Entschuldige, ich fühl mich ziemlich schwach. Muss mal was pennen.«
»Ich könnte ja einen Arzt herbestellen.«
»Nein, nein, gib mir ein paar Tage, dann wird das schon wieder. Du erholst dich in Holland, ich relaxe hier, und wir sehen uns, wenn du zurückkommst. Ich brauch einfach nur Ruhe.«
»Na ja, okay. Dann lass ich dich mal allein. Ich wünsch dir gute Besserung!«

»Ach«, hauchte Anton noch, »*Nirvana* heißt die Band. Nir-va-na!«

Ich konnte mich nicht erinnern, jemals im Leben so deprimiert gewesen zu sein, wie in dem Moment, als ich Antons Wohnung verließ. Der Gedanke an seine seltsame Krankheit begleitete mich auf dem gesamten Weg nach Hause, ließ mich die übrigen Menschen als unbedeutende Schatten wahrnehmen, die Busfahrt im Dämmerzustand erleben. Ich wollte nur in mein Bett und sofort einschlafen. In ein paar Tagen würde ich mit Bianca nach Holland fahren, und vielleicht sähe die Welt nach meiner Rückkehr ja wieder etwas besser aus.

Als ich zu Hause ankam, deckte meine Mutter den Kaffeetisch. Ich war völlig verwirrt, mein Zeitgefühl war mir offenbar komplett abhandengekommen. Schnellen Schrittes marschierte ich durch die Küche, um unbehelligt in mein Zimmer zu gelangen, aber ebendies gelang mir nicht.

»Junge, warte doch mal«, rief meine Mutter, »ich würd gern kurz mit dir reden.«

Das kam nun wirklich ungelegen. »Worüber denn?«

»Fabian hat mir was erzählt … also, da wollte ich lieber selbst nachfragen. Und am besten jetzt … bevor Hermann zum Kaffee kommt.«

Selten hatte ich meine Mutter so herumstammeln hören. »Was ist denn passiert?«

»Fabi meinte, deine schlechten Noten in letzter Zeit könnten etwas mit den Leuten zu tun haben, mit denen du befreundet bist. Er hat ein paar ziemlich schlimme Dinge über die erzählt.«

Ich war wie versteinert. Dieser Drecksack, dachte ich, woher kann der das überhaupt wissen? Meine Hoffnung, mich in einer so kleinen Stadt unbemerkt mit den Einwohnern der Harbig-Siedlung anzufreunden, war wohl allzu naiv gewesen.

»Nein, nein, das ist absoluter Quatsch. Die sind echt in Ordnung, total anständige Jungs!«

»Aber Fabi hat —«

»Weißt du was«, unterbrach ich meine Mutter, »du kannst Fabian schöne Grüße von mir bestellen und ihm ausrichten, dass er sich nicht in meine Angelegenheiten einzumischen braucht. Er soll sich einfach um seinen eigenen Kram kümmern. Sein Scheißauto, seinen Scheißzivildienst oder sonst was.«

Marianne starrte mich mit offenem Mund an. So deutliche Worte waren in unserem Haus noch nie gesprochen worden, solch derbe Ausdrücke von den Wänden unserer Küche noch niemals widergehallt. Ich hatte die Verhältnisse klargestellt.

»Scheiß-Zivildienst?«, hörte ich plötzlich die Stimme meines Bruders. Fabian musste hinter der Wohnzimmertür auf seinen Einsatz gelauert haben und erschien nun in der Küche, um weiteres Öl ins Feuer meines Scheiterhaufens zu gießen. »Bei mir auf Station landen irgendwann genau die Leute, denen deine Freunde ihre Drogen verkaufen!«

Sprachlos stand ich da. Und Fabians Abgang war ebenso perfekt inszeniert wie sein Auftritt. Schnurstracks lief er aus der Haustür, stieg in sein Cabrio und brauste davon.

Die Augen meiner Mutter waren weit aufgerissen, ihre Stimme flattrig: »Ist das wahr? Hast du etwa Kontakt zu Rauschgifthändlern?«

Rauschgifthändler! Anton hätte sich kaputtgelacht. Doch dass ich meine Freunde aus der Siedlung längst im Stich gelassen hatte, war mit Sicherheit kein besonders überzeugendes Argument zu meiner Entlastung. Der Grund für meinen Verrat hingegen könnte mir nun den Hals retten. »Du musst dir keine Sorgen machen«, lächelte ich, »in den vergangenen Wochen war ich mit meinen Gedanken tatsächlich woanders. Ich wollt's dir erst erzählen, wenn sich die ganze Sache etwas gefestigt hat. Also … ich hab jetzt eine Freundin!«

Meiner Mutter standen Tränen in den Augen. »Wirklich, Junge, wirklich?«

»Ja, Bianca heißt sie. Wir fahren sogar in den Herbstferien zusammen in den Urlaub!«

Stürmisch fiel mir Marianne um den Hals. »Oh Junge, ich bin ja so stolz auf dich!«

***

Dass eine Zugfahrt mit Bianca kein Spaziergang würde, hätte ich mir denken können. Denn unsere Spaziergänge waren in aller Regel nach zwei Stunden überstanden. Aber nach einem halben Tag in den Abteilen verschiedenster Bummelzüge Richtung Holland fiel selbst Bianca kein Thema mehr ein, mit dem sie mir auf die Nerven gehen konnte.

Hoffentlich gibt's in diesem verkackten Urlaub keinen Ärger, dachte ich, lehnte meinen Kopf gegen das vibrierende Zugfenster und stellte mich schlafend. Ich müsste mich bloß etwas zusammenreißen, dann könnte ich Bianca vielleicht ein paar Tage ungestört durchvögeln.

Das Haus von Biancas Eltern, in dem wir gegen Abend eintrafen, erwies sich als Wohnküche mit darüber gelegenem Schlafzimmer nebst Toilette. Eine winzige Puppenstube in einem winzigen Kaff, dessen Name ich mir schon wegen seiner peinlichen holländischen Aussprache zu merken weigerte. Der mit unserer Ankunft hereingebrochene Herbststurm hatte den Abendspaziergang am nahen Strand glücklicherweise unmöglich gemacht, allerdings gestaltete sich das Alternativprogramm leider auch nicht viel angenehmer. Denn bei unserem Domizil handelte es sich um das einzige Haus auf dem Planeten Erde, in dem weder ein Fernseher noch ein Radio vorhanden war.

Trostlos, einfach nur trostlos, dachte ich und überlegte, ob ich mich in den Sturm hinauswagen und eine Zigarette rauchen sollte. Doch ein flüchtiger Blick auf die im Regen schaukelnden Straßenlaternen reichte aus, um mich von dem Vorhaben abzuhalten. Also blieb ich reglos auf der Couch liegen und tat wiederum so, als ob ich schliefe.

Bianca kümmerte sich unterdessen um das, was sie sich unter einem *schönen Abend* vorstellte. In dem einzigen Geschäft des verschlafenen Nests hatte sie kurz vor Ladenschluss noch etwas zu essen gekauft und schnippelte nun in der Küche irgendwelches Gemüse zurecht. Allein die Tatsache, dass bei Biancas langwierigem Schaffen das Thema Fleisch keine Rolle spielte, hielt ich für äußerst bedenklich. Regelrechte Sorge hingegen bereitete mir der Umstand, dass sie währenddessen schon eine halbe Flasche Sekt geleert hatte. Und wenn Bianca betrunken war, wurde sie unberechenbar. »Was ist denn los?«, fragte sie unversehens, »du atmest so schwer. Schlechte Laune?«

Selbstverständlich hatte ich schlechte Laune! Immerhin lag ich in einem fremden Land herum, gefangen in einer fernsehlosen Nichtraucher-Puppenstube, in der sich außer meiner Freundin kein Mensch befand, mit dem ich mich hätte unterhalten können. Obendrein hatte ich die abgetragenen Schlappen von Biancas Vater an den Füßen kleben, weil man in seinem lächerlichen Häuschen nicht mal Schuhe tragen durfte. »Nee, nee, alles in Ordnung.«

»Hm. Aber irgendwas passt dir doch nicht ... «

»Alles gut«, erwiderte ich und unterdrückte nur mühsam einen weiteren Seufzer.

Hastig trank Bianca ihr Sektglas leer und schenkte sich umgehend wieder nach. »Sag bloß nicht, du wärst lieber zu Hause geblieben! Ich hab dich schließlich nicht hierher gezwungen.«

Jetzt wurde es brandgefährlich. Eine Diskussion über die Problematik beziehungsbedingter Zwangssituationen würde unweigerlich zum Eklat führen. Zudem hatte Bianca mittlerweile das nächste Glas Sekt heruntergekippt. Und ihre Schnippelbewegungen wurden auch immer aggressiver.

Es waren mal wieder meine Beschwichtigungsfähigkeiten gefragt: »Ach Schatz, mach dir keine Gedanken. Wir kriegen die Zeit schon irgendwie rum.«

Wütend warf Bianca das Messer auf die Arbeitsplatte und drehte sich unwirsch mit dem Rücken zur Spüle. »Wie bitte? *Irgendwie rum?*«

Den Sex kann ich mir abschminken, dachte ich, aber ich hatte mit meinem Spruch weit mehr Schaden angerichtet als vermutet.

»Im Gegensatz zu *dir* hab *ich* mich auf unseren Urlaub gefreut!«, schrie mich Bianca an, öffnete den Kühlschrank, zerrte eine Flasche Doppelkorn heraus und kippte sich den Schnaps auf ex in den Rachen.

»Bist du wahnsinnig?«, schrie ich zurück, sprang von der Couch auf und riss ihr die Flasche vom Mund.

Bianca dachte gar nicht daran, die Pulle loszulassen. Mit der einen Hand zog ich an dem Korn, mit der anderen an Biancas Handgelenk, doch so fest ich auch zudrückte, so fest hielt sie den Flaschenhals mit ihrer kleinen Faust umklammert.

»Du tust mir weh!«, kreischte Bianca, und erschrocken löste ich meinen Griff.

Lautlos glitt die Flasche durch ihre Finger, zerbarst klirrend auf dem gekachelten Fußboden in tausend Stücke.

»Verdammte Scheiße«, fluchte ich und hockte mich hin, um zumindest die größeren Glasscherben vom Boden aufzulesen. Die Ausdünstungen des über die Fliesen rinnenden Alkohols trieben mir Tränen in die Augen. Ich hatte keine Ahnung, wie viel von dem Zeug in Biancas Magen gelandet war, um eine kleine Kotz-Orgie würde sie allerdings kaum herumkommen. »Geh mal besser ins Bad und steck dir den Finger in den Hals«, schlug ich vor, drehte mich zu Bianca um, sah sie gerade noch zur Tür hinausstürzen und in der tosenden Nacht verschwinden.

»Bleib hier!«, rief ich, stellte einen Küchenstuhl in die geöffnete Tür und rannte meiner Freundin hinterher.

Von Bianca waren im peitschenden Regen nur vage Umrisse zu erkennen. Sie lief in Richtung des Strandes, doch kaum hatte ich die Stelle erreicht, an der ich sie Sekunden zuvor gesehen hatte, war sie von der Finsternis verschluckt.

»Biancaaaa!«, schrie ich so laut ich nur konnte, aber meine Rufe wurden augenblicklich ein Raub des brausenden Sturms. »Biancaaa!«

Verzweifelt schleuderte ich die durchnässten Schlappen von meinen Füßen und rannte blindlings den Strand entlang. Wenn Bianca ins Meer gelaufen war, würde ich sie niemals finden. In der Dunkelheit war auf dem Wasser einzig die aufgewühlte Gischt auszumachen. Der Rest war stockfinsteres, wütendes Nass. »Biaaancaaa!«

Immer weiter hetzte ich durch das Unwetter, wäre beinahe über Biancas leblosen Körper gestolpert. »Schatz! Oh, mein Gott! Schatz!« Keuchend ließ ich mich in den Sand fallen, beugte mich über sie und bemerkte erleichtert, dass sie noch atmete.

»Ich will nach Hause«, heulte Bianca, »sofort!«

»Du bist bald in Sicherheit«, versprach ich, schob meine Arme durch den nassen Sand unter ihren Körper und stemmte Bianca in die Höhe. Ich hatte noch keinen Schritt getan, da kotzte sie mir mindestens einen halben Liter Doppelkorn-Magensäure-Mix ins Gesicht.

Die Puppenstube konnte nicht mehr als dreihundert Meter entfernt sein, mit Bianca in den Armen und lediglich einem Paar Socken an den Füßen kam der Rückweg durch den tobenden Sturm jedoch einem Gewaltmarsch gleich. Obwohl Bianca mit jedem meiner Schritte schwerer zu werden schien, war an eine Pause nicht zu denken. Weiter, einfach weiter! Meine Fußsohlen brannten wie Feuer auf dem eisigen Asphalt, und endlich konnte ich durch den prasselnden Regen die offen stehende Türe des Hauses erkennen. Mit schwindender Kraft setzte ich einen Fuß vor den anderen, erreichte den Eingang und schleppte mich ins Haus. Nur noch fünf Meter, allerhöchstens, dann könnte ich Bianca auf der Couch ablegen.

Vollkommen unerwartet überkamen mich die irrsinnigsten Schmerzen meines Lebens. Die Scherben der zerbrochenen Schnapsflasche bohrten sich tief in meine Fußsohlen und ließen mich glauben, ich stünde inmitten glühender Kohlen. Blutigen Schritt auf blutigen Schritt spürte ich jeden einzelnen Splitter meine Haut durchdringen, Höllenqual auf Höllenqual, bis ich Bianca schließlich auf das Sofa fallen ließ. Ein letzter verschwommener Blick auf den weiß gekachelten Fußboden. Der blutige Tatort eines Ritualmordes. Alle Schmerzen verschwanden. Was blieb, war tiefstes Schwarz.

Keine vierundzwanzig Stunden hatte unser Urlaub gedauert, und auf der gesprächsarmen Rückfahrt waren Bianca und ich wohl gleichermaßen froh, noch am Leben zu sein. Am Bahnhof angekommen, verabschiedeten wir uns mit dem Schwur, niemals mehr im Leben zu streiten. Ich leistete mir ein Taxi nach Hause, und wie erhofft stand weder das Cabriolet meines Bruders noch der Wagen meiner Eltern in der Garage. Endlich hatte ich mal Glück! Jetzt könnte ich mich ungehindert in mein Zimmer verkrümeln, die blutigen Verbände auswechseln und mich von den Urlaubsstrapazen erholen. Als ich durch die Küche humpelte, fiel mir auf dem Tisch ein kleines Stück Papier ins Auge. Beiläufig nahm ich den Zettel in die Hand, las wieder und wieder die wenigen Worte, doch wollte und wollte es nicht glauben.

ANTON MONTAÑO

Wir werden Dich nie vergessen.
Deine Freunde
Alexander, Frank, Oliver, Steve und Fix

VIII.

Absturz

Kamilla rüttelt erbarmungslos an meinem Unterschenkel. »Steh endlich auf, Faulpelz!«

Genervt ziehe ich mir die Decke über den Kopf. Mein Minimalpensum von neun Stunden Nachtruhe ist bei weitem nicht erfüllt, und sollte es mir nicht gelingen, innerhalb der nächsten dreißig Sekunden wieder einzuschlafen, ist der schöne Morgen ruiniert. »Mensch Ka, es ist Wochenende!«

»Nein, es ist Freitag!« Mit einem kräftigen Ruck reißt Kamilla das Plumeau vom Bett und wirft es auf den verstaubten Fußboden. Die behagliche Enklave ist dahin, die von meinem Körper mühsam erwärmte Luft unwiederbringlich in der kühlen Atmosphäre des Schlafzimmers verflogen.

»Freitag *ist* doch Wochenende«, maule ich und sehe mit zugekniffenen Augen Kamilla am Fußende meines Bettes stehen.

Sie ist bereits angezogen, hat ihre Haare zurechtgemacht und kennt keine Gnade. »Aufstehen!«

»Ka, ich bin noch total müde!«

»Das glaub ich dir gern«, lacht Kamilla unüberhörbar schadenfroh, »und jetzt raus aus den Federn, du musst ins Büro!«

Nun hat sie es geschafft. Ich bin hellwach. Zwar muss ich nicht ins Büro, aber genau das ist mein Problem. Die Aufträge von *M&P* sind in den letzten Monaten immer spärlicher geworden, und seit zwei Wochen habe ich keine einzige Akte mehr bearbeitet. Dummerweise weiß Kamilla, dass ich bislang freitags meine Unterlagen bei Jens abgegeben habe. Sie weiß sowieso schon viel zu viel über mich. Vor knapp drei Monaten habe ich sie wegen der Verwechslung mit Mikes Arbeitskollegin versehentlich abgeschleppt, und längst stellt sie die Grundprinzipien meines Lebens infrage. Lange schlafen, wenig arbeiten, kein Sport – für Kamilla ein unerträgliches Lotterleben. Zudem hält sie mir bei jeder sich bietenden Gelegenheit in höchst nachdrücklichem Ton vor, ich setzte durch meinen enormen Zigaretten- und Alkoholkonsum allzu leichtfertig meine Gesundheit aufs Spiel. Meinen beruhigenden Hinweis, dass derzeit jede Menge frischer Ersatz-Organe von hingerichteten chinesischen Dissidenten den Markt überschwemmen, hat Kamilla als Argument erst gar nicht gelten lassen. Und gerade gestern hat sie mir zum Kauf einer neuen Couch geraten! Kamilla ist fabianig bis zum Anschlag – beinahe liriaesk.

In der Tat sieht Kamilla ziemlich gut aus, und zum Vögeln ist sie eigentlich auch immer aufgelegt, doch inzwischen geht mir ihr ständiges Genörgel mächtig auf den Sack. Obendrein ist sie acht Jahre jünger als ich, und ich habe nicht die geringste Lust, mir von einer Mittzwanzigerin die Welt erklären zu lassen. In ihrem Alter habe ich jede Nacht mit David und Anti im *Café Bizarr* gezecht – Kamilla hingegen führt ein regelrechtes Erwachsenenleben. Ihr Geld verdient sie als Kellnerin in einem Möchtegern-Nobel-Restaurant namens *Stabinger* und wohnt gleich dort in der Nähe, in einem spießig eingerichteten Drei-Zimmer-Apartment, das sie sich – nachdem die dicke Nina Hals über Kopf ausgezogen ist – nun mit ihrer Freundin Corinna teilt. »Oder musst du etwa nicht zu *M&P*?«

»Das ist nu wirklich meine Privatangelegenheit.«

Kamilla sieht mich entrüstet an. »Deinen Schwanz steckst du mir rein, sobald du geil wirst, aber wenn ich dich nach deiner Arbeit frage, ist dir das zu intim, ja? Du hast echt 'nen Sprung in der Schüssel!«

Noch immer habe ich mich nicht daran gewöhnt, dass Kamilla ihre Muschi mittlerweile zu Privatgelände erklärt hat. Dabei habe ich sie nie gebeten, mit ihrem Schlampen-Dasein abzuschließen. Dass sie neuerdings so tut, als sei sie meine Freundin, finde ich wesentlich schlimmer. »Herrje, Ka! Nimm doch nicht alles so furchtbar ernst, was ich sage.«

»Du stehst sofort auf und fährst ins Büro! Ich geh mal besser nach Hause, du treibst mich sonst noch in den Wahnsinn. Und vergiss bitte nicht: Heute Abend muss ich arbeiten, und morgen sind wir bei Frauke eingeladen.«

»Wie, eingeladen?«

»Sie hat doch Geburtstag.«

»Ach ja. Und wer ist Frauke nochmal?«

»Meine Arbeitskollegin! Mensch, das darf nicht wahr sein. Du hast sie schon mindestens fünf Mal gesehen. Die mit dem Dutt!«

Oh nein, denke ich, *Knoten-Frauke*. Das kann ja heiter werden. Und ich muss kein Prophet sein, um vorherzusagen, dass man in Knoten-Fraukes Wohnung nicht rauchen darf. Mit einer solch müden Veranstaltung meinen kostbaren Samstagabend zu verschwenden, ist alles andere als eine verlockende Aussicht. »Ja, ja, sicher, *die* Frauke. Wird bestimmt super!«

***

»Hi Clara«

»Hi, wollte mal hören, wie's bei dir läuft.«

»Geht so. Eher mittelmäßig.«

»Liebeskummer?«

»Nee, mit der Arbeit hakt's etwas. Ich bekomm im Moment keine Aufträge von *M&P*. Weiß auch nicht, woran das liegt.«

»Haste mal da angerufen und gefragt, was Phase ist?«

»Nein, Jens kontaktiert mich, sobald er was für mich hat. War bisher immer so.«

»Und? Kannst ja trotzdem mal bei ihm durchklingeln.«

»Hm. Womöglich ist die Scheißklitsche sogar pleite. Als ich vor zwei Wochen zuletzt im Büro war, standen da überall

Umzugskartons rum. Jens hat erzählt, das Archiv würde ausgelagert, aber ich trau dem Braten nicht so recht.«

»Na, wenn der Laden platt ist, erhältst du wohl kaum 'ne offizielle Mitteilung. Also meld dich am Montag bitte mal bei Jens. Und für den Fall, dass es *M&P* nicht mehr gibt, hab ich auch schon eine Idee: Dann ziehst du zu mir nach Berlin!«

»Ach Clara, da hätt ich doch auch keine Arbeit.«

»Völlig egal, hier haben die meisten keinen Job. Und in Berlin ist das echt kein Drama. Statt als *Arbeitsloser* bezeichnet man sich einfach als *Künstler*.«

»Na toll.«

»Jetzt mal ernsthaft: In irgendeiner Unternehmensberatung wirst du mit Sicherheit ohne Probleme unterkommen. Und die Mieten sind lächerlich günstig, weil keiner wirklich Kohle hat.«

»Du wohnst im ehemaligen Osten, richtig?«

»Wenn du davon ausgehst, dass mit der DDR auch die Himmelsrichtungen verschwunden sind ...«

»Hä?«

»Ja, im Osten. Hier ist immer noch ständiger Umbruch angesagt. Nach der Wende wurde alles extrem aufgemotzt, mittlerweile wird's aber wieder total runtergerockt. Solltest du echt miterleben! Kannst ja erstmal bei mir einziehen, und danach sehen wir weiter.«

»Hm.«

»Okay, du hast keinen Bock. Aber das Angebot steht! Oder hast du im Moment 'nen Anker? Wie heißt deine Aktuelle nochmal? Kamilla?«

»Ja, ja, Kamilla. Einen Anker würde ich die nicht gerade nennen, eher 'ne Affäre. Heute Abend sind wir bei 'ner Freundin von ihr eingeladen. Geburtstagsfeier. Würde mich lieber allein in 'ner Bar besaufen, als mir diesen Scheiß anzutun.«

»Ich sag dir mal eines: Wenn du nachher mit Kamilla da aufläufst, kannst du davon ausgehen, dass ihr fest zusammen seid.«

»Wieso das denn?«

»Keine Frau nimmt ihren Gelegenheits-Stecher mit zum Geburtstag einer Freundin, das ist doch wohl klar!«

»Oje.«

»Mann, Mann, Mann. Du machst das jetzt folgendermaßen: Schau mal, ob du dich mit Kamilla auf der Party wohl fühlst oder nicht. Und wenn du keine Lust auf die ganze Sache hast, sag ihr das gefälligst! Und zwar gleich morgen!«

»Ja, ja.«

»Ach, mir fällt grad noch was ein. Hab letztens mit David gesprochen. Er meinte, er hätte versucht, dich zu erreichen.«

»Ja, möglich. Seine Nummer wird auf meinem Telefon nicht angezeigt. Und wenn ich nicht weiß, wer's ist, geh ich nicht dran. Könnte ja auch Liria sein.«

»Oh Gott, ruft die Schnalle immer noch an? Das müsste doch inzwischen zwei Jahre her sein mit der.«

»Äh, keine Ahnung, ob sie's ist. Ich heb ja nicht ab.«

»Also, ein paar Mal war's zumindest David. Ruf ihn in den nächsten Tagen bitte mal zurück.«

»Ja, vielleicht morgen.«

***

Von allen Frauen, die mir je begegnet sind, ist Kamilla mit Abstand die pünktlichste. Mit lediglich fünfminütiger Verspätung trudelt sie plappernd in meiner Wohnung ein, um mich zu Knoten-Fraukes Geburtstag abzuholen. »Unten ist so 'n gelber Zettel an der Tür. Am Montag wird bei dir das Wasser abgestellt. Von zehn bis dreizehn Uhr.«

»Egal, da penn ich ja sowieso noch.«

»Witzbold.« Kamilla begrüßt mich mit einem Kuss, rümpft prompt ihre spitze Nase und sieht mich vorwurfsvoll an. »Hast du schon was getrunken?«

»Ja, keine Sorge, hab dran gedacht.«

Kopfschüttelnd blickt Kamilla auf drei leere Bierflaschen, die aufgereiht auf meinem Couchtisch stehen. »Also manchmal glaub ich wirklich, du hast sie nicht mehr alle.«

Kamilla hat meine Trink-Strategie offenbar nicht verstanden. Nüchtern werde ich den langweiligen Abend bestimmt nicht überleben. Und da ich befürchte, mit einer sofortigen Druckbetankung bei Knoten-Frauke womöglich einen schlechten Eindruck zu erwecken, habe ich sicherheitshalber etwas vorgeglüht. Aus reiner Höflichkeit. Bei Frauke muss ich ja immer ein bisschen vorsichtig sein, schließlich ist sie nicht nur Kamillas Arbeitskollegin, sondern eine ihrer besten Freundinnen. Und dementsprechend bin ich Fraukes biologischer Feind: Der gestörte Typ, der das sagenhaftes Glück, in seinem Alter eine solche Spitzen-Frau wie Kamilla seine Geliebte nennen zu dürfen, nicht im Geringsten zu schätzen weiß.

Ich bin mir absolut sicher, als gute Freundin wird sich Frauke jede von Kamillas Klagen widerspruchslos anhören, jedem bis ins Detail vorgetragenen Lamento energisch beipflichten. Bei unseren wenigen Begegnungen habe ich es ihren scheinheiligen Augen ablesen können. Sie kennt jeden Pickel auf meinem Arsch, jedes Haar an meinem Sack. Und ich vermag mir lebhaft vorzustellen, wie Frauke sich bei einem überteuerten Café au lait im *Stabinger* das ganze Elend mit barmherziger Miene anhört, gelegentlich verständnisvoll nickt, dann und wann aufmunternd Kamillas Hand streichelt und ihr letzten Endes eindringlich rät, sich nicht mehr mit mir zu treffen, weil doch an jeder Ecke ein Besserer zu finden sei. Aber im Grunde macht Knoten-Frauke ja auch nur ihren Job.

In Fraukes Wohnung werden meine schlimmsten Befürchtungen noch übertroffen. Durch einen in dezentem grün getünchten Flur erreichen wir das in dezentem gelb getünchte Wohnzimmer, in dem Kamilla ihrer Freundin wortreich *unser*

Geschenk übergibt, an dem ich mich in Wahrheit gar nicht beteiligt habe. Derweil fällt mein Blick auf einen Regalschrank, der anscheinend die gesammelten Erinnerungsstücke aus Knoten-Fraukes bisherigem ödem Leben zur Schau stellt. Hier ein kitschiger Stoff-Delfin, da ein unbeschreiblich hässlicher Harlekin, dahinter eine Reihe Harry-Potter-Bände. Im Fach darunter ein Einmach-Glas mit Sand und Muscheln, daneben ein gerahmtes Foto, das Frauke vermutlich genau an dem Strand zeigt, von dem der unnütze Dreck stammt.

Und im Zentrum des belanglosen Klimbims thront der Höhepunkt von Knoten-Fraukes Schrank des Schreckens: Eine Kompaktanlage. Lautsprecher gleich integriert, das ideale Konstrukt für all jene Banausen, die etwas so Nebensächlichem wie Musik nicht einen einzigen unnötigen Millimeter ihres kostbaren Wohnraums zuzubilligen bereit sind. Fraukes CD-Sammlung nimmt ebenfalls nicht sonderlich viel Platz in Anspruch – sie hat es mit ihren vierundzwanzig Jahren auf ganze sieben Exemplare gebracht: Kuschelrock 5, 16 und 18, zwei Ausgaben der Reihe Fetenhits sowie ein Best-of-Irgendwas-Sampler. Doch zur Feier des Tages hat Knoten-Frauke das Prunkstück ihrer Stimmungs-Scheiben auf der Kompaktanlage bereitgelegt: Das Hüttengaudi-Doppelalbum!

Angewidert wende ich mich von dem gruseligen Riesen-Setzkasten ab, da gerät eine Fotowand in mein Blickfeld. Auf beinahe jedem Bild hat Frauke blöd grinsend einen Drink in der Hand. Mal prostet sie irgendwelchen Schwachköpfen mit einem Schirmchen-Cocktail zu, mal posiert sie allein mit einem Sektglas für die Kamera. Und quer über das schaurige Machwerk ist, in willkürlich krumm und schief aufgeklebten Buchstaben ein Wort zu lesen, das der grausamen Realität nicht ferner sein könnte: PAAARTY!!!

»Komm, wir setzen uns.« Kamilla nimmt mich an der Hand und platziert mich am Esstisch neben Frauke, die mir den Rest der erlesenen Geburtstagsgesellschaft vorstellt. Corinna, dunkelhaarig und auffällig hübsch, zwei milchgesichtige Typen, von denen einer offensichtlich mit Corinna zusammen ist und – mein persönliches Highlight des Abends – Sabine (genannt Sabinchen), ausgestattet mit den gewaltigsten Titten, die ich in meinem Leben jemals erahnen durfte. Dem schüchternen Sabinchen scheinen ihre Riesenhupen allerdings derart peinlich, dass sie ihre Prachtstücke unter einem dicken Pulli zu verstecken sucht.

Unbegreiflich, denke ich, wozu sind die Dinger denn da? Liria hat ihre Titten immer mit Stolz getragen – das waren schließlich die Pfunde, mit denen sie wucherte. Aber Sabinchen möchte wohl wegen ihrer inneren Werte gemocht werden. Also sitzen wir gemeinsam an Fraukes großem Esstisch und tun alle miteinander so, als seien Sabinchens monströse Möpse gar nicht vorhanden – *an Elephant in the Room*.

Zu essen hat Knoten-Frauke »leckere Pizza« zubereitet. Ohne Knoblauch und Zwiebeln, weil Corinnas Freund keine Lauchgewächse zu sich nimmt, frei von Salami, Schinken, Thunfisch und Sardellen, da Corinna Vegetarierin ist. Auf Champignons wurde wegen Sabinchens Pilz-Allergie verzichtet, Mais und Ananas fehlen, weil Kamilla meint, so etwas gehöre auf eine Pizza einfach nicht drauf.

Ungestört vom leisen Gedudel der Hüttengaudi verköstigen wir somit diese neueste Pizza-Margherita-Variante, wobei die Tischgespräche im Wesentlichen um irgendwelche Zukunftspläne der Milchgesichter kreisen. Corinnas Freund, dessen Name mir eine halbe Sekunde nach unserer Begrüßung entfallen ist, hat im Anschluss an seinen Zivildienst eine Lehre bei der örtlichen Sparkasse begonnen und weiß mit seinen höchstens zwanzig Jahren bereits, wann er mit seiner Freundin in ein schickes Eigenheim im Grünen ziehen wird, um die dort zu zeugenden Kinder von den Gefahren der Großstadt fernzuhalten. Ich sage dazu kein Wort. Pläne habe ich in meinem ganzen Leben nicht gemacht. Allenfalls habe ich spätestens seit diesem Moment den festen Vorsatz, all das, was sich die Milchgesichter für ihre Zukunft erträumen, unter allen Umständen zu vermeiden. Noch nie hab ich mich so fehl am Platz gefühlt wie unter diesen konservativen Kindern, seufze ich innerlich, mampfe schweigend mein Stück Pizza und überlege, ob ich in freier Wildbahn eher die hübsche Corinna oder das dicktittrige Sabinchen flachlegen könnte.

Zu Kamillas Missfallen habe ich beim Essen rasch zwei Flaschen Bier heruntergekippt, und auch danach nehme ich mich nicht wirklich zurück. Doch das ersehnte Gefühl der Trunkenheit will sich nicht so recht einstellen. Zwar mixt Frauke inzwischen »leckere Caipis«, aber ich lehne dankend ab, weil ich den Drink schon immer gehasst habe. Während die anderen Gäste nun genüsslich flüssigen Zucker durch bunte Strohhalme saugen, gilt meine gesamte Aufmerksamkeit dem Bemühen, meine Bierflasche nach jedem Schluck exakt auf dem leuchtend roten Fleck abzustellen, der beim Abräumen des Geschirrs vor mir auf der weißen Tischdecke zutage getreten ist. Wie ich Tischdecken hasse! Deren Benutzung kann letztlich nur dem Zweck dienen, jegliche Ungeschicklichkeit eines Gastes gerichtsfest zu dokumentieren. Und ganz gewiss wird Knoten-Frauke in dem Augenblick, in dem sie die besudelte Decke in die Waschmaschine wirft, anhand der Position des Fleckes messerscharf schlussfolgern, wer für diese Schandtat verantwortlich ist und hätte damit nur einen weiteren willkommenen Anlass, mich bei Kamilla zu denunzieren.

Zwischenzeitlich bin ich übrigens zu dem Ergebnis gekommen, dass es wohl Sabinchen wäre, die ich als erstes in die Kiste kriegen könnte. Jedes Mal, wenn ich sie ansehe, schaut sie sofort in ihr Longdrink-Glas und stochert mit ihrem Strohhalm auffällig hektisch in den Eiswürfeln herum – ein untrügliches Zeichen hochgradigen sexuellen Interesses!

Corinna und ihr Freund sind unterdessen beim Thema *Hochzeits-Planung* angelangt. Gleichzeitig verspüre ich das dringende Bedürfnis, pissen zu gehen. Auf meinem Weg zum in dezentem blau getünchten Badezimmer fallen mir durch die Küchentür zwei Flaschen Pitú ins Auge, mit denen Knoten-Frauke ihre »leckeren Caipis« gemixt hat. Vielleicht ist der Abend ja doch noch zu retten, denke ich, schleiche in die Küche und suche in den Oberschränken vergeblich ein Schnaps-Pinnchen. Mir bleibt keine Wahl. Ich setze die Flasche an und lasse mindestens fünf cl Pitú in meine Kehle rinnen. Vierzig Volt! Nach drei Sekunden Gesichtsverzerrung und kurzem Hüsteln genehmige ich mir einen zweiten. Der schmeckt zwar auch wie ein Schlag in die Fresse, steht einem dritten aber nicht im Wege. Gerade frage ich mich, ob eine halbe Flasche dieses ekligen Hochprozenters mich in die Lage versetzen könnte, den todlangweiligen Tischgesprächen der Milchgesichter amüsiert zu folgen, da höre ich hinter mir Kamillas Stimme.

»Sag mal, bist du jetzt vollkommen verrückt geworden?«

Hastig fahre ich herum und starre in ein Paar zornige Augen. »Wieso, was ist denn?«

»Du versteckst dich hier, um heimlich Schnaps zu trinken! Das ist ja widerlich!«

»Widerlich? Ihr sauft das Zeug doch auch.«

»Aber nicht pur!«

»Trotzdem ist es das gleiche Zeug! Ob pur oder nicht, das macht doch gar keinen Unterschied.«

»Genau das meine ich! *Genau das*!«

»Was meinst du denn? Was *genau*?«

»Dass es für dich keinen Unterschied macht!« Unvermittelt kullern kajalgeschwärzte Tränen über Kamillas gerötete Wangen. »Kapierst du das eigentlich nicht?«

»Kapier ich *was* nicht?«

»Dass du ein Alkoholiker bist!«

Was fällt dieser Schlampe bloß ein, rauscht es mir durch den Kopf, erst zwingt sie mich in dieses Imperium der Langeweile, dann beschimpft sie mich auch noch als Alkoholiker! Und Kamillas Tränen fachen meinen Ärger nur noch an. »So was muss ich mir von einer Schlampe wie dir bestimmt nicht sagen lassen!«

Wie eingefroren stehen wir da. Ich kann nicht glauben, was ich gesagt habe. Dieses verdammte Wort! So oft habe ich es gedacht, dass es mir nun allzu leicht über die Lippen gegangen ist. Und jetzt pisse ich mir aus Angst vor Kamillas Gegenschlag fast in die Hose.

Doch Kamilla tut mir nicht den Gefallen, einfach loszubrüllen. »Du bist so ein armseliges Schwein«, erwidert sie mit bebender Stimme, dreht sich um und verschwindet im Flur. Dann höre ich sie bitter Schluchzen.

Ehe ich mich versehe steht Frauke vor mir und schmeißt mir meine Jacke entgegen. »Hau ab aus meiner Wohnung!«

Wortlos gehe ich aus der Tür, stürze die Treppe herunter und renne aus dem Haus, um schnellstmöglich den hasserfüllten Blicken zu entkommen, die mir die Geburtstagsgesellschaft mit Sicherheit noch durch das Wohnzimmerfenster hinterherwirft. Zwischen zwei am Straßenrand geparkten Autos sinke ich auf den Asphalt und heule mir beinahe die Seele aus dem Leib.

***

Das Scheitern einer Beziehung ist noch nie meine Schuld gewesen. Bianca und Clara hatten mit mir Schluss gemacht, weil es schlicht an der Zeit gewesen war. Das entspricht meiner Joghurt-Theorie. Denn egal, wie gut die Qualität auch ist oder wie viele Substanzen man beimischt, um die Haltbarkeit künstlich zu verlängern - irgendwann wird die ganze Sache schlecht. Und ist das Datum abgelaufen, kann man nur noch eines tun:

Die Angelegenheit schleunigst im Müll entsorgen, bevor sie mächtig zu stinken beginnt und womöglich gesundheitsschädlich wird.

Bei Liria und Sandra hingegen stand ein anderer Mann einer festen Beziehung im Wege. Zwar handelte es sich in beiden Fällen um außergewöhnlich hässliche Kerle, aber im Ergebnis war das Scheitern wiederum nicht meine Schuld. Und das ist schließlich die Hauptsache.

Die Geschichte mit Kamilla habe ich allerdings ganz und gar allein verbockt. So sehr ich mich bemühe, eine Version der Katastrophe zu konstruieren, bei der ich nicht die alleinige Verantwortung trage, so sehr misslingt jeder Versuch einer Rechtfertigung schon im Ansatz. Und mit Kamilla habe ich den letzten vertrauten Menschen in dieser Stadt verloren. Nein, nicht verloren, überlege ich, sondern dermaßen gedemütigt, dass sie für den Rest ihres Lebens nur noch mit Abscheu an mich denken wird.

Nun stehe ich einsam da. Mit Jens habe ich nach dem Versiegen der *M&P*-Aufträge überhaupt nichts mehr zu tun, und vom tollen Mike habe ich, seit er eine hinreichend sparsame Frau gefunden hat, ebenfalls nichts mehr gehört. Selbst David ist mit seiner Freundin zusammengezogen, weswegen er wohl niemals auf die Idee kommen wird, mich in dieser gottverlassenen Stadt zu besuchen. Meine Güte, denke ich plötzlich, *David!* Der hat doch probiert, mich zu erreichen!

Nach dem vierten Klingeln ist er an der Strippe. »Freu mich echt, dass du endlich mal zurückrufst. Bin aber grad auf'm Sprung.«

»Oh.«

»Wie geht's dir denn?«

»Ganz gut.«

»Ganz gut? Ach, warum ich angerufen hatte: Anette ist schwanger!«

»Wer?«

»Anette! Meine Freundin!«

Ich bin vor Entsetzen wie gelähmt. Niemals hätte ich mir vorstellen können, dass sich sogar David dem irrwitzigen Wettlauf in die Spießigkeit anschließen würde. »Oh, herzlichen Glückwunsch!«

»Ja, danke. Muss gleich wirklich los.«

»Und was ist mit Anti?«

»Der hat sich mit Fred 'ne Wohnung gekauft, direkt am Stadtpark. Anette und ich schauen uns im Moment übrigens auch nach Eigentum um.«

Mir zieht sich fast der Magen auf links. »Mann, David! Ich versteh das mit der gemeinsamen Wohnung schon nicht. Und du willst mir hier allen Ernstes was von *Eigentum* erzählen?«

»Hey, allein das Zusammenziehen war 'ne *Win-win-Situation*! Anette sieht mich jeden Tag – ich zahl nur die halbe Miete. Überleg mal, ich werde bald Vater, da muss ich noch ökonomischer denken als je zuvor! Und wenn wir uns demnächst was kaufen, überweisen wir statt der Miete einfach Raten an die Bank. Klar, die will auch 'n Stück vom Kuchen, aber am Ende gehört die Wohnung uns! So haben letztlich alle ihren Benefit. *Win-win-win*.«

»Oh weh … «

»Und wenn nicht jetzt, wann dann? Hab vergangenes Jahr so gut verdient wie noch nie - mein persönliches *All Time High*!«

»Hm.«

»Ich hab echt keine Zeit mehr. Also ganz kurz: Wie ist's denn bei dir mit der Arbeit? Müsste ja bombastisch laufen!«

»Wie kommst du denn auf so was?«

»*M&P* sind doch richtig groß im Geschäft! Hab gehört, die machen grad den Riesen-Reibach.«

»Davon hab ich leider noch nichts gehört.«

»Wie kannst du das denn nicht mitbekommen? Die haben seit neuestem drei Etagen in 'nem Luxus-Bürohaus angemietet. Da ist vom Börsengang die Rede!«

»Das gibt's ja nicht! Ich dachte, der Laden hätte längst Pleite gemacht.«

»Na gut, das mit dem Börsengang hab ich mir ausgedacht. Aber expandiert haben die auf jeden Fall.«

»Komisch. Ich kriege von denen gar keine Aufträge mehr.«

»Kann gar nicht sein, die brauchen jeden Mann. Oder haste da irgendwelche Scheiße gebaut?«

»Nicht, dass ich wüsste.«

»Entschuldige, Anette wartet an der Tür. Lass uns bald nochmal telefonieren. Und schau dir die neue Internet-Seite von *M&P* an!«

»Ja, mach ich. Tschüss.«

»Tschüss!«

Ich werfe den Hörer auf die Gabel und atme tief durch. David kann mich mit seinem Business-Gelaber langsam mal am Arsch lecken. *Win-win-win*, *All Time High*, was für ein Quatsch. Und dann erzählt er auch noch diesen Unsinn über *M&P*! Die sollen plötzlich eine große Nummer sein? Das kann unmöglich stimmen, denke ich, aber überprüfen möchte ich die Angelegenheit doch mal kurz. Ich gebe die Begriffe MEIROWSKI UND PARTNER bei Google ein, und schon der erste Treffer ist der richtige. Einen Mausklick später traue ich meinen Augen kaum. Auf dem Bildschirm prangt eine glänzende Hochhausfassade vor wolkenlos blauem Himmel, darüber riesengroß das Logo *M&P*. Ein argloser Kunde müsste glauben, er habe es mit einem Weltkonzern zu tun.

Auf der Navigationsleiste werden mir Wir über uns, Dienstleistungen, Team und Kontakt angeboten. Ich entscheide mich für das Team und bin gespannt, ob *M&P* es tatsächlich gewagt haben, ihre elegante Web-Präsenz mit einem Foto von

Jens' hässlicher Visage zu verschandeln. Als erstes grinst mir jedoch Monsignore Meirowski höchstpersönlich entgegen, der als Principal des Unternehmens auftritt. Nervös scrolle ich ein Stück nach unten, und da ist er wahrhaftig: Jens Barlage, Senior Consultant. Nicht einmal gephoto-shopped.

In der absurden Hoffnung, vielleicht sogar ein Bild von mir selbst zu entdecken, schiebe ich die Seite ein paar Zentimeter weiter abwärts und bin mit einem Mal wie elektrisiert. Sandra! Einen Telefonhörer in der Hand haltend, sitzt sie an einem kleinlich aufgeräumten Schreibtisch und lächelt zuckersüß in die Kamera. Und dabei trägt sie auch noch ein Kostüm, ganz ähnlich dem, in welchem sie damals göttinnengleich aus Jens' Büro geschwebt war.

Was hat Sandra als ehemalige Praktikantin bloß auf der Website von *M&P* verloren, frage ich mich, da löst sich das Rätsel in Form eines einzigen beängstigenden Wortes. Allerdings ist es nicht ihr Titel *Business Analyst*, der mich bis ins Mark erschüttert. Es ist vielmehr ihr Name, der mich derart erschreckt, dass mir regelrecht das Blut in den Adern gefriert: Sandra *Barlage*.

***

Ich bin am Arsch. Ich bin gefickt. Ich bin so richtig *in den Arsch gefickt*! Dass sich meine sozialen Kontakte in dieser verfluchten Stadt auf null reduziert haben, macht mir die geringsten Sorgen. Keinerlei Einkünfte zu erzielen, stellt hingegen eine handfeste Katastrophe dar. Das Kapitel *M&P* ist für mich endgültig erledigt, so viel ist klar. Jens und Sandra Barlage. Was für ein Witz! Oder noch besser: Die Barlages. Das hätte ich mir in meinen schlimmsten Albträumen nicht ausmalen können. Und Sandra hat offensichtlich reinen Tisch gemacht, bevor sie Jens geheiratet hat. Sang- und klanglos hat dieser dann meine

Beschäftigung auslaufen lassen. Nicht von einem auf den anderen Tag beendet, nein, sondern die Aufträge ganz unauffällig gedrosselt, damit ich die Intrige bloß nicht witterte. Schließlich ist das die Art, auf die Jens schon immer Probleme zu lösen gepflegt hat: Effizient und diskret. Wahrscheinlich hat Monsignore Meirowski gar nicht bemerkt, dass ich nicht mehr für ihn arbeite, die mir zugedachten Aufträge stattdessen von Sandra erledigt werden. Und bei einem Freelancer bedarf es ja nicht mal eines Kündigungsschreibens.

Bald werde ich mir überlegen müssen, wie es weitergeht. Eine Festanstellung kann ich mir beim besten Willen nicht vorstellen. Tagtäglich in ein Scheißbüro zu gehen, um tagtäglich in dieselben Scheißvisagen irgendwelcher todlangweiliger Kollegen zu glotzen, mag ja für den Durchschnittsbürger der Normalzustand sein. Aber roboten gehen bis zur Rente ist für mich schlichtweg keine Option. Ein neuer Freelancer-Job wird sich schon finden, irgendwann. Erst einmal muss ich mich vom Schock des Barlage-Komplotts erholen. Und ich weiß, was für diesen Zweck genau das Richtige ist: Urlaub – und zwar Urlaub auf *meine* Art!

Eine ganze Woche lang gebe ich mich dem Suff hin, sitze bis tief in die Nacht vor dem Fernseher, um den folgenden Tag so lange wie nur möglich zu verschlafen. Das Wochenende verbringe ich auf gleiche Weise. Und weil ich mir von den Ferien für meinen Selbstfindungsprozess etwas mehr versprochen hatte, hänge ich direkt noch eine Woche dran. Doch je länger meine Nächte und je kürzer meine Tage werden, desto desolater wird meine Stimmung. Bis zum Sonnenaufgang quäle ich mich mit Fragen, die ich allerdings niemals ernsthaft zu beantworten wage. Hätte ich um Sandra kämpfen sollen? Habe ich sie nicht selbst zurück in Jens' gewandte Arme getrieben, indem ich mich einfach klaglos aus der Affäre gezogen habe? Und was ist mit Liria? Habe ich sie durch meine unerträgliche Art nicht ständig zum Streiten herausgefordert? Ist *sie* in Wahrheit die Liebe meines Lebens? Oder hätte ich Nicole aus Hamburg heiraten und mit ihr ein heimeliges Familienleben an der Alster führen sollen? Mehrfach überlege ich sogar, mich bei Kamilla zu melden, mich in aller Form bei ihr zu entschuldigen, sie auf Knien um Verzeihung zu bitten. Aber ich komme jedes Mal zu dem Ergebnis, dass ich ihr den größten Gefallen tue, wenn ich sie in Ruhe lasse. Und in ihre langweilig-spießige Partyfoto-Collagenwelt mit ihren bonbonfarbenen Wänden gehöre ich sowieso nicht hinein.

Am Ende der zweiten Urlaubswoche entscheide ich mich spontan zu einem Ausflug. Es wird mir sicherlich guttun, nochmal unter ein paar Leute und damit auf andere Gedanken zu kommen. Zudem ist Samstag, und seit ich mit Kamilla zusammengekommen war, bin ich nicht mehr im *Bienenstock* gewesen. Einen letzten Abend werde ich mir dort gönnen, anschließend einen letzten Tag verschlafen und mich gleich am Montagmorgen nach einer neuen Arbeit umschauen.

Voller Tatendrang mache ich mich auf den Weg in die Innenstadt, spaziere auf den Eingang des *Bienenstocks* zu, werde jedoch unsanft von einem schwarz gekleideten Muskelpaket gestoppt. »Du nicht!«

»Wie? Was? Warum denn nicht?«

Der Türsteher mustert mich von oben bis unten, schüttelt ungläubig den Kopf. »Guck dich mal an! Und jetzt mach den Eingang frei, sonst gibt's Ärger!«

Ich kann es kaum glauben. Mindestens einhundert Mal bin ich in dem Scheißladen gewesen, habe ein ganzes Vermögen dort versoffen, und nun soll ich aus völlig unerfindlichen Gründen nicht mehr gut genug für den Drecks-Bums sein? Da kann doch was nicht stimmen!

Der Security ist mit seiner Geduld längst am Ende. »Zieh Leine!«

Irritiert gehe ich einige Meter zur Seite und lasse mich vor einer Dönerbude auf dem Bordstein nieder. Der Abend ist wohl versaut. Und unversehens wird mir der Grund für die barsche Art des Türstehers bewusst. Im Neonlicht des Dönerladens zeichnet sich ein Meer von Flecken auf meiner Hose ab, lässt das Blau meiner Jeans wie fettige Tarnfarben schimmern. Der Muskelprotz muss mich für einen Asi gehalten haben. Tatsächlich hatte ich zum ersten Mal darauf verzichtet, mich ausgehfertig zu machen, bin stattdessen einfach losgelatscht. Zu meiner eigenen Überraschung trage ich ein löchriges Rock-am-Ring-1998-T-Shirt (Bob Dylan und Bootsy Collins waren da!), und meine Sneakers sehen aus, als wäre ich seinerzeit mit ebendiesen vor der Bühne im Matsch versunken. Eine etwas zu rock'n'rollige Aufmachung für einen Schlager-Schuppen, muss ich zugeben.

Unschlüssig, wie ich den Rest des Abends gestalten soll, kratze ich mir die ungewohnt langen Bartstoppeln, als ich zwischen den aus dem *Bienenstock* stampfenden Bässen ein anderes, nicht deutbares Geräusch wahrnehme. Beinahe hört es sich nach dem Jammern eines verletzten Tieres an. Verwirrt stehe ich auf und schaue mich um. Das seltsame Wimmern kommt aus einer Tordurchfahrt zwischen *Bienenstock* und Dönerbude. Vorsichtig bewege ich mich auf die Quelle des unheimlichen Wehklagens zu und kann in der Finsternis die Umrisse einer kindlichen Gestalt erahnen. »Hallo?«

Abrupt verstummt das fremde Wesen.

»Hey, was ist denn los?«, frage ich leise, doch erhalte wieder keine Antwort. Nach ein paar weiteren verhaltenen Schritten haben sich meine Augen einigermaßen an die Dunkelheit gewöhnt, und ich sehe eine kurzhaarige Braut in einer Pfütze sitzen. »Steh mal auf, du hockst da in was drin.«

Verstört hebt sie den Kopf. »Was?«

»Komm hoch«, lächle ich und reiche ihr meine Hand.

Sekundenlang taxiert sie mich mit ängstlichem Blick, bis sie sich endlich traut, meine Hand zu ergreifen.

Als ich ihr aufhelfe bemerke ich, dass es ihre eigene Pisse ist, in der sie gesessen hat. »Was ist dir denn passiert?«

»Ich hab Angst.«

»Und wovor?«

»Vor der Zombie-Apokalypse.«

Damit hatte ich nun wirklich nicht gerechnet. Aber wie auch immer sie auf einen solchen Unsinn kommt, eines ist offensichtlich: Sie braucht meine Hilfe. »Wir können zu mir nach Hause fahren, da bist du in Sicherheit. Und duschen kannst du da auch. Deine Hose ist ganz nass.«

»Echt?«

»Ja, komm mit, ich zahl das Taxi.«

Keine halbe Stunde später tapst meine Besucherin frisch geduscht aus dem Badezimmer. Obgleich sie ihren kleinen Körper vollständig mit einem Handtuch umwickelt hat, ist unübersehbar, dass sie dünn ist wie ein Zweig.

»Hey Twiggy, alles gut?«

»Ja. Darf man hier rauchen?«, flüstert sie und setzt sich zu mir auf die Couch.

»Klar!«

»Hast du Zigaretten?«

»Direkt vor deiner Nase«, antworte ich, biete ihr eine Lucky Strike an und taste unwillkürlich in meinem Pyjama nach einem Feuerzeug.

»Feuer hab ich«, erwidert sie, kramt ein Zippo aus ihrer Handtasche, steckt sich ihre Zigarette an, um mir gleich darauf das Feuerzeug in die Hand zu drücken. »Kannste behalten.«

»Oh, wie nett!« Verwundert sehe ich mir den Schriftzug auf meinem Geschenk an. »Was bedeutet denn A.C.A.B.?«

»All Cops Are Bastards.«

»Da ist was dran.«

»Warst du eben im *Bienenstock*?«

»Hab's versucht. Bin aber nicht reingekommen.«

»Scheißladen«, brummelt sie, und unverhofft umspielt ein Lächeln ihre schmalen Lippen. »Stattdessen kümmerst du dich um Yvonne.«

»Wer ist denn Yvonne?«, frage ich verdutzt.

Meine Besucherin starrt noch viel verdutzter zurück.

»Oh, entschuldige!«

»Kein Ding«, lächelt Yvonne, »danke, dass ich hier sein darf.«

»Gern. Keine Angst mehr vor Zombies?«

»Nein, war eben nur etwas durch den Wind.« Yvonne hebt ihre Beine auf die Couch, legt ihren Kopf in meinen Schoß, ihre Hand greift an meine Brust. »Warum hast du denn 'nen Schlüssel um den Hals hängen?«

»Ist mein Wohnungsschlüssel. Bin öfter mal schlafgewandelt, und dabei könnte ich mich aussperren.«

»Und wie oft kommt das vor?«

»Seit ich den Schlüssel trage, überhaupt nicht mehr.«

Yvonne grinst mich an. »Darüber solltest du einen Artikel in 'ner Fachzeitschrift veröffentlichen. *Mittel gegen Somnambulismus entdeckt.* Damit wirst du bestimmt reich!«

»Kenn ich gar nicht, das Wort.«

»Reich?«

»Nee, Som-nam-bu-lis-mus.«

»So heißt das in der Wissenschaft. Ist 'ne qualitative Bewusstseinsstörung.«

Ich bin total verblüfft. »Studierst du Medizin?«

»Nein, nein, ich hab so was Ähnliches wie du.«

»Aha. Und was genau?«

»Paranoide Schizophrenie.«

»Oh.« Einige Sekunden lang überlege ich, ob Yvonne mich auf den Arm nehmen will, doch die nüchterne Art, in der sie fortfährt, macht jeden Zweifel hinfällig.

»Ist echt 'ne üble Sache. Aber wenn ich meine Medikamente nehme, hab ich das recht gut im Griff.«

»Hm, ist ja beruhigend.«

Mir ist völlig schleierhaft, in welchen Irrsinn die Konversation noch münden soll, da klärt Yvonne die Sache überraschend unbürokratisch: »Lust, mich zu bumsen?«

»Logo!«

***

»Atosil ist nichts zum Trippen, macht nur 'n bisschen tüdelig. Funktioniert dafür ziemlich schnell. Das ist bei Benzos schon was anderes. Von den Emesan-Teilen komm ich manchmal echt ins Fliegen. Rohypnol kennste ja wahrscheinlich. Wenn's zu krass wird, kann man mit Diazepam die Notbremse ziehen. Ach, Triaz hab ich auch, die sind natürlich noch besser.«

Wortlos beobachte ich, wie Yvonne buchstäblich eine Apotheke in meinem Bücherregal aufbaut. Ihre Kenntnisse in Sachen Pharmazeutika beeindrucken mich durchaus, doch nach einem halben Jahr in der geschlossenen Abteilung der städtischen Psychiatrie gehört das wohl zu den typischen Nebenwirkungen.

»Wir machen das ganz einfach so: Im linken Regal sind die Downer, und die Upper kommen nach rechts.« Yvonne stapelt Venlafaxin auf Amantadin, Ritalin auf Tilidin, Cymbalta auf Strattera. »Lass bitte die Finger vom Invega. Ist nichts zum Naschen, verstanden?«

»Klar«, erwidere ich, aber was mir Yvonne mit ihrer sachkundigen Einweisung in meine neue Hausapotheke tatsächlich mitteilen möchte, kann ich nur erahnen. Und mir schwant schon wieder Übles. Als Yvonne nach unserer ersten Nacht kurzzeitig verschwunden war, um irgendwo einen mit Klamotten vollgestopften Müllsack abzuholen, dachte ich zunächst, es handele sich um ein paar frische Sachen aus dem Waschsalon. Dass es ihr gesamter Hausstand war, begriff ich erst, als sie nach zwei weiteren durchfickten Tagen und Nächten noch immer keine Anstalten machte, meine Wohnung zu verlassen. Yvonne ist bei mir eingezogen. Und der freie Zugriff auf ihr Medikamentendepot soll wohl die Zahlung einer Miete ersetzen. Wohnen für Drogen. *Win-win.*

Mindestens ein Mal pro Woche trifft sich Yvonne mit dem Arzt ihres Vertrauens, von dem sie alles bekommt, was sie zum Leben braucht: Pillen und Geld. Natürlich fickt sie dafür mit ihm, mich kümmert dies jedoch in keiner Weise, denn ich mache mit Yvonne ja meist auch nichts anderes. Und weil ich wegen des *M&P*-Desasters mein Auto nun gar nicht mehr benötige, überlasse ich es ihr gern für diese Touren. Von dem Bargeld, das Yvonne von ihren ominösen Arztterminen mit nach Hause bringt, finanzieren wir wiederum unsere Mahlzeiten. So haben letztlich alle ihren Benefit. *Win-win-win.*

Jetzt habe ich also den Weg beschritten, den meine Freunde mir gewiesen haben: Ich führe eine feste Beziehung in gemeinsamen vier Wänden. So wie David und Anette, Anti und Fred, Sebastian und Sina, Tobi und Carine. Und zu guter Letzt wie Sandra und Jens. Zugegebenermaßen handelt es sich bei unserem Domizil nicht um Eigentum, sondern um eine heruntergekommene Mietwohnung, und bei meiner Partnerin nicht um eine Seelenverwandte, sondern um eine heruntergekommene Schizo-Nutte, aber näher komme ich an die Erfüllung der gesellschaftlichen Normen einfach nicht heran.

Meine ersten Downer schmeiße ich nach ungefähr zwei Wochen. Ich habe Yvonne etwas zu heftig von hinten genommen, und von ihren spitzen Beckenknochen schmerzen meine Lenden derart, dass ich ums Verrecken nicht einschlafen kann. Nachdem ich eine ganze Stunde wachgelegen habe, probiere ich es mit ein paar Diaz. Der Schlaf übermannt mich wie eine Ohnmacht, und der Effekt gefällt mir außerordentlich gut. Meine ersten Upper nehme ich gleich am folgenden Nachmittag, weil ich so schlapp bin, dass ich es kaum aus dem Bett schaffe. Das Ergebnis ist atemberaubend. Und obendrein legal! Schließlich sind die Substanzen, die mich innerhalb weniger Minuten förmlich von null auf hundert bringen, keine von gewissenlosen Drogendealern fabrizierten Rauschgifte, sondern medizinische Präparate, unter strengster staatlicher Kontrolle von börsennotierten Pharma-Konzernen entwickelt und durch eine Unzahl von Tierversuchen für den menschlichen Konsum als unbedenklich befunden. Somit zahlen sich die unverschämt hohen Monatsbeiträge meiner Krankenkasse endlich mal aus!

Yvonne bringt mir im Laufe der Zeit die wichtigsten Regeln im Umgang mit der nahezu unüberschaubaren Auswahl von Arzneimitteln bei. Sie lehrt mich, welche Tabletten ich erst zerstampfen muss, um die retardierende Wirkung aufzuheben, welche Dosierung schlimmstenfalls letal enden kann, und welche Pillenkombinationen ich keinesfalls allein einnehmen darf, weil Yvonne zur Sicherheit als Tripsitter an meiner Seite bleiben muss. So gönne ich mir hier ein paar Upper, da ein paar Downer, oder verschreibe mir nötigenfalls einen kleinen Trip - je nachdem, wie ich meinen Zustand gerade diagnostiziere. *All Time high*. David wäre stolz auf mich.

Es ist Montag oder Dienstag, vielleicht auch Samstag oder Sonntag. Ich habe eben meine von Yvonne gemopste Jefferson-Airplane-CD aus meinem Punto zurückgeholt und dämmere nach einer Handvoll Triaz wie im Wachkoma auf der Couch vor mich hin, da höre ich Yvonne den Schlüssel ins Schloss stecken, höre sie zur Tür hereinkommen, höre sie durch meine Wohnung gehen, höre sie plötzlich leise fluchen. Um den Grund ihrer Verstimmung festzustellen, möchte ich die Augen öffnen und meinen Kopf zur Seite drehen, aber das Unterfangen ist hoffnungslos. Kein noch so kleiner Muskel lässt sich auch nur für den Bruchteil einer Sekunde nutzbar machen. Perfekt dosiert. Totale Entspannung. Yvonne muss mich für schlafend halten. Wieder bemerke ich sie beinahe flüsternd fluchen, dann meinen Schlüsselbund schütteln, dann wieder fluchen. Verzweifelt versuche ich mein Sprachvermögen zu aktivieren, doch weigert sich mein Mund beharrlich, den Befehlen zu gehorchen.

Was zum Teufel suchst du denn, überlege ich so laut ich kann, gleichwohl vermag Yvonne meine Gedanken nicht zu empfangen. Sie läuft hin und her, her und hin, kramt hier und da, da und hier, rennt irgendwann polternd aufs Klo und schließt die Tür. Sekunden später höre ich ihre erregte Stimme. Mit aller Kraft konzentriere ich mich, um die fahrigen Worte zu verstehen, in mein vernebeltes Hirn gelangt allerdings nur eine Mixtur von Satzfragmenten des im Hintergrund laufenden Songs *White Rabbit* und Yvonnes aufgeregtem Gezeter.

»Wirklich ein Notfall ... *the White Knight is talking backwards* ... mein Freund hat mich verprügelt ... *remember what the doormouse said* ... richtig schlimm ... *feed your head*.«

Ich bin vollkommen durcheinander. Yvonne ist verprügelt worden? Von ihrem Freund? Für einen Moment überlege ich, ob ich ihr das wahrhaftig angetan habe. Ich kann mich beim besten Willen nicht daran erinnern. Habe ich überhaupt schon mal eine Frau verprügelt? Ich weiß es nicht. Oder meint sie mit *Freund* vielleicht jemand ganz anderen? Schließlich zweifele ich sogar an, dass sich Yvonne tatsächlich im Badezimmer befindet und ziehe ernsthaft in Betracht, die gesamte Geschichte könnte lediglich das Ergebnis von circa 120 Milligramm Triazepam sein.

»Nein! Hol mich ab!«

Nun bin ich mir absolut sicher. Yvonne telefoniert auf meinem Klo. Und blitzartig wird mir klar, was sie die ganze Zeit gesucht hat: Meinen Wagenschlüssel! Ich muss ihn nach meinem kurzen Gang zum Auto in meiner Jackentasche gelassen haben. Und die Nutzung des Öffentlichen Personennahverkehrs ist offenbar nicht Yvonnes Sache.

***

»Yvonne?«

»Entschuldige. Wollte dich nicht wecken.«

»Warum flüsterst du?«

»Weil's dunkel ist.«

»Aha. Alles gut?«

»Georg hat gesagt, ich säh verlebt aus.«

»Georg?«

»Mein Arzt.«

»*Verlebt?*«

»Ja, verlebt.«

»Hm … warst länger weg als sonst.«

»Und?«

»Nur so. Wie viel Uhr ist es überhaupt?«

»Weiß nicht, hab grad keinen Bock auf Zeit. Gibst du mir etwas mehr von der Decke ab?«

»Ja, sicher. Haste was mitgebracht?«

»Fünfzig Euro und 'ne Rolle Klopapier.«

»Benzos?«

»Auch. Und Georg hat mir 'nen Ipod mini geschenkt.«

»Ei-was?«

»So 'ne Art Walkman. Bekomm ich bestimmt zweihundert für.«

»Schön. Hast aber kalte Füße.«

»Hab ich doch immer.«

»Was von dem Tsunami gehört?«

»Tsunami? Wo denn?«

»Indonesien, Sri Lanka, die Ecke.«

»Schlimm?«

»Hunderttausend Tote. Mindestens.«
»So kurz nach Weihnachten ...«
»Das feiern die da gar nicht, glaub ich.«
»Trotzdem ein blöder Termin für 'ne Flutwelle. Wie haben deine Eltern eigentlich reagiert?«
»Die interessieren sich nicht für Asien.«
»Ich meine, weil du Weihnachten nicht bei ihnen warst.«
»Ach, sonderlich enttäuscht waren die gar nicht. Haben sich aber wieder wegen meinem Sofa aufgeregt. *Altes Scheißding*, hat meine Mutter gesagt.«
»Verlebt ...«

***

Ich habe mit Yvonne den absoluten Gipfel der sexuellen Bedeutungslosigkeit erreicht. Wenn sie bei mir ist, ficken wir, wenn sie fort ist, dann eben nicht. In beiden Fällen ist es mir völlig gleichgültig. Und mittlerweile beschleicht mich das unangenehme Gefühl, dass es Yvonne umgekehrt nicht anders geht. Mehrfach hat sie bereits angefragt, ob ich irgendeine Bekannte zu einem Dreier einladen könnte, und dieses Ansinnen erscheint mir als weiteres Indiz für den kritischen Zustand unseres Sexuallebens. Schon immer hat Yvonne beim Vögeln ihr Gesicht seltsam verzerrt, beinahe so, als hätte sie schreckliche Schmerzen oder würde von mir gar zum Sex gezwungen. Aber inzwischen nerven mich ihre bizarren Fick-Grimassen so sehr, dass sie mir vollends die Freude an der ganzen Sache nehmen. Wir haben uns auseinandergelebt.

Möglicherweise brauche ich auch nur etwas Abwechslung, überlege ich und suche in meiner Wohnung, die derzeit vermutlich in jedem Bericht eines Ordnungsamtes als *verwahrlost* bezeichnet würde, einige sauber aussehende Klamotten zusammen, rasiere mir geschwind den Bart ab, stecke mir vorsichtshalber ein paar Upper in die rechte, ein paar Downer in die linke Hosentasche und mache mich auf den Weg. Mit ein wenig Mühe lässt sich bestimmt eine Braut abschleppen, denke ich, vielleicht sogar eine mit richtig guten Titten. Und wenn ich Glück habe, ist Yvonne heute Nacht nicht zu Hause. Hab ich hingegen Pech, muss ich wohl einen Dreier veranstalten. Aber es gibt Schlimmeres auf der Welt – Tsunamis, zum Beispiel.

Um die Gefahr zu vermeiden, dem Türsteher, der mir vor einigen Wochen den Zutritt in den *Bienenstock* verwehrt hat, direkt in die aufgepumpten Arme zu laufen, steuere ich zunächst in alter Gewohnheit das *Betty Ford* an. Ich bestelle ein großes Bier und beobachte eine Weile den Eingang des *Bienenstocks*. Der rigorose Tür-Diktator ist nicht zu entdecken. Erleichtert lehne ich mich mit dem Rücken zur Theke und sehe einer Witzfigur auf der Tanzfläche zu, die mit einem an Geschmacklosigkeit nicht zu unterbietenden Kapuzenpulli (Marke: Ed-Hardy-Imitat) und einem von platinblonden Haaren gekrönten Hohlkopf ungelenk zu Rockmusik den Hardstyle Shuffle hopst. Ich möchte auf der Stelle einen weiteren Drink ordern, doch überlege es mir kurzerhand anders. Meine Barschaft beläuft sich auf maximal zwanzig Euro, Kleingeld inklusive. Genug für ein paar Bier im *Betty Ford*, zu knapp für ein paar Wodka-Red-Bull im *Bienenstock*. Da muss zur Überbrückung 'ne Dose Beck's vom Kiosk um die Ecke her.

In der Bierbude entscheide ich mich stattdessen spontan für eine kleine Flasche Jägermeister – mehr Volumenprozent fürs Geld. Ich sollte mir schnellstens 'nen Job suchen, überlege ich auf dem Weg nach draußen, da fällt mir vor Schreck beinahe der Schnaps aus der Hand. Liria! Aus einem Restaurant auf der anderen Straßenseite schreitet sie den Ausgang hinaus, gefolgt vom alten Braselmann. Sofort setzen meine liria-typischen Symptome ein: Adrenalinstoß auf Adrenalinstoß, extreme Mundtrockenheit, Herzrasen.

Lirias Bauch ist zum Platzen angeschwollen. Kann doch nicht sein, dass sie so viel gegessen hat, denke ich verwirrt und halte mich an einem Laternenpfahl fest. Nein, das kann wirklich nicht sein! Es gibt nur eine einzige Erklärung: Meine heilige Liria hat einen Braselmann im Bauch! Gemeinsam trotten sie zu seinem Auto. Er öffnet ihr die Beifahrertür, Liria steigt ein. Der alte Braselmann setzt sich ans Steuer und startet den Motor. Panisch stürze ich in eine Nebenstraße und suche Schutz hinter einer Litfaßsäule. Meine Gedanken laufen Amok, meine Hände hören nicht auf zu zittern, meine Knie sind butterweich. Ich brauche einen Downer. Oder einen Upper? Egal, auf jeden Fall irgendwas! Hektisch krame ich sämtliche Pillen aus den Hosentaschen, stopfe sie alle gleichzeitig in den Mund und spüle sie mit dem Jägermeister runter.

Nach kürzester Zeit fängt mein ganzer Körper an zu kribbeln. Ich weiß sofort, dass ich einen gewaltigen Fehler gemacht habe. Unsachgemäßer Mischkonsum, noch dazu mit Alkohol. Das kommt mitten in der Stadt ohne Tripsitter einem Himmelfahrtskommando gleich. Und dass mein Körper mit dieser unerwarteten Aufgabe total überfordert ist, lässt er mich gnadenlos spüren. Mein Magen ist sich noch unsicher, ob er die toxische Mischung umgehend auskotzen soll, da haben meine Gedärme von der Sache auch schon Kenntnis erlangt. Mir ist es fast unmöglich, meinen Schließmuskel unter Kontrolle zu halten. In ein paar Sekunden werde ich mir zweifellos in die Hose scheißen. Gerade rechtzeitig zerre ich mir die Jeans runter, bevor die Kacke explosionsartig aus meinem Darm schießt. Glück gehabt! Flugs ziehe ich mir die Hose wieder hoch und gehe den Bürgersteig entlang, vorbei an einer verstört glotzenden Oma.

Einige Minuten später habe ich das ungute Gefühl, in einer völlig verkehrten Richtung unterwegs zu sein. Kurz überlege ich, ob ich irgendwo unbewusst abgebogen bin, gehe trotzdem weiter, erblicke mehrere Menschen, deren Gesichter mir seltsam vertraut sind, höre sie mich mit schiefen Mündern ansprechen, worauf ich jedoch nicht antworte, setze stattdessen meinen Weg umso schneller fort, stetig geradeaus, krampfhaft versuchend, mich daran zu erinnern, wie die Stadt, durch die ich mittlerweile fieberhaft renne, überhaupt heißen mag, welche Aufgabe ich an diesem Ort habe, ob ich studiere oder zur Schule gehe, in die Kirche oder in den Krieg muss, bemerke im selben Moment, dass es kaum normal sein kann, sich solche Fragen zu stellen, komme gleichwohl zu keinem Ergebnis, suche erfolglos nach mir bekannten Häusern oder Straßen, setze unentwegt einen Fuß vor den anderen und kann die Stimme, die mich anschreit, nicht verstehen, egal wie nahe Liria meinem Ohr auch kommt, vermag nicht einmal zu erkennen, ob es Tag oder Nacht ist, laufe so schnell ich kann, um mich meinem Ziel zu nähern, mir dabei das Hirn zermarternd, was um alles in der Welt dieses Ziel sein könnte, während ich Anton bitte, nicht so weit vor mir herzugehen, er aber nicht auf mich hört, weshalb er immer wieder hinter dem Horizont verschwindet, den es mitten in der Stadt indes gar nicht geben darf, dessen Verleugnung jedoch nur dazu führt, dass Anton auf ewig fortbleibt, alsdann ein Gebäude sichtbar wird, dessen Fenster wie unzählige Vexierspiegel glänzen, und bei dem es sich entweder um die Universität oder um mein Elternhaus handelt, die sich allerdings, so viel ist klar, niemals in derselben Stadt befinden können, weswegen ich ganz sicher bin, dass hier etwas nicht mit rechten Dingen zugeht, obwohl es keinesfalls ein Traum sein kann, was ich erlebe, wenngleich diese Welt absolut unwirklich und unverständlich, nichtsdestotrotz mit Sicherheit existent ist, zumal ich ja das Zentrum dieses Kosmos bilde, mir einstweilen dennoch nicht gewiss bin, warum ich meine absonderliche Reise angetreten habe, und ob ich seit Stunden oder Tagen umhervagabundiere, sowie nach wie vor darüber rätsele, ob die schemenhaften

Gesichter, die mir mit wirren Stimmen drohen und mich zur sofortigen Flucht auffordern, tatsächlich vorhanden sind, und die ihre Schmähungen in einer Sprache flüstern, die ich zwar kenne, mir aber entfallen ist, was sicherlich der Grund dafür ist, dass ich sie nicht zu deuten in der Lage bin, was vielleicht auch erklärt, warum es mir trotz irrsinnigster Mühe nicht gelingen will, den Sinn meiner Expedition zu begreifen, da die fehlende Kenntnis einer Sprache das Denken als solches schlechterdings unmöglich macht, was andererseits die Frage aufwirft, wie ich überhaupt darüber nachdenken kann, wer und wo ich bin, was sich wiederum als irrelevant erweist, weil ich unversehens vor dem Haus stehe, in dem ich unzweifelhaft wohne.

***

Bei der nachmittäglichen Überprüfung meiner Hosentaschen stellt sich heraus, dass ich auf meinem Höllentrip neben Zeitgefühl und Verstand auch mein Handy verloren habe. Der allergrößte Teil der Erinnerung an die vorangegangene Nacht liegt in diffusem Dunkel, die massiven psychischen Nachwirkungen meiner vorübergehenden Zombifizierung sind ebenfalls nicht zu leugnen. Trotz hinzukommender eklatanter motorischer Störungen mache ich mich umgehend auf die Suche nach meinem Telefon.

Bereits am Ende meiner Straße muss ich mir eingestehen, dass mein Vorhaben höchstwahrscheinlich erfolglos enden wird. Zum einen habe ich nicht die geringste Vorstellung, durch welche Seitenstraßen ich bis zum frühen Morgen herummäandert bin, zum anderen wird wohl kein Handy einen halben Tag unbemerkt auf dem Bürgersteig liegen bleiben. Ungeachtet aller Widrigkeiten gehe ich Richtung Innenstadt, denn dass ich in der zurückliegenden Nacht im *Betty Ford* gewesen bin, erscheint mir ein wahrhaftiger Teil meiner ansonsten fragwürdigen Erinnerungsfetzen. Während ich vergeblich nach Hinweisen auf meine nächtliche Marschroute Ausschau halte, wähle ich mit Yvonnes ausgeborgtem Handy immer wieder meine eigene Nummer. Zwar klingelt es am anderen Ende der Leitung, angenommen wird der Anruf jedoch nicht.

Ich habe beinahe das *Betty Ford* erreicht, als Yvonnes Telefon bimmelt. Auf dem Display wird mein Name angezeigt. »Hallo?«

»Schönen guten Tag! Polizeiobermeisterin Richartz, Präsidium Goethestraße. Fahren sie gerade mit dem Auto oder können wir sprechen?«

»Ja, äh, nein, wir können sprechen.«

»Sie haben mehrfach die Nummer des Mobiltelefons gewählt, von dem ich anrufe. Es wurde bei uns in der Dienststelle abgegeben.«

»Ich hab das letzte Nacht verloren! Also das, was sie grad benutzen, ist meins! Ich komm sofort vorbei, okay?«

»Haben sie Personalausweis oder Reisepass dabei?«

»Klar, Perso hab ich.«

»Und sie wissen, wo sie hinmüssen?«

»Ja, war schon mal da. Bis gleich.«

Eine knappe halbe Stunde später stehe ich vor der kleinen Polizeiwache und traue meinen Augen nicht. Durch die gläserne Eingangstür entdecke ich die ungefickte Krähe, die sich seinerzeit geweigert hat, Nicole aus Hamburg von ihren Handschellen zu befreien. Und mein aktueller Zustand ist mit Sicherheit noch wesentlich bedenklicher als der damalige.

Nachdem die Beamtin mit unfreundlichem Blick den Türöffner betätigt hat, werfe ich meinen Personalausweis vor ihr auf den Tisch. »Wir hatten telefoniert, ich möcht mein Handy abholen.«

Die Krähe sieht mich noch unfreundlicher an als zuvor, nimmt ein ausgebeultes DIN A 4-Kuvert zur Hand. Durch das Adressfenster des Umschlages kann ich mein Telefon erkennen.

»So einfach geht das aber nicht«, murmelt die Polizistin und trägt in aller Seelenruhe meine Personalien in ein Formular ein. Schließlich glotzt sie mit betont amtlichem Blick zu mir auf. »Sie geben also an, dass es sich bei dem in Rede stehenden Mobiltelefon um Ihr Eigentum handelt?«

»Äh, klar! Deswegen bin ich ja hier.«

»Na schön«, erwidert die Frau, während sie irgendwo auf dem Formular ein Kreuz setzt. »Welcher Hersteller?«

»Wie, welcher Hersteller?«

»Ich meine die Marke des Telefons.«

»Ach so. Nokia.«

»Welches Modell?«

»Modell? Keinen Plan, welches Modell das ist! Sie haben mich doch eben selbst von meinem Handy aus angerufen. Und ich hab ihnen gesagt, ich komm kurz vorbei. Wo ist denn das Problem?«

»Ja, ja, ich weiß, aber ich muss das schon genau überprüfen. Sonst könnte doch jedermann hier erscheinen und fremder Leute Sachen abholen. Also: Die Finderin hat gleich neben dem Mobiltelefon eine weitere Entdeckung gemacht. Können sie mir dazu etwas sagen?«

Ich spüre, wie sich hunderte kleiner Schweißtröpfchen auf meiner Stirn bilden. Und wesentlich größere Tropfen rinnen aus den Achselhöhlen unter meinem T-Shirt Richtung Hosenbund. Jetzt begreife ich, worum es geht: Das Handy muss mir aus der Hosentasche gerutscht sein, als ich auf den Bürgersteig geschissen habe. Die alte Oma, die mich dabei beobachtet hat, wird das Telefon aufgehoben und der Polizistin auch noch von meiner anderen, wesentlich unangenehmeren Hinterlassenschaft berichtet haben. Und genau das will diese verdammte Krähe zur Strafe nun aus meinem eigenen Munde hören.

So bequem werde ich mir jedoch kein Geständnis abpressen lassen. »Wie, *eine weitere Entdeckung*? Was meinen Sie denn?«

»Das würde ich gern von Ihnen wissen!«

Ich muss nur meinen genialen Verstand gebrauchen, denke ich, doch ein Alibi will mir trotz aller Anstrengungen nicht einfallen. Lautlos verstreichen ewige Sekunden. Ich fühle mich wie ausgekotzt. Mein Mund ist staubtrocken, und mein Hirn kann vermutlich erst ein Viertel seiner gewöhnlichen Leistungsfähigkeit abrufen. Ein Wunder muss geschehen.

Die Krähe schüttelt ungeduldig das Kuvert. »Hallo? Keine Idee?«

Sprachlos starre ich auf den Umschlag. Und das Wunder geschieht! Unverhofft erkenne ich durch das Adressfenster mein Zippo. »All Cops Are Bastards!«, pruste ich erleichtert und strahle die Polizistin an.

»Wie bitte?«

»Mein All-Cops-Are-Bastards-Feuerzeug! *Das* hat danebengelegen, richtig?«

Der Kopf der Beamtin erinnert mich in seiner plötzlich knallroten Farbe nun eher an einen Puter als an eine Krähe. Augenblicklich fange ich an zu lachen. »Und ich dachte, hier dreht sich's um 'nen Haufen Scheiße!«

Die Uniformierte scheint meinen Humor nicht zu teilen. »Sie haben offensichtlich keine Ahnung, wer vor Ihnen steht! Aber ich kann mir ja denken, was mit Ihnen los ist.« Mit demonstrativ verächtlicher Handbewegung schiebt sie das Formular zu mir herüber und lässt das Kuvert auf den Tresen fallen. »Sie unterschreiben jetzt hier, und dann begeben Sie sich umgehend aus der Dienststelle, verstanden?«

»Na logo«, antworte ich, leiste die erbetene Unterschrift und schnappe mir den Umschlag.

Kaum habe ich das Revier verlassen, ruft Yvonne von meinem Festnetz auf ihrem Handy an. »Hey, wo bist du gerade?«

»Ganz in der Nähe. Und ich hab mein Telefon wieder!«

»Wie schön!«

»Das war bei den Bullen abgegeben worden. Bin in fünf Minuten zu Hause.«

»Gut, hier ist nämlich jemand für dich an der Tür.«

Mich trifft fast der Schlag. Liria muss mich am Abend vor dem Restaurant gesehen haben. »Wimmel sie ab! Sie soll sich zum Teufel scheren! Sag ihr das *genau so*!«

»Nein, es ist keine Braut. Es ist ein Typ!«

»Wie, ein Typ? Was denn für 'n Typ?«

»Er heißt Oliver. Und er sagt, er kennt dich von früher.«

IX.

Traumata

Bevor ich die Flugzeuge entdecken konnte, war bereits das dumpfe Dröhnen ihrer Motoren zu hören. Angespannt blickte ich aus dem Fenster. Noch immer war im Nachthimmel nichts von den Angreifern zu sehen. Das monotone Geräusch klang von Sekunde zu Sekunde bedrohlicher, meine Nervosität steigerte sich ins Unerträgliche. Dann waren sie da: Ein riesiger Bomber, begleitet von zwei kleineren Jets. Auf dem Seitenruder jedes einzelnen Fliegers erkannte ich im fahlen Mondlicht einen Furcht einflößenden roten Stern. Sowjetische Luftwaffe! Im Tiefflug rauschten sie über unser Dorf hinweg und nahmen Kurs auf die Stadt. Plötzlich zogen die Piloten ihre Maschinen nach oben. Der Bomber ließ seine todbringende Fracht fallen. Nur Augenblicke später stieg ein gewaltiger Atompilz in die Höhe, und das grelle Licht blendete mich, als schaute ich direkt in die Sonne. Sofort hielt ich mir die Hände vors Gesicht - ganz so, wie es mein Vater mir für den Fall eines Atombombenabwurfes beigebracht hatte.

Gerade als ich erwartete, von der Druckwelle der Explosion mitsamt unseres Hauses vom Erdboden gefegt zu werden, wachte ich aus meinem Alptraum auf. Ich war schweißgebadet. Und ich hatte entsetzliche Angst. Mit pochendem Herzen schaltete ich die Nachttischleuchte ein und kontrollierte mein Zimmer auf etwaige Zerstörungen. Mein Kleiderschrank, meine Stofftiere, mein Playmobil-Piratenschiff. Alles unversehrt. Leider auch meine Schulbücher. Die Invasion der Russen würde wohl doch noch eine Weile auf sich warten lassen. Ich löschte das Licht, vergrub meinen Kopf unter dem Kissen und betete zum Allmächtigen, erst gar nicht aufzuwachen, wenn sie eines Tages wirklich kämen.

***

Am nächsten Morgen bot der Blick aus meinem Fenster im klaren Licht des anbrechenden Tages das gewohnte Bild, das ich so liebte. Der gesamte Horizont bestand aus nichts als Bäumen. Ein endloser Wald. Ich konnte mir überhaupt nicht vorstellen, dass sich irgendwo dahinter fremde Dörfer mit fremden Kindern befinden mochten. Bei all den Expeditionen, die ich mit meinen Freunden zum Ende der Welt unternommen hatte, waren wir nicht einmal bis zum Ende des Waldes gelangt.

Durch den Flur spurtete ich zur anderen Seite des Hauses und presste meine Nase gegen die Fensterscheibe. In der Ferne war – etwas verschwommen, aber unbeschädigt – der Kirchturm unserer Stadt auszumachen. Alles war so, wie es sein sollte.

Erleichtert sah ich die schmale Straße zum Dorf hinab. Gottlob ist heute Samstag, dachte ich, und ich muss nicht am bösen Hund vorbei. Dieses Ungetüm bewachte ein Grundstück auf halbem Wege zur Dorfmitte und bellte jeden Menschen, der an seinem Territorium entlangging, mit mordlüsternen Augen in tosender Lautstärke an. Glücklicherweise hinderte ein Jägerzaun die Bestie daran, sämtliche Fußgänger auf der Stelle totzubeißen. Und ohne den Zaun wäre das mit absoluter Sicherheit geschehen! Als ich auf dem Weg zu EDEKA einmal unbedacht dem Hundegrundstück einen Deut zu nahe gekommen war, da hatte das Untier seine Schnauze so weit zwischen den Holzlatten hindurchgequetscht, dass ich sein teuflisches Gebiss hatte sehen können. Die spitzen Hauer wuchsen dem Biest wahrhaftig aus pechschwarzem Zahnfleisch heraus! Vorsichtshalber rannte ich an dem bösen Hund immer so schnell vorbei, wie es nur ging.

Außer EDEKA gab es in unserem Dorf auch eine Bushaltestelle. Von dieser konnte man in einer Viertelstunde in der Stadt sein, wenn man wollte. Aber das wollte ich gar nicht. Mein Leben spielte sich rund um unser Haus ab. Nebenan wohnte Olli, auf der anderen Straßenseite der kleine Tobi, und die Grundschule war ebenfalls ganz in der Nähe. Die Stadt war vollkommen uninteressant – wie ein ferner Planet, dessen Existenz zwar hinlänglich bekannt war, die Strapazen eines Besuchs jedoch nicht ernsthaft lohnte.

Selbst die Mitte unseres Dorfes war für mich nicht von sonderlichem Belang. Wenngleich sich dort das bedeutendste Verbrechen abgespielt hatte, das in unserer Ortschaft jemals geschehen war. Der große Parkuhren-Diebstahl! Und der trug sich folgendermaßen zu: Obwohl zwischen EDEKA und der Bushaltestelle bereits eine riesige Fläche zum Parken vorhanden war, hatte man gott-weiß-warum in der Stadt beschlossen, direkt gegenüber zwei Stellplätze bauen zu lassen, für die man sogar Geld bezahlen musste. Das überflüssige Werk war recht schnell vollendet, doch kaum hatten irgendwelche Leute von Außerhalb ihre Groschen für wenige Minuten Parkzeit in unserem Dorf vergeudet, verschwanden über Nacht beide Parkuhren auf mysteriöse Weise. Und was mindestens ebenso mysteriös war: Der Raubzug blieb trotz polizeilicher Ermittlungen unaufgeklärt!

Anstatt in unser Dorf oder in die Stadt zog es mich mit Fabian, Olli und dem kleinen Tobi in die Unendlichkeit des Waldes. Jede freie Minute verbrachten wir dort, denn im Wald warteten die wahren Abenteuer auf uns. Wir bauten Flitzebögen und Zwillen, machten Lagerfeuer, stauten Bäche, kletterten auf größere Bäume und fällten kleinere, erkundeten fremdes Gebiet und legten Karten darüber an. Kein Mensch kannte sich hier so gut aus wie wir. Abgesehen vom Förster natürlich. Der wohnte mit seinem Sohn in einer Lichtung, unweit eines kleinen Flusslaufes. Und seit mein Bruder erzählt hatte, der Förster schösse mit seiner Flinte auf alles, was sich seinem Hause auch nur von weitem näherte, machten wir einen riesengroßen Bogen um die Todes-Lichtung. Niemals überquerten wir den sprudelnden Grenzbach, der sich alsbald mit einem weiteren Bächlein vereinte, um wenig später auf rätselhafte Weise in einem geheimnisvollen Wunschbrunnen zu versickern.

Bei uns zu Hause spielten wir fast nie. Ständig mussten wir leise sein, weil mein Vater Ruhe brauchte, um Häuser zu entwerfen. Eigentlich malte er sie in seinem Büro auf große Papierbögen. Doch hatte mir Hermann eingeschärft, falls mich jemals ein anderes Kind fragen sollte, was er denn für einen Beruf habe, so hätte ich zu antworten, er sei Architekt. Und wenn das Kind hierauf wissen wollte, was ein Architekt den lieben langen Tag so treibe, sollte ich sagen, er entwerfe Häuser. Allerdings hat mich nie ein anderes Kind nach dem Beruf meines Vaters gefragt. Außerdem passte das Wort sowieso nicht so recht, fand ich. Hermann war ja keine Maschine, die auf Knopfdruck Häuser ausspuckte. Der knallrote Automat neben dem Eingang von EDEKA entwarf immerhin bunte Kaugummi-Kugeln, wenn man zwei Groschen in den Schlitz steckte und an dem klebrigen schwarzen Griff drehte. Unser Haus hatte mein Vater ebenfalls selbst entworfen.

Im Haus von Olivers Eltern ging es etwas unheimlich zu. Olli hatte zwei ältere Schwestern, die aussahen, als seien sie Zwillinge. Dabei waren sie gar keine. Ihre langen Haare hatten sie zu Knoten gebunden, und anstelle von Hosen hatten sie immer lange Röcke an. Ollis Mutter trug auch nur Kleider und hatte einen streng geflochtenen Zopf. Offene Haare und Hosen waren in ihrer Familie für Frauen verboten. Aus religiösen Gründen. Und zu Ollis Missfallen gab es bei ihnen nicht einmal einen Fernseher. Auch aus religiösen Gründen.

Bei dem kleinen Tobi war es noch schlimmer, sein Vater erlaubte uns erst gar nicht, das Haus zu betreten. Nicht aus religiösen Gründen, sondern weil Tobis Mutter so schrecklich krank war. Seit Jahren hatte ich sie nicht gesehen, obwohl sie gleich gegenüber wohnte. Und bereits an der Tür war ein seltsamer Geruch zu vernehmen. Ein bisschen Richtung Holunder, aber nicht so süß. Eher herb, vielleicht mit einem Schuss Koriander. Das Haus von Ollis Eltern hingegen müffelte stets, als wäre seiner Mutter das Essen angebrannt. Im Grunde hatte jedes Haus, das ich kannte, ein eigenes Aroma. In unserer Schule roch es nach scharfen Putzmitteln, im Gemeindehaus ein wenig modrig und in der Kirche irgendwie heilig. Allein unser Haus hatte gar keinen Geruch.

***

Als eines Tages mehrere Kipplaster und Bagger in unser Dorf einfielen und vor dem letzten verwilderten Grundstück unserer Straße Halt machten, war ich vollkommen entsetzt. Was hatten die bloß vor? Es war doch alles gut, wie es war! Es gab nicht den geringsten Anlass, auch nur eine Kleinigkeit zu verändern!

Nachdem sämtliche Sträucher und Büsche gnadenlos ausgerupft und die Ausschachtarbeiten beendet waren, befand sich - keine hundert Meter von unserem Haus entfernt - das größte Loch, das die Welt je gesehen hatte. Lediglich ein Schaufelbagger war auf der Baustelle verblieben, als gönne sich diese monströse Maschine nach mühevollem Einsatz eine wohlverdiente Pause und sei dabei von den eben abgerückten Arbeitern einfach vergessen worden.

Neugierig stand ich mit Fabian, Olli und dem kleinen Tobi am Rand der quadratischen Grube und starrte fasziniert auf einen kolossalen Sandhaufen, der in der Tiefe aufgeschüttet war.

»Wer hier wohl einzieht, wenn das Haus mal fertig ist?«, fragte der kleine Tobi in die Runde.

»Das muss ja gar kein Haus werden«, erwiderte ich.

Tobi verzog das Gesicht. »Was denn sonst? Denkst du etwa, die bauen 'nen Turm?«

»Nein, natürlich nicht. Aber vielleicht einen Atombunker.«

»Ja, das kann gut sein«, pflichtete mir Fabian bei.

»Jetzt geht *das* wieder los«, stöhnte Oliver und verdrehte die Augen.

»Meinst du, da dürfen alle Leute aus unserer Straße rein, wenn der Krieg kommt?«, wollte ich von meinem Bruder wissen. »Also auch wir Kinder?«

Fabian zuckte mit den Achseln. »Kann ich nicht so genau sagen. Groß genug wäre der ja. Nur wenn die ganze Nachbarschaft da drinsitzt, wird wahrscheinlich ziemlich schnell das Essen knapp.«

»Wir Kinder essen doch am wenigsten!«, gab der kleine Tobi zu bedenken.

In einem atombombensicheren Bunker elendig zu verhungern, erschien mir alles andere als sinnvoll. »Wie lange wird das wohl dauern, bis alle Vorräte aufgebraucht sind?«

»Hm, ungefähr einen Monat«, schätzte Fabian, »aber bis dahin haben uns mit Sicherheit die Amis gerettet.«

»Das wär gut. Allerdings hoffe ich, die nehmen uns dann nicht mit nach Amerika. Da will ich auf keinen Fall hin.«

Mein Bruder sah mich scharf von der Seite an. »Wieso denn nicht? Das sind doch unsere Verbündeten!«

»Das weiß ich auch. Ich meine, weil's da die Todesstrafe gibt.«

»Na und? Die gilt doch nur für Verbrecher.«

»Sicher. Aber vielleicht passiert da gelegentlich mal 'ne Verwechslung und man wird ganz unschuldig gegrillt.«

»Grillen würd ich auch gern nochmal«, warf der kleine Tobi in die Debatte ein.

»Die überprüfen das vorher relativ genau«, erklärte Fabian, »davor muss man sich bestimmt nicht fürchten.«

Olli war unserer Diskussion längst überdrüssig. »Und wer den Tod nicht fürchtet, der folge mir!«, rief er, sprang unter gellendem Schreien in die Tiefe und landete lachend auf dem großen Sandhaufen.

Sofort tat Fabian es ihm gleich. Und als sich selbst der kleine Tobi tollkühn in die Grube gestürzt hatte, blieb mir nichts anderes übrig, als das Wagnis ebenfalls auf mich zu nehmen. Mit einem mächtigen Satz hüpfte ich in das riesige Loch, um zwei Sekunden später knietief im Sand zu stecken. Geschafft! Wie befreit ließ ich mich rücklings auf den weichen Untergrund fallen. Glückselig blickte ich in den Sommerhimmel. Zwischen einigen Schäfchenwolken malte ein einsamer Flieger still einen Kondensstreifen ins endlose Blau. So soll es sein, dachte ich, für immer und ewig! Friedlich und warm!

»Hey, bist du angewachsen?«

Erst Olivers Stimme ließ mich bemerken, dass meine Freunde längst aus der Grube herausgeklettert waren. Eilig stapfte ich den Sandhaufen hinab, doch die steile Grubenwand zu erklimmen, gestaltete sich weit schwieriger als gedacht. In lediglich einem Meter Höhe krallte ich mich krampfhaft an einigen freiliegenden Wurzeln fest. Mir wurde angst und bange. Wie geht es bloß weiter, wenn ich es gar nicht mehr bis nach oben schaffe, überlegte ich. Meine Freunde konnte ich keinesfalls um Hilfe bitten. Statt mir die Hand zu reichen würden sie sich über mich lustig machen und womöglich ohne mich im Wald spielen gehen. Aber spätestens beim Abendessen müssten mich Marianne und Hermann vermissen. Würden sie mit einer Leiter kommen, um mich aus meiner misslichen Lage zu befreien? Oder mich vielmehr aus lauter Zorn über meine Dummheit erbarmungslos hier unten versauern lassen? Eine Nacht in der Grube wäre wohl zu ertragen. Zwei vermutlich nicht. Und in der Schule würde man Fragen stellen. Das Verschwinden eines Kindes kann man nicht ohne weiteres verheimlichen. Oder vielleicht doch? Darauf wollte ich es nicht ankommen lassen. Mit letzter Kraft zog ich mich an den Wurzeln ein paar Zentimeter in die Höhe, gelangte mit dem Fuß auf einen kleinen Vorsprung und war überglücklich, als ich endlich die Abbruchkante erreichte, um gleich darauf mit Fabian, Olli und dem kleinen Tobi erneut kreischend in die Tiefe zu springen.

***

»Diese Woche bist *du* dran, Fabi.« Meine Mutter war vom Einkaufen zurückgekehrt und hielt eine in Folie verpackte Zeitschrift in der Hand. Es musste Montag sein. Denn Montag war Yps-Tag. Wirklich eine großartige Erfindung: Ein Comic-Heft, dem jede Woche ein anderes aufregendes Spielzeug beilag. Wieso das Spielzeug *Gimmick* genannt wurde, wusste ich zwar nicht, aber ich freute mich immer wie verrückt darauf.

Strahlend nahm mein Bruder sein Geschenk entgegen. Und Fabian war tatsächlich an der Reihe, denn eine Woche zuvor hatte ich das *Fingerabdruck-Pulver* behalten dürfen. Seltsamerweise hatte meine Mutter die Regel aufgestellt, dass wir uns im Wochentakt mit dem Gimmick abwechseln mussten. Warum sie nicht kurzerhand zwei Exemplare kaufte, um so dem vorprogrammierten Streit zwischen meinem Bruder und mir vorzubeugen, war mir absolut rätselhaft. Schließlich waren ja nicht alle Gimmicks gleich gut. Mit den *Urzeitkrebsen* zum Beispiel hatte Fabian riesengroßes Pech gehabt. Obwohl er sich mehrere Tage eifrig um die Züchtung bemüht hatte, war nicht eine einzige Larve geschlüpft. Ich hingegen hatte mit dem *Springmesserkamm* das ganz große Los gezogen.

Die neue Ausgabe hatte es im wahrsten Sinne des Wortes in sich: Die *Schatzsucher-Wünschelrute*, bestehend aus zwei in L-Form gebogenen Drähten. Trug man diese behutsam vor sich her, den einen in der Rechten, den anderen in der Linken, würden sie über jedem größeren Piratenschatz wie von Geisterhand ein Kreuz bilden. Auch wenn auf der Titelseite des Heftes eine Kiste mit glänzenden Goldmünzen abgebildet war, die sich problemlos mit der Wünschelrute auffinden ließe, suchten wir etwas völlig anderes. Olivers Vater hatte uns nämlich erzählt, dass die Alliierten nach dem Zweiten Weltkrieg jedem Deutschen unter Androhung der Todesstrafe verboten hätten, Schusswaffen zu besitzen. Deswegen wären zahllose Bewohner unseres Dorfes damals heimlich in den Wald geschlichen, um ihre Pistolen und Gewehre vor den Amerikanern zu verstecken. Das hatte Ollis Vater als Kind mit eigenen Augen gesehen! Und viele dieser Waffen seien nie wieder ausgegraben worden, so hatte Olivers Vater uns versichert, weil die meisten Leute nach dem Abzug der Alliierten längst vergessen hatten, wo ihre Knarren verbuddelt waren. Doch dank der Wünschelrute würden wir die verloren geglaubten Schießeisen nun kinderleicht aufspüren können. Immerhin waren Waffen aus Stahl, und Wünschelruten reagierten ja nicht ausschließlich auf Gold.

Mit dem für solch sensationelle Neuigkeiten vereinbarten Sturmklingeln holten wir Olli und den kleinen Tobi aus ihren Häusern, um uns sofort im Wald auf die Suche zu machen. Gewissenhaft untersuchten wir erst den Hohlweg zur Todes-Lichtung, folgten anschließend dem Grenzbach zum Wunschbrunnen, kämpften uns letztlich mühselig durchs Unterholz. Endlos lange blieb die Rute ohne jede Regung, und als wir unser Vorhaben beim Erreichen der nächsten Schneise bereits aufgeben wollten, passierte es: Die Drähte bildeten das ersehnte Kreuz. Mir stockte der Atem. Immer wieder ging Fabian ein paar Schritte nach vorn, dann ein paar Schritte zurück. Die Rute reagierte jedes Mal an der gleichen Stelle.

»Ich glaube, das ist es«, flüsterte mein Bruder und schob mit dem Fuß ein wenig Laub beiseite.

Daraufhin überprüfte zunächst ich, dann Olli das Phänomen erneut. Stets kreuzten sich die Drahtwinkel genau über der Markierung – sogar, als der kleine Tobi die Rute hielt. Erwartungsvoll sahen wir uns in die Augen. Mein Bruder nickte kurz, und ansatzlos ließen wir uns auf die Knie fallen. Mit bloßen Händen wühlten wir in der schwarzen Erde, nahmen schnell einige herumliegende Äste zu Hilfe, doch schon nach kürzester Zeit mussten wir einsehen, dass der Boden viel zu hart war, um auf diese Weise ein nennenswertes Loch auszuheben.

»Wir brauchen eine Schaufel«, stellte Fabian fest, »wer von euch geht denn eine holen?« Mein Bruder blickte fragend in die Runde. Freiwillig meldete sich natürlich niemand. »Gut, spielen wir Schnick-Schnack-Schnuck drum!«

»Bloß nicht!«, riefen Olli und ich wie aus einem Munde. Denn seit mein Bruder den *Tornado* erfunden hatte (eine kreisende Bewegung mit dem Zeigefinger unter gleichzeitigem, kräftigem Pusten), der Stein, Papier und Schere schlug, machte das Spiel irgendwie keinen Sinn mehr. Stumm sahen wir den kleinen Tobi an.

»Dann geh ich halt«, murrte er endlich und begab sich auf den beschwerlichen Weg nach Hause.

Noch eine ganze Weile stocherten Fabian und ich mit morschen Ästen im Untergrund herum, während Oliver mit seinen Händen das Erdreich zur Seite schaffte.

»So hat das keinen Zweck«, unterbrach Fabian abermals unsere Bemühungen. »Wir sollten auf Tobi warten, der müsste bald zurück sein.«

Olli ließ sich auf dem aufgeschütteten Erdhügel nieder und wischte die vom Waldboden geschwärzten Hände an seiner Hose ab. »Verdammter Dreck!«

»Sag mal«, fragte ich Fabian, »weißt du eigentlich, was ein Boykott ist?«

Mein Bruder sah mich erstaunt an. »Wie kommst du denn jetzt darauf?«

»Das sagen die immer in den Nachrichten. Wegen den Olympischen Spielen.«

»Ach so, ja. Wenn man da nicht mitmacht, das ist ein Boykott.«

»Aha. Und warum will da keiner mitspielen?«

»Weil das in Moskau ist. Und in Moskau sitzen doch die Kommunisten.«

»Ach, dann ist das ja ganz logisch.«

»Psst!«, wisperte Olli unvermittelt und deutete in Richtung des dichteren Waldes. »Schaut mal! Rehe!«

Bewegungslos blieben wir stehen. Höchstens fünfzehn Meter entfernt entdeckte ich einen Bock und eine Ricke. Sie hatten uns zweifellos bemerkt, schienen uns jedoch nicht als Bedrohung wahrzunehmen. Plötzlich wurden sie unruhig. Kurz drehten sie ihre Lauscher nach allen Seiten, dann flüchteten sie mit ein paar eleganten Sprüngen ins Dickicht. Eine halbe Minute später kam der kleine Tobi mit einer riesigen Schaufel auf uns zugestolpert.

»Das Ding ist ja doppelt so groß wie du!«, lachte Fabian.

»Damit geht's wenigstens voran«, keuchte Tobi und übergab die Schippe meinem Bruder.

Abwechselnd gruben wir uns nun schwitzend in die Tiefe, prüften immer wieder, ob die Drähte der Rute sich nach wie vor über dem Loch kreuzten, bis Fabian ein weiteres Mal die Arbeit einstellte und nachdenklich das Ergebnis unserer Anstrengungen betrachtete. »Das ist jetzt schon ein guter Meter. Ich frag mich, wie weit wir noch runter müssen, um auf das Metall zu stoßen. Und ganz ehrlich, ich kann mir kaum vorstellen, dass da unten wirklich Waffen liegen.«

Oliver und ich schauten uns irritiert an. Längst war zwischen uns abgesprochen, alle Revolver und Pistolen bei Olli zu Hause, sämtliche Langwaffen hingegen bei mir zu lagern, weil ich das größere Kinderzimmer hatte. Der kleine Tobi wusste bislang gar nicht, dass er leer ausgehen würde, doch waren wir uns einig, ihn zumindest hin und wieder mit einer Pistole spielen zu lassen, wenn er uns denn ernsthaft verspräche, seinem Vater nichts davon zu erzählen.

Unsere spannende Waffensuche gänzlich erfolglos abzubrechen, kam für mich gar nicht in die Tüte. »Vielleicht haben wir ja Glück und finden ein Messer, das ein deutscher Soldat verloren hat.«

»Das wär mittlerweile total verrostet«, erwiderte mein Bruder, »der Krieg ist über dreißig Jahre her. Wir machen sowieso besser Schluss für heute, sonst müssen Papa und Mama noch mit dem Abendessen auf uns warten.«

Mir stand der Sinn nach Waffen, nicht nach Butterbroten. »Oh nein ... Aber morgen graben wir weiter, ja?«

»Morgen geht nicht«, seufzte Fabian, »da sind wir doch bei den Pfadfindern.«

***

Meine Mitgliedschaft bei den Pfadfindern empfand ich seit dem ersten Tag als einziges Ärgernis. Schließlich raubte bereits der qualvolle Schulunterricht genug meiner kostbaren Zeit, und jegliche darüber hinausgehende Verpflichtung war überflüssig wie ein Kropf. Leider war diese naheliegende Erkenntnis meinem Vater verborgen geblieben, also meldete er mich bei dem komischen Verein einfach ungefragt an. So war es zwei Jahre zuvor bei meinem Bruder gewesen, und demzufolge blieb mir diese Bürde gleichfalls nicht erspart.

Jeden Dienstag musste ich mir fortan ein blödes orangefarbenes Halstuch umbinden, um mit Fabian im Gemeindehaus unserer Stadt zu irgendwelchen sinnlosen Spielchen anzutanzen. Die Stadt als solche war mir schon nicht geheuer, und die anderen Kinder, die zu den Pfadfindern gezwungen wurden, waren mir so wenig vertraut wie die Stadt selbst. Keines von ihnen kam aus unserem Dorf. Es waren vollkommen fremde Menschen – daran änderte auch die Tatsache nichts, dass wir einen Nachmittag in der Woche unsere Freizeit miteinander verschwenden mussten. Die fremden Kinder benutzten sogar fremde Wörter. Statt Abendessen sagten sie *Abendbrot*, Kakao nannten sie *Kaba*, und das Klo war für sie der *Pott*. Und auf dem Pott wurde nicht gepinkelt, sondern *gestrullt*.

Wenn Arnulf, der Leiter unserer Gruppe, nicht da war, hatte Robert das Sagen. Robert war so alt wie mein Bruder und eigentlich ein gewöhnlicher Pfadfinder wie wir. Doch hatte er mit seinen Kumpanen handstreichartig die Macht an sich gerissen und verbreitete ständig Angst und Schrecken. Zu meinem Glück war Fabian seit zwei Jahren Mitglied, deswegen ließ Robert mich in Ruhe. Wer allerdings von seinen Eltern ohne jeden Begleitschutz zu den Pfadfindern geschickt wurde, der konnte sich auf was gefasst machen.

Seit Wochen hatte ich mir den Kopf zerbrochen, wie ich dieser unliebsamen Veranstaltung entgehen könnte. Gründe gab es wahrlich genug, aber nun war ich mir sicher, die Schwachstelle im System ausgemacht zu haben. Mein Vater brachte uns nämlich mit seinem Ford Granada niemals direkt vor das Gemeindehaus, sondern ließ uns, um sich eine Ampel zu sparen, immer auf der Rückseite des Gebäudes aussteigen. So konnte er gar nicht sehen, ob wir tatsächlich zu den Pfadfindern gingen oder womöglich in letzter Sekunde in eine andere Richtung abbögen.

Gleich bei nächster Gelegenheit versuchte ich, meinen Bruder von dem Plan zu überzeugen. »Äh, Fabian ... ich hätte da einen Vorschlag«, stammelte ich, als das Auto meines Vaters außer Sichtweite war, »wir könnten doch die Pfadfinder heute mal boykottieren.«

»Boykottieren können wir das nur, wenn da Kommunisten sind. Sonst geht das nicht.«

»Hm, vielleicht ist Arnulf ein Kommunist. Bei so 'nem komischen Namen wär das ja möglich.«

»Wenn Arnulf Kommunist wäre, wüssten das Papa und Mama. Dann würden die uns nie im Leben da hinschicken.«

»Und wenn er ein heimlicher Kommunist ist«, jammerte ich, »ein Spion, der das niemandem erzählt.«

»Arnulf ist kein Kommunist!«, schnaubte mein Bruder und blieb abrupt stehen. »Aber mal ganz abgesehen davon ... ich hab auch schon öfter dran gedacht, zu schwänzen.«

»Echt?«

»Ja, nur ist das ziemlich riskant. Und weil ich der ältere von uns bin, hab ich die Verantwortung. Deshalb bekomme ich auch den Ärger, falls die Sache auffliegt.«

»Stimmt.«

»Also, wenn wir jetzt *nicht* da reingehen, musst du mich dafür bezahlen. Wegen der Verantwortung, verstehst du?«

»Klar. Was willst du denn haben?«

»Den Springmesserkamm!«

Ich konnte es nicht fassen. Der Kamm war mein Ein und Alles! Um nichts in der Welt wollte ich den herausrücken! Doch die Vorstellung, zwei Stunden bei den Pfadfindern verbringen zu müssen, war gleichermaßen unerträglich.

»Dann geh ich alleine in die Stadt. Sag Arnulf einfach, ich wär krank!«

Fabian fing laut an zu lachen. »Wie soll das denn klappen? Du kennst dich doch in der Stadt gar nicht aus. Außerdem kannst du die Uhr nicht lesen. Woher willst du überhaupt wissen, wann du wieder hier sein musst?«

Mein Bruder hatte mit jedem seiner Worte recht. »Dann kriegst du halt den Kamm«, brummelte ich.

»Hast du ihn dabei?«

»Nein, er ist zu Hause. Aber wenn wir zurück sind, geb ich ihn dir sofort.«

Erneut lachte Fabian laut auf. »Nein, nein, so läuft das nicht. Du gibst mir heute Abend den Kamm, und wir schwänzen nächste Woche. Ende der Durchsage!«

»Wenn's nicht anders geht«, entgegnete ich betrübt und trottete mit meinem Bruder zur Vorderseite des Gebäudes, wo bereits mehrere Kinder mit freudlosen Mienen darauf warteten, dass Arnulf erschien, um die innere der beiden Eingangstüren aufzuschließen. Denn die äußere Tür, aus wenigen verrosteten Gitterstäben bestehend, war niemals abgesperrt.

Und dass der Zwischenraum beider Türen gerade genug Platz für einen Menschen bot, war das Unglück des Neuen. Soeben hatte er sich getraut, auf die Gruppe der ihm völlig fremden Kinder zuzugehen und sich höflich erkundigt, ob er hier bei den Pfadfindern richtig sei, hatte Robert ihn schon gepackt und in den Türrahmen gestellt. Einer seiner Kumpane drückte das Eisengitter zu, ein anderer hielt Ausschau nach Arnulf.

Seelenruhig knickte Robert einige Zweige vom nächstgelegenen Baum, pflückte dann gemächlich ein paar Brennnesseln und ging schließlich langsamen Schrittes auf seinen Gefangenen zu. »Ein kleiner Blumenstrauß zur Begrüßung«, grinste er.

»Danke«, erwiderte der Neue verunsichert und bekam prompt den Strauß ins Gesicht gehauen.

»Gern geschehen«, lachte Robert und holte zum nächsten Hieb aus.

»Was hab ich dir denn getan?«, weinte der Neue, doch immer wieder peitschte Robert durch die Gitterstäbe auf sein Opfer ein. Der Neue schrie und heulte, aber Robert kannte keine Gnade. Schlag auf Schlag wurde dem armen Teufel das Bündel durch sein mittlerweile feuerrotes Gesicht gezogen, dass die Brennnesselblätter nur so durch die Luft flogen.

Mir tat der Neue entsetzlich leid. Vielleicht hatte er ja zu Hause auch Freunde, mit denen er jetzt gern gespielt hätte. Vielleicht gab es dort sogar einen Wald zu erforschen oder eine Baugrube zum Hineinspringen. Zwar wusste ich nicht, ob der Neue von seinen Eltern hergeschickt worden war, oder er sich gar freiwillig zu den Pfadfindern gemeldet hatte. Aus welchem Grunde er auch immer dort war – mit Sicherheit hatte er nicht den Hauch einer Vorstellung davon gehabt, was ihn bei seiner Ankunft erwartete.

Robert drosch so lange zu, bis von dem Neuen nur noch ein Wimmern zu hören war. Jeglicher Widerstand war gebrochen, die Folterarbeit erledigt. Drohend deutete Robert mit dem Zeigefinger auf sein Opfer und zischte: »Wenn du Arnulf was erzählst, bist du tot!«

Erst nachdem der Neue beim Leben seiner kleinen Schwester geschworen hatte, unter allen Umständen dicht zu halten, wurde er aus dem Türrahmen entlassen.

Nun wandte sich Robert an die ganze Gruppe: »Das gilt auch für die anderen Fickbumser hier. Wer singt, kriegt auf die Fresse!«

Das hätte Robert nicht unbedingt dazusagen müssen. Wir Fickbumser hielten doch jedes Mal den Mund. Obwohl sein Begrüßungsritual eindeutig den Pfadfinder-Leitlinien widersprach. Und diese Regeln hingen, mit bunter Fingerfarbe in großen Druckbuchstaben auf ein langes Stück Raufasertapete geschrieben, für jedermann gut lesbar an der Wand unseres Gemeindehauses.

Und kaum hatte Arnulf die Tür aufgeschlossen, hatte der Neue sein *Pfadfinder-Versprechen* abzugeben. Dazu musste er sich einen Satz von ebendieser Liste aussuchen, dann vor versammelter Mannschaft aufsagen. Als Lohn wurde ihm eines der blöden orangefarbenen Halstücher in Aussicht gestellt.

Zögerlich hob der Neue seinen hochroten Kopf und sah sich mit kleingeweinten Augen die Liste an. In Gedanken las ich

Satz für Satz mit: *Der Pfadfinder ist Freund aller Menschen und Bruder oder Schwester aller Pfadfinder.* Das musste dem eben Ausgepeitschten wie der blanke Hohn vorkommen. *Der Pfadfinder ist rein in Gedanken, Worten und Werken.* Das passte offensichtlich auch nicht. Ungeduldig wartete Arnulf darauf, dem Neuen das Halstuch ums Genick legen zu können. Ich hatte das Gefühl, einer Hinrichtung beizuwohnen.

Dann, ganz plötzlich, blieb der Blick des Neuen an einem Satz hängen. Er hatte sich entschieden. Ängstlich schaute er zu Robert hinüber und sprach mit heiserer Stimme die erwählten Worte: »*Der Pfadfinder ist treu!*«

Lächelnd band Arnulf dem Neuen das Halstuch um. »Das hast du echt toll gemacht, Mike!«

***

Auch die Grundschule entwickelte sich im Laufe der Zeit zu einer wahren Qual. Wie gern wäre ich zu Hause geblieben, hätte bis in die Puppen geschlafen und nach dem Mittagessen mit Olli und dem kleinen Tobi im Wald gespielt! Aber stattdessen musste ich tagtäglich den grässlichen Unterricht ertragen. Als durchaus sinnvoll erachtete ich es, lesen und schreiben zu lernen. Das konnte man im Leben vielleicht wirklich mal gebrauchen. Bei Musik, Kunst und Sport hingegen sah ich gewaltiges Einsparpotenzial. Und spätestens mit dem kleinen Einmaleins hörte der Spaß endgültig auf. Sobald ich einen einzigen Lehrer unserer Schule als Kommunisten entlarvt hätte, würde ich die ganze Angelegenheit boykottieren, das war klar.

Um uns nicht nur den Morgen zu vermiesen, wurden für den Nachmittag auch noch Hausaufgaben angeordnet. Dafür konnte ich beim besten Willen kein Verständnis mehr aufbringen. Immerhin hatten unsere Lehrer den halben Tag Zeit, uns ihren Stoff einzutrichtern. Dass sie zu dieser Arbeit offenbar nicht in der Lage waren, mussten wir Kinder dann nach der Schule ausbaden. Wenn am Abend auch noch ein Pfadfindertreffen anstand, war der gesamte Tag versaut.

Selbst die Sonntage waren nicht frei von Pflichten. Woche für Woche fuhren wir zur Heiligen Messe in die Stadt. Und Woche für Woche hoffte ich, der Gottesdienst würde nicht allzu lange dauern. Doch unser Pfarrer hatte tatsächlich immer das gleiche Programm vorgesehen: Sitzen, stehen, sitzen, stehen, sitzen, knien, stehen, knien. Dann die Eucharistie, auf die ich mich als einziges freute, denn nachdem der Pfarrer seine Hostien an alle Hungrigen verteilt hatte, dauerte es nur noch ein paar Minuten, bis wir wieder nach Hause fuhren.

Die Messe war fürwahr eine Plage, aber den Herrgott fand ich gut. Bei der Erfindung der Wochentage hatte Gott den Sonntag ausdrücklich zum Nichtstun freigehalten. Wieso ausgerechnet an diesem Tag alle Christen dieser Welt früh morgens in die Kirche mussten, war mir vollkommen schleierhaft. Und dass Gott höchstselbst zur Messe ging, konnte ich mir nicht ernstlich vorstellen. Sehr gut konnte ich mir dagegen ausmalen, wie er den ganzen Sonntag faulenzend in seinem riesengroßen Himmelbett lag. Seine Erscheinung war mir durchaus vertraut, denn im Pfarrhaus hing ein Bild von ihm. Für sein Alter sah er recht jung aus, und er hatte einen sehr angenehmen Blick. Und wegen seiner Barmherzigkeit hätte er, da war ich mir ziemlich sicher, seinen Sohn auch nicht bei den Pfadfindern angemeldet – zumindest nicht, ohne ihn vorher zu fragen.

Olli durfte sonntags ausschlafen, doch dafür fuhr er jeden Mittwochabend zu so was Ähnlichem wie einem Gottesdienst. Was in seiner Kirche genau vor sich ging, erzählte er nie. Gefragt habe ich ihn aber auch kein einziges Mal, schließlich hatten wir wichtigere Dinge zu besprechen. Dass die Hölle kein Ort für Kinder war, darüber waren wir uns ohnehin einig. Denn dort regierte der Teufel, der - wie ich aus der Messe wusste - Johannes hieß. Und dem gab man besser Fersengeld. Übermäßige Furcht, Johannes jemals leibhaftig zu begegnen, hatte ich jedoch nicht. Unsere heimliche Suche nach vergrabenen Waffen oder die verbotenen Sprünge in die Baugrube standen dem Einzug in den Himmel sicherlich nicht im Wege. Und der Herrgott hatte vermutlich sogar Verständnis für meine Unlust, in die Schule zu gehen. Vielleicht hatte er mit dem kleinen Einmaleins ja selber so seine Schwierigkeiten, das konnte keiner wissen.

Natürlich gab es auch Grenzen. Keinesfalls würde der Allmächtige dem üblen Robert seine Schreckensherrschaft bei den Pfadfindern verzeihen. Robert müsste bei Johannes in der Hölle schmoren, ebenso wie das Monstrum von Hund, das mich auf dem Weg ins Dorf immer anbellte. Ob es für böse Tiere eine eigene Hölle gab, oder ob sie gemeinsam mit den bösen Menschen die ewige Verdammnis verbrächten, war ungewiss. Das hatten sie abzuwarten.

Erst als die vorsintflutlichen Lautsprecher unserer Kirche gegen nigelnagelneue Boxen ausgetauscht wurden und die Stimme des Pfarrers fortan glasklar zu verstehen war, stellte sich heraus, dass Johannes gar nicht der Teufel war. Er hatte nämlich einen ganz anderen Beruf. Er war *Johannes, der Täufer*.

Wesentlich größere Sorgen als die Hölle bereitete mir die permanente Gefahr eines Atomkriegs. Und die Wahrscheinlichkeit war noch gestiegen! Mein Vater sprach ja oft genug davon. Zwar waren die Amerikaner weiterhin unsere Verbündeten, doch seit sie einen Schauspieler zum Präsidenten gewählt hatten, musste man wahrlich mit allem rechnen. Darüber bestand selbst Einigkeit mit Onkel Werner und Tante Gisela aus Münster. Und das kam so selten vor wie ihre Besuche.

Für den Ernstfall ein paar Kriegswaffen im Hause zu haben, konnte also kein Fehler sein. Allerdings waren wir trotz schweißtreibendster Anstrengungen noch immer nicht zu dem vergessenen Waffendepot vorgedrungen. Gleich nach der Messe lief ich mit meinem Bruder in den Wald, um mit Olli und dem kleinen Tobi die Arbeit fortzusetzen.

»Ich hoffe, die beiden haben nicht ohne uns das Knarrenlager ausgehoben«, murmelte ich, als wir den Hohlweg passierten.

»Du machst dir Gedanken über ungelegte Eier«, erwiderte Fabian, »das werden wir ja nachher sehen.«

»Ich weiß halt lieber vorher, was auf mich zukommt. Ach, genau deswegen ... wie ist das eigentlich mit der Beichte?«

Verständnislos schüttelte mein Bruder den Kopf. »Da musst du doch erst nach deiner Kommunion hin.«

»Ja, aber wie soll das überhaupt funktionieren?«

»Du erzählst dem Pfarrer deine Sünden, danach sagst du ein Gebet auf, und alle Untaten sind vergeben.«

»Darum geht es ja! Welche Untaten? Wo bekomm ich denn Sünden her, die ich beichten kann?«

»Von mir bestimmt nicht. Musst dir schon selber welche ausdenken.«

»Fabian! Wenn ich dem Pfarrer erfundene Sünden erzähle, ist das doch gelogen!«

»Und damit hast du fürs nächste Mal gleich eine Sünde parat«, entgegnete mein Bruder, verlangsamte unversehens seinen schnellen Gang und schrie laut auf. »Was machen die denn da?«

»Seid ihr bekloppt?«, schrie ich noch lauter hinterher und beobachtete fassungslos, wie Olli und der kleine Tobi das mühsam aufgeschüttete Erdreich mit Händen und Füßen zurück in die Grube schoben, so den Lohn mehrerer Wochen Arbeit innerhalb kürzester Zeit zunichte machten.

»Mein Papa hat's verboten«, erklärte Tobi, »weil da jemand reinfallen könnte. Und er meinte, wenn der Förster das sieht, dann gibt das schlimmen Ärger.«

»Mann«, fuhr Fabian ihn an, »kein Mensch rennt hier quer durchs Gebüsch! Wie doof bist du eigentlich? Und deinem

Vater hättest du sowieso nichts davon erzählen müssen. Jetzt war die ganze Plackerei umsonst!«

»Papa hat mich mit der Schaufel aus der Garage gehen sehen«, entschuldigte sich der kleine Tobi unter Tränen, »und da wollte er wissen, was ich damit vorhabe.«

»Scheiße!«, fluchte mein Bruder und trat wütend ein paar Bröckchen Lehm in das fast vollständig zugeschüttete Loch. »Aber wahrscheinlich ist da drunter sowieso bloß 'ne Goldader.«

Ich war maßlos enttäuscht. Ein so spannendes Rätsel hatte direkt vor unseren Augen nur darauf gewartet, von uns gelöst zu werden. Und nun sollte das Geheimnis für immer im Boden versteckt bleiben. »Was machen wir denn nu?«, fragte ich Fabian.

»Wir graben die Erde auf keinen Fall nochmal aus dem Loch, das ist mir echt zu blöd. Schauen wir lieber mal auf der Baustelle nach dem Rechten.«

Mit hängenden Köpfen verließen wir den Wald, trotteten durch unsere Straße und erreichten schließlich das Grundstück, auf dem wir erst vor Wochen in den großen Sandhaufen gesprungen waren. Statt der Baugrube befand sich an gleicher Stelle inzwischen ein zweistöckiger Rohbau.

Über eine wackelige Holzbohle balancierten wir ins Innere des Hauses und erkundeten neugierig die unerforschten Räume. Und es fanden sich tatsächlich allerlei interessante Hinterlassenschaften der Bauarbeiter: Mehrere Kübel mit unbekannten vertrockneten Substanzen, rostige Gitter in verschiedensten Größen, sogar eine funktionstüchtige Schubkarre. Mein Bruder untersuchte mit dem kleinen Tobi gerade einen wundersamen Zementmischer, da entdeckten Oliver und ich im Nebenraum einen Tisch mit Schraubstock samt dutzender glänzender Metallrohre.

»Dann mach ich mich mal an die Arbeit«, grinste Olli, spannte Rohr für Rohr in die Zwinge, um jedes einzelne in einen krummen Winkel zu verwandeln und zum guten Schluss laut scheppernd auf den Betonboden zu werfen.

Von dem ohrenbetäubenden Lärm alarmiert, stürzte Fabian aus dem Nebenzimmer. »Bist du wahnsinnig? Die Dinger sind ganz neu!«

»Will ich doch hoffen«, erwiderte Olli und klemmte das nächste Rohr in den Schraubstock.

Mein Bruder war völlig außer sich. »Die kosten bestimmt viel Geld! Hör sofort auf damit!«

»Versuch doch mal, mich dran zu hindern«, lachte Oliver, bückte sich und hob eine armlange Schaumstoff-Isolierung vom Boden auf. »En garde!«

Fabian war offenbar nicht nach einem Schaumstoff-Keulen-Duell zumute. »Ich geh jetzt nach Hause. Im Wald Löcher graben ist ja in Ordnung, aber man darf doch nicht einfach Sachen von fremden Leuten kaputt machen!«

»Mensch Fabian«, rief Olli meinem Bruder hinterher, »sei doch nicht immer so ... so ... so ... fabianig!«

***

Der einzige Grund, warum ich mir den Sonntag trotz aller religiösen Unannehmlichkeiten nicht aus dem Kalender herauswünschte, waren die drei Mark Taschengeld, die mir meine Mutter nach jedem Kirchgang in die Hand drückte. Und wofür ich dieses knapp bemessene Kapital gleich am nächsten Tag einsetzen würde, stand bereits fest. Denn gemäß der Zwei-Wochen-Regel hatte Fabian die vorletzte Yps-Ausgabe samt *Schieß-Armbanduhr mit zehn Spezialpatronen* behalten dürfen. Mit allen Mitteln hatte ich versucht, meinem Bruder die Uhr abzuschwatzen, aber er hatte sich nicht erweichen lassen. Selbst eine handfeste Auseinandersetzung, in deren Verlauf es sogar zum Einsatz der *zehn Spezialpatronen* kam, sowie ein anschließendes Gnadengesuch bei meiner Mutter, waren erfolglos geblieben.

»Dafür darfst du nächste Woche das Spielzeug behalten«, hatte Marianne gesagt, doch die labberige *Vampir-Fledermaus*, die am darauffolgenden Montag als Gimmick beilag, hatte mich nur noch wütender gemacht. Um einem erneuten Streit mit Fabian aus dem Weg zu gehen, beschloss ich mir zum ersten Mal in meinem Leben ein eigenes Yps zu kaufen. Das würde der Knüller! Immer wieder stellte ich mir vor, wie Fabian das Heft von meiner Mutter geschenkt bekäme, um dann mit dem Gimmick triumphierend vor mir herumzuprahlen. Und genau in dem Moment wäre es soweit! Müde lächelnd würde ich das gleiche Spielzeug aus meiner Hosentasche ziehen und ganz gemütlich zu Olli hinüberschlendern. Mein Bruder würde sich schwarzärgern!

In strahlendem Sonnenschein rannte ich ins Dorf, und nicht einmal das aufgebrachte Bellen des blutrünstigen Hundes vermochte mich bei meiner spannenden Mission zu stören. Außer Atem stürmte ich in den EDEKA. Mein Blick flog über Reihen von Zeitungen, Illustrierten und Comics, da fiel mir auf der Titelseite eines knallbunten Heftes ein Bild ins Auge, das mich auf der Stelle in seinen Bann zog. Auf dem Foto war ein Sänger zu bestaunen, den ich aus dem Fernsehen kannte. Er hatte tintenschwarzes Haar und trug ein golden glitzerndes Sakko. Seine Füße steckten in schneeweißen Schuhen, mit denen er auf Zehenspitzen stand, seinen linken Arm in die Höhe gereckt, die rechte Hand auf einer Gitarre ruhend. Schon oft hatte ich seine Musik im Radio gehört, und ich wusste, dass es Rock ′n′ Roll genannt wurde. Jedes Mal, wenn ein Lied von ihm gespielt wurde, drehte ich die Lautstärke gleich etwas höher. Und er war beileibe nicht irgendein Sänger. Nein, er war der größte Rock 'n' Roll-Star aller Zeiten: Shakin' Stevens!

Nur kurz sah ich mir noch an, welches Gimmick dem neuen Yps-Heft beilag. Ein *Solar-Zeppelin*, der aber weniger nach einem Luftschiff, vielmehr nach einer zusammengefalteten

Mülltüte aussah. Die Entscheidung war gefallen. Ich nahm die Musikzeitschrift aus dem Regal und ging zur Kasse. Das wird ein noch größerer Kracher als geplant, dachte ich, mein Bruder wird vergeblich versuchen, den dummen Mülltüten-Zeppelin durch die Luft schweben zu lassen, und ich blättere, entspannt im Gras liegend, in meinem Shakin'-Stevens-Heft!

Ich hetzte den Berg hoch, nahm die knurrende Bestie auf halber Strecke kaum wahr, und ging, um bloß kein vorzeitiges Aufsehen zu erregen, durch die Terrassentür ins Haus.

Unentdeckt gelangte ich zur Treppe, doch blöderweise lief ich dort meiner Mutter geradewegs in die Arme. »Junge, wo warst du denn? Hab dich schon überall gesucht.«

»Ach, bin nur spazieren gegangen«, erwiderte ich und hielt das Heft hinter meinem Rücken versteckt.

»Spazieren«, lachte Marianne, »und danach warst du wohl noch einkaufen, hm?«

»Ja, ist aber nicht so wichtig … «

»Zeig doch mal, Junge! Was hast du denn da Schönes?«

»Nur eine Zeitschrift … «

Meine Mutter dachte gar nicht daran, den Weg freizumachen. »Junge, du brauchst doch nichts vor mir zu verheimlichen. Darf ich die Zeitschrift mal sehen?«

Widerwillig übergab ich ihr das Shakin'-Stevens-Heft.

»BRAVO … «, murmelte Marianne, »was ist das denn überhaupt?« Plötzlich hielt meine Mutter inne. Und augenblicklich wurde sie käsebleich. »Hermann! Hermann, komm sofort her!«

Jetzt hatte ich ein Problem. Und wenn meine Mutter meinen Vater zu Hilfe rief, musste es ein ganz massives sein.

Nur Sekunden später hastete mein Vater aus seinem Büro. »Was ist denn los?«

»Guck dir das mal an! Das hat der Junge mit nach Hause gebracht!«

Nach einem einzigen Blick in die aufgeschlagene Zeitschrift riss mein Vater die Augen auf, als hätte er ein Gespenst gesehen. »Das gibt's ja nicht!« Entsetzt starrte er mich an. »Wo hast du das her?«

»Hab ich bei EDEKA gekauft.«

Das Unverständnis meines Vaters verwandelte sich langsam aber sicher in Wut. »Junge, das ist Pornographie! Lupenreine Pornographie!«

Ich hatte keine Ahnung, was er damit meinte. Und ich wusste, dass ich auf eine Erklärung nicht zu warten brauchte. Es war mal wieder eines dieser boshaften Phänomene, deren Bedeutung mir unter allen Umständen verborgen bleiben musste.

»Ich fahre sofort ins Dorf runter und knöpf mir die Verkäuferin vor«, schnaufte mein Vater.

»Aber Hermann, da arbeitet Frau Gerlach an der Kasse, die kenn ich. Wenn ich das nächste Mal einkaufen gehe, spreche ich sie darauf an. Ich wollte nur, dass du dir das mal anschaust. Frau Gerlach hat bestimmt nicht gewusst, was sie unserem Jungen da verkauft hat.«

»Nicht gewusst? Man kann doch einem Kind nicht was verkaufen, das man selbst nicht kennt! Das ist doch gar nicht erlaubt!«

»Hermann, bitte beruhige dich! Ich klär das mit der Frau, das kommt mit Sicherheit nicht nochmal vor.«

Was meiner Mutter an Gesichtsfarbe fehlte, war bei meinem Vater im Überfluss vorhanden. Sein knallroter Kopf signalisierte zwar das Gegenteil jeglicher Beruhigung, doch setzte ich meine gesamte Hoffnung auf seine Bequemlichkeit. Denn trotz seiner Erregung standen die Chancen recht gut, dass es meinem Vater viel zu umständlich wäre, erst die Garage aufzuschließen, dann mit dem Auto ins Dorf zu gurken, dort mit der Verkäuferin zu schimpfen, um danach den ganzen Weg wieder nach Hause zu fahren.

»Na, wenn du sowieso mit dieser Frau Gerlach redest«, brummte Hermann und sah mir sodann ernst in die Augen. »Junge, du darfst nie wieder so was kaufen, hast du mich verstanden?«

»Ja, hab ich verstanden«, nickte ich, »mach ich nie wieder.«

Unwirsch rollte mein Vater die Zeitschrift zusammen und marschierte zurück in sein Büro.

»Ich geh mal nach oben«, sagte ich leise.

»Ja«, antwortete meine Mutter, »ich ruf dich nachher zum Essen.«

In meinem Zimmer ließ ich mich lustlos ins Bett fallen. Ob ich das Geld für die Zeitschrift wohl zurückbekomme, überlegte ich. Wahrscheinlich nicht. Gleich zwei Mal war ich allein am bösen Hund vorbeigelaufen, aber alles war umsonst gewesen. Das Geld war futsch, die Zeitschrift auch. Noch dazu hatte ich einen Riesenmist gebaut, dabei wusste ich nicht einmal, welchen. *Pornographie*. Was sollte das bloß sein? Ich hasste es, wenn ich Wörter nicht verstand. Und Pornographie schien das schlimmste Wort aller Zeiten zu sein. Da konnte Shakin' Stevens nun wirklich nichts mit zu tun haben. Der machte doch Rock 'n' Roll – und keine Pornographie!

Ein zaghaftes Klopfen an der Tür unterbrach mich in meinen Gedanken. Ich war etwas irritiert. Normalerweise klopfte niemand bei mir an. Meine Mutter rief mich immer von unten aus meinem Zimmer heraus, mein Bruder stürmte einfach ohne Vorwarnung bei mir rein, wenn er was von mir wollte. Und mein Vater war, soweit ich mich erinnern konnte, noch niemals in meinem Zimmer gewesen. »Ja bitte!«

Lautlos öffnete sich die Tür, und vorsichtig schlich Fabian zu mir hinein. »Ich hab das eben mitbekommen«, flüsterte er, »hör mir genau zu! Falls du nochmal so ein Heft kaufst, musst du das auf dem Weg in dein Zimmer gut verstecken. Wenn du eine lange Hose anhast, schieb dir die Zeitschrift in den

Strumpf. Noch besser, du kaufst sie direkt nach der Schule und tust das Heft in deinen Schulranzen. Und wenn du's nicht mehr brauchst, musst du es loswerden. Es ist viel zu riskant, so was in deinem Zimmer aufzubewahren.«

»Ja, nur … wo soll ich die Hefte denn hintun?«

»Du kennst doch den Brunnen im Wald, wo die beiden Bäche reinfließen. Unter diesem Gitterrost.«

»Den Wunschbrunnen!«

»*Wunschbrunnen*? Das ist doch kein Wunschbrunnen! Mann, du kommst auf Ideen. Aber egal, wir meinen ja das gleiche. Weißt du, wo das Wasser von da hinfließt?«

»Hm … das läuft in die Erde und ist dann weg.«

»Ganz genau! Niemand weiß, wo das Wasser bleibt.« Mein Bruder drehte sich kurz um, als könne er durch die geschlossene Tür erkennen, ob wir belauscht würden. »Und was für das Wasser gilt, das gilt auch für alle anderen Sachen!«

»Wie? Da verschwinden Sachen?«

»Im Ernst! Kannst du dich erinnern, dass damals im Dorf die Parkuhren geklaut worden waren?«

»Ja klar!«

»Die sind auch da drin gelandet!«

»Was?«

»Ja! Der Sohn vom Förster hat sie abgesägt. Ich hab irgendwann Schüsse im Wald gehört und bin nachschauen gegangen, was los ist. Da hab ich den Sohn vom Förster gesehen. Der hat die Dinger mit der Flinte von seinem Vater aufgeschossen, die Groschen eingesammelt und dann die Uhren in den Brunnen geschmissen. Und die sind auch nie wieder aufgetaucht, obwohl das ganze Dorf danach gesucht hat!«

»Mensch, Fabi, warum hast du das denn keinem gesagt?«

»Darum geht es doch! Es muss nicht alles rumerzählt werden. Die Parkuhren haben sich einfach in Luft aufgelöst. Und seitdem ich das weiß, mach ich das mit meinen Sachen genauso.

Ich hab bestimmt schon hundert BRAVO-Hefte da reingeworfen, und die sind auch nie wieder zum Vorschein gekommen.«

»Was? Weißt du etwa, was Pornographie ist?«

»Wichtig ist Folgendes: Alles, was Papa und Mama aufregen könnte, schmeißt du in den Wunschbrunnen. Alles, was sie nicht wissen sollen, wird dort versenkt!«

»Liegt da denn noch mehr drin?«

Mein Bruder grinste mich an. »Damals, als mein Walkman aus der Schultasche geklaut wurde … «

»Oh ja, das gab mächtig Ärger.«

»Der wurde gar nicht gestohlen. Ist mir in der Schule runtergefallen und dabei kaputtgegangen. Du kannst dir denken, wo er jetzt ist.«

»Im Wunschbrunnen!«

»Genau! Und als ich gesagt hab, er wär plötzlich weg, da war das ja gar nicht richtig gelogen.«

»Stimmt irgendwie.«

»Also, sorg ab heute dafür, dass Papa und Mama niemals etwas erfahren, was sie böse machen könnte! Ich hab das ständige Theater satt. Solange es hier keinen Aufruhr gibt, ist doch alles gut. Oder etwa nicht?«

»Ja«, erwiderte ich entschlossen, »alles, was schlimm ist, wird ab sofort im Wunschbrunnen versenkt. Versprochen!«

***

»Hey, was machste denn da mit deinem neuen BMX? Haste schon 'nen Platten?«

»Hi Olli! Ja, ich pump den Reifen immer auf, aber die Luft ist dann am nächsten Tag wieder raus. Bin wohl über 'ne Scherbe oder so was gefahren. Ich versuch's grad zu flicken.«

»Weißt du überhaupt, wie das geht?«

»Ich probier's halt. Werkzeug ist ja genug da.«

»Mannomann, eure Garage ist immer so superordentlich. Bei uns fliegt alles kreuz und quer durcheinander.«
»Fabi räumt hier ziemlich oft auf. Keine Ahnung, warum.«
»Kann ich dir helfen?«
»Ja, gib mal den Schraubendreher!«
»Bitte!«
»Ach, Olli, hast du mitbekommen, dass ein Kind aus unserem Dorf verschwunden ist?«
»Welches denn?«
»Weiß nicht. Aber irgendeins ist weg. Hat mein Vater letzte Nacht meiner Mutter erzählt. Und beide haben sich dann total aufgeregt, weil die Eltern es abgetrieben haben.«
»Oh nein! Und wohin?«
»Weiß ich auch nicht, darüber hat er nichts gesagt. Nimm bitte nochmal den Dreher.«
»Wenn's ein Kind aus unserer Schule ist, werden wir ja am Montag sehen, wer fehlt.«
»Ja, bin wirklich mal gespannt. Hältst du kurz die Kappe von dem Ventil, während ich die Luft rauslasse?«
»Klar. Äääh, das stinkt ja voll ekelig! Haste die Reifen etwa in 'nem Fischgeschäft aufgepumpt?«
»Was? Ach, Quatsch! So wütend wie gestern hab ich meinen Vater echt selten erlebt. Er meinte, einem Katholiken wäre so was absolut verboten.«
»Bei uns darf man auch nicht einfach seine Kinder fortjagen.«
»Ich kann das alles nicht glauben. Was soll man bloß so Schlimmes anstellen, dass einen die eigenen Eltern aus dem Haus treiben?«
»Vielleicht in der Schule 'ne sechs gekriegt ... wüsste gar nicht, zu wem ich dann ginge.«
»Hm, ich auch nicht. Zu Onkel Werner und Tante Gisela nach Münster auf keinen Fall. Dann schon lieber zu meinem Großonkel Albert.«

»Aha. Wo wohnt der denn?«

»Haben meine Eltern komischerweise noch nie erwähnt. Hast du die Ventilkappe?«

»Ja, hier. Falls ich mal abgetrieben werde, geh ich in den Wald. Zu essen gibt's da ja genug. Überall Pilze und Beeren. Und im Teich vom Förster schwimmen bestimmt jede Menge dicke Karpfen.«

»Klar, aber im Winter wird's im Wald viel zu kalt. Dann musst du nach Italien, da ist es immer warm.«

»Fahrt ihr in den Sommerferien wieder hin?«

»Ja, leider.«

***

Jeden Sommer aufs Neue musste ich mit meiner Familie unser Dorf verlassen, vier lange Wochen in Italien am Strand vertun, um nach unserer Rückkehr den kurzen Rest der Ferien letztlich so verleben zu dürfen, wie ich es wollte. Und der Ablauf unserer Reisen gestaltete sich immer gleich: Die Hinfahrt war eine einzige Katastrophe, der Urlaub einigermaßen erträglich, die Rückfahrt wiederum katastrophal. Tausend Kilometer neben meinem Bruder auf der Rückbank unseres Granadas konnten nicht ohne Blutvergießen über die Bühne gehen. Meine hinzukommende Angst vor der Überquerung der Alpen machte die Reise zu einer regelrechten Tortur. Die Passstraßen waren dermaßen eng, dass mein Vater vor jeder unübersichtlichen Kurve kurz auf die Hupe drückte, um eventuellen Gegenverkehr zu warnen. Und der Abgrund, der sich direkt neben der leitplankenlosen Straße auftat, war tiefer als sich Oliver oder der kleine Tobi jemals hätten ausdenken können.

Schon auf der Hinfahrt hatte ich das Fahrzeugwrack gesehen. Ein kleines weißes Auto, wie ein Spielzeug am steilen Abhang klebend. Als hätte es noch eines letzten, unumstößlichen Beweises bedurft, dass meine Furcht tatsächlich begründet war. Die Bezwingung der Alpen war lebensgefährlich! Inständig hatte ich während des Urlaubs gehofft, der Wagen würde in der Zwischenzeit geborgen, doch zu meinem Entsetzen kamen wir auf dem Rückweg erneut an dem Unglücks-Auto vorbei. Unentwegt betete ich zu Gott, er möge mich die Reise unbeschadet überstehen lassen. Und ich wusste, wenn ich meine Todesangst nicht unter allen Umständen vor meinen Eltern verbarg, würde es wieder ein Riesentheater geben.

Glücklicherweise gelang es meinem Vater, den Granada unfallfrei über die Alpen zu bringen, und Stunden später näherten wir uns endlich unserer Heimatstadt. Mein Bruder schlief sabbernd neben mir auf der Rückbank, da sprach mich meine Mutter vom Beifahrersitz aus an. »Und, freust du dich auf zu Hause?«

Was für eine dämliche Frage, dachte ich, alles andere wäre doch totaler Unfug! »Ja, sicher. Der kleine Tobi war auch im Urlaub, mit seinem Papa zusammen. Aber nur für ein paar Tage, die sind schon längst wieder zurück. Und Olli fährt ja sowieso nie weg.«

»Vielleicht sieht Oliver mehr von der Welt, wenn er mal groß ist«, lächelte meine Mutter und streichelte meinem Vater über die Schulter. »Als wir noch Kinder waren, konnten wir uns so was wie Urlaub gar nicht vorstellen.«

Das müssen schöne Zeiten gewesen sein, überlegte ich. Wie sehr ich Oliver darum beneidete, in den Ferien zu Hause bleiben zu dürfen, könnte meine Mutter niemals begreifen. Wahrscheinlich, weil sie selber keine Freunde hatte. Für mich hingegen war jede Sekunde, die ich nicht mit Olli und dem kleinen Tobi spielen durfte, eine vollkommen verschwendete.

»Aber heutzutage ist ja alles anders«, fuhr Marianne fort, »wer weiß, wohin es dich und deine Freunde mal verschlägt. Inzwischen verbringen ja die wenigsten Leute ihr Leben da, wo sie aufgewachsen sind.«

»Ich bleib mit Olli und Tobi für immer in unserer Straße wohnen«, entgegnete ich gähnend, dann war ich unverhofft neben Fabian eingeschlafen.

Am frühen Abend bogen wir in unsere Straße ein. Eilig stellte ich meinen Koffer ins Haus und rannte nach draußen, um Oliver schnellstmöglich die Nachricht unserer unversehrten Rückkehr zu überbringen. Bereits von weitem sah ich, dass hinter den Fenstern seines Hauses keine Gardinen hingen. Ollis Mutter musste sie zum Waschen abgenommen haben. An der Haustür angekommen, klingelte ich Sturm. Als mir nach einer halben Minute noch immer niemand geöffnet hatte, lief ich ungeduldig zum Wohnzimmerfenster. Doch nicht nur die Vorhänge fehlten. Das gesamte Haus war leer.

»Olli ist weg!«, hörte ich plötzlich den kleinen Tobi hinter mir rufen.

»Was ist denn passiert?«

»Keine Ahnung. Als ich mit meinem Papa aus dem Urlaub gekommen bin, sah das schon genauso aus.«

»Und wo sind all die Sachen hin?«

»Ich weiß es nicht. Die ganze Familie ist nicht mehr da!«

Mein Hals war mit einem Mal wie zugeschnürt. Ungläubig starrte ich in das verwaiste Haus.

»Aber ... warum ... und ... wohin überhaupt?«

»Sie sind einfach weg! Spurlos verschwunden!«

X.

Endzeit

Olivers glasiger Blick schwirrt unstet durch mein Wohnzimmer. »Und wo ist Tobi abgeblieben?«, fragt er, ohne in meine Richtung zu schauen.

»In Luxemburg.«

»Echt? Ist ja krass.«

»Hab ich dir doch grad erzählt.«

»Oh.«

»Ja, klar, vor ungefähr einer Minute.«

»Ist ja krass.«

Reichlich verstört betrachte ich mein Gegenüber. Ich will nicht glauben, dass es sich bei dieser verlotterten Kreatur um meinen alten Freund Oliver handelt. Seine Haare sind nur geringfügig länger als früher, allerdings wachsen die fettigen Fransen nun allein um eine kahle Stelle herum, die Olivers Schädel zuoberst verunziert. Sein Vollbart erscheint mir ebenso ungewohnt wie ungepflegt, und gelegentlich kann ich in seinem Mund die wenigen Zahnstümpfe erkennen, die ihm von seiner Kauleiste geblieben sind. Hätte mich diese komplett in schwarz gekleidete Gestalt tags zuvor auf der Straße angesprochen, ich wäre sofort davongelaufen. Aber stattdessen vegetiert diese jämmerliche Figur mit ihren stinkenden Klamotten auf meiner geliebten Couch vor sich hin. Yvonne hat ihm bis zu meiner Rückkehr aus dem Polizeirevier den Zutritt zu meiner Wohnung verwehrt, und kaum hatte ich Oliver hereingebeten, ist sie fluchtartig zu ihrem Arzt gefahren. Vielleicht aus Ekel, vielleicht aus Angst vor meinem unheimlichen Besucher.

»Ich hab schlechte Nachrichten für dich«, murmelt Oliver.

»Was denn?«

»Floyd ist ermordet worden.«

»Floyd? Welcher Floyd?«

»Floyd! Der unter mir gewohnt hat. Die haben ihn kaltblütig umgelegt! Kannst du dir das vorstellen?«

»Eigentlich nicht ... «

»Und es wird noch derber! Die wollten mir damit nur zeigen, was bald *auf mich* zukommt!« Unversehens neigt sich Oliver nach vorn und flüstert, als möchte er mir den Heiligen Gral anvertrauen: »*Ich bin in höchster Lebensgefahr!*«

Dass Oliver nicht mehr alle Tassen im Schrank hat, ist ihm auf den ersten Blick anzusehen. Doch die absolute Ernsthaftigkeit seines Vortrages lässt mich gar nicht auf die Idee kommen, ihn auf die Lächerlichkeit seiner Verschwörungstheorie aufmerksam zu machen. Zudem sind die Nachwirkungen meines nächtlichen Horrortrips bei weitem nicht vollständig abgeklungen. »Echt heftig, Mann. Aber ... wer sind die denn überhaupt?«

»Hab die vorher auch noch nie gesehen. Die haben sogar Floyds Namen von der Klingel geschraubt! Und solange ich nicht weiß, ob das womöglich selbst Bullen sind, kann ich die ja schlecht anzeigen!«

»Klar. Und *weshalb* wollen die dich umbringen?«

Stur schüttelt Oliver den Kopf. »Wenn ich nicht weiß, *wer* die sind, woher soll ich dann wissen, *warum* die mich jagen?«

Dieser Schlussfolgerung kann ich freilich nicht widersprechen. »Logisch ... Und jetzt bist du raus aus deiner Wohnung?«

»Ja, hab's in letzter Sekunde geschafft, denen zu entwischen. Die wollten von unten durch die Decke kommen, die Schweine! Als die anfingen loszubohren, hab ich schnell Putzlappen in alle Ausgüsse gestopft und die Hähne aufgedreht. Musste das ganze Haus unter Wasser setzen, um mir die vom Leib zu halten. Bin dann durchs Fenster rausgeklettert. Und ich sag dir, da sind noch mindestens fünf Leute hinter mir hergerannt. War gar nicht so leicht, die abzuschütteln.«

»Oje, oje … und wo wohnst du seitdem?«

»Etwas außerhalb … im Wald.«

»Hört sich übel an.«

»Ja, und da hab ich mir gedacht, ich schau mal wieder bei dir vorbei. Fand deine Wohnung schon immer ziemlich gemütlich.«

»Wie? *Schon immer?* Du warst doch noch nie hier.«

»Was? Ich komm doch öfter her.«

»Nein, bestimmt nicht. Oder hat dich Yvonne mal reingelassen?«

»Wer?«

»Ach, egal.« Beinahe hätte ich mich in Olivers wirrem Gespinst verfangen. Ich möchte aufspringen und ihn anschreien, doch wäre das wohl ebenso zwecklos wie ihm erklären zu wollen, dass sein Nachbar einfach nur umgezogen ist. Oliver ist mittlerweile ohnehin in eine Art Stasis verfallen. Mit offenen Augen sitzt er da und scheint nichts, aber auch gar nichts zu denken. Mir ist völlig rätselhaft, wie Oliver es in seinem obskuren Geisteszustand bewerkstelligen konnte, meine Adresse ausfindig zu machen. Sicher, meine Daten stehen sowohl im Telefonbuch als auch hie und da im Internet. Aber auf welche Weise er meine Anschrift letztendlich herausbekommen hat, weiß Oliver höchstwahrscheinlich selber nicht mehr.

»Und was ist mit Alex?«, fragt er überraschend klar.

»Der ist tot.«

»Oh, das ist krass.«

»Ja, zwei Jahre nach Anton gestorben.«

»Anton?«

»Montana.«

»Montana … Montana … Montana … «

»Aus der Unterwelt. An den musst du dich doch erinnern!«

Oliver sieht mir mit trübem Blick unangenehm lange in die Augen. »Mit dem Erinnern ist das nicht so leicht. Mir fehlen da 'n paar Jahre ... Weiß gar nicht so genau, was alles passiert ist.«

Ich bin vollkommen ratlos. Für eine Unterhaltung mit einem Gesprächspartner ohne jegliches Lang- oder Kurzzeitgedächtnis bin ich selbst noch viel zu angeschlagen. Und dass dieses armselige Wrack vor zwanzig Jahren mal Olli von Nebenan gewesen ist, kann mein erschöpftes Hirn noch immer nicht verarbeiten. Verzweifelt versuche ich, etwas Vertrautes an seinem Äußeren zu entdecken, doch ich finde nichts. Gar nichts. Es kommt mir vor, als sei mit Olivers Erinnerungen seine gesamte Erscheinung aus jener Zeit im Morast verschiedenster Opiate versunken.

»Und was ist mit Alex? Hast du von dem nochmal was gehört?«

»Alexander ist tot.«

»Krass.«

Mich trifft fast der Schlag. Es ist Ollis Stimme! So fremd mir mein Besucher nebst seiner abstrusen Geschichten auch ist, so gewohnt ist mir plötzlich die Art, in der er spricht. Lediglich Olivers fehlende Zähne lassen den vertrauten Klang bisweilen zu einem Lispeln verkommen. Mir rinnt es eiskalt den Rücken runter. Und ich kann die lähmende Stille, die erneut von meinem Wohnzimmer Besitz ergreift, kaum ertragen. Wie gern würde ich mit meinem alten Freund aus der Unterwelt ein bisschen Musik hören, doch ich bin wie gefangen in Olivers verdrehtem Universum, in dem Elektrogeräte vermutlich schon vor langer Zeit in totale Vergessenheit geraten sind.

Abermals ist es Oliver, der unser Schweigen bricht. »Du hast es sehr schön hier.«

Bei jedem anderen Menschen hätte ich diesen Satz für blanke Ironie gehalten. Aber Olivers verstrahlte Augen können die Berge ungewaschener Klamotten, die Flut leerer Medikamentenverpackungen, die Türme fettiger Pizzakartons offenbar gar nicht wahrnehmen. Und einen besseren Ort als irgendein Gebüsch, in dem er sich üblicherweise zum Schlaf bettet, stellt meine verdreckte Wohnung wohl tatsächlich noch dar.

»Ich würde mir gern ein Haus bauen«, nuschelt Oliver, »nur weiß ich nicht so recht, wie das mit der Finanzierung läuft. Könntest du mir dabei helfen? Du hast doch was mit Geld studiert.«

»Ja ... nein ... mit Baufinanzierung hab ich nichts zu tun.«

»Ach, Schade. Kennst du dich denn mit diesem neuen Sozialprogramm aus? *Hartz IV* heißt das. Soll gar nicht so schlecht sein.«

»Nee, nee, davon hab ich auch keine Ahnung«, entgegne ich und bin mir sicher, ebenfalls noch den Verstand zu verlieren, sollte ich dieses bedauernswerte Drogenopfer nicht umgehend aus meiner Wohnung hinauskomplimentieren. »Oliver, es tut mir leid, ich hab 'n paar wichtige Dinge zu erledigen. Wär ganz gut, wenn du mich mal allein lässt.«

»Ich will dich wirklich nicht länger stören ... Aber 'ne letzte Zigi ist doch noch drin, oder?«

»Klar.«

Endlose Minuten in schier unerträglicher Stille dreht sich Oliver mit zittrigen Händen eine krumme Fluppe zurecht und raucht sie dann so lange, bis die Glut beinahe zwischen seinen schmutzigen Fingern verglimmt. Nachdem er die Kippe ausgedrückt und mit dem Stummel die erkalteten Überreste unzählige Male von der einen Seite des Aschenbechers zur anderen geschoben hat, erhebt er sich endlich. »Ich mach mich mal auf den Weg. Hab auch noch so einiges zu schaffen. Bis ... «

»Ja, bis ... mach's gut!«

***

Um zehn werde ich wach. Yvonne ist nicht zu Hause, also vertreibe ich mir die Zeit mit fernsehen. Richterin Salesch wird wiederholt: Zwei Polizisten wurden wegen Ruhestörung zu einer Feier gerufen, von der Partygesellschaft allerdings für Stripper gehalten. Die besoffenen Weiber haben ihnen glatt die Uniformen vom Leib gerissen. Vor der Verkündung des Urteils schalte ich ab, rauche zwei Zigaretten, nehme eine Dusche, rauche zwei Zigaretten, putze mir die Zähne, rauche zwei Zigaretten. Ich gehe aus dem Haus, Kontoauszüge holen. Der Apparat druckt minutenlang. Kein Wunder, bin ewig nicht auf der Bank gewesen. Das Ergebnis ist niederschmetternd. Meine gesamten Ersparnisse sind aufgebraucht. Ich hebe den letzten Zehner ab, stelle mich in die Schlange vor einer Würstchenbude. Überall stinkt es nach Pisse. *Bratwurst im Brötchen, mit Ketchup, bitte.* Der Verkäufer kratzt sich am Arsch und quetscht schmierigen Senf aus einer klebrigen Tube auf meine Bratwurst. *Nächster!* Nach einem Bissen landet alles im nächsten Mülleimer. Im Kiosk nebenan kaufe ich eine Big Box Luckies. Jetzt sind nur noch eins fuffzich übrig. Die Angst vor Liria hingegen wächst ins Unermeßliche.

Erst zu Hause kann ich durchatmen. Yvonne ist nicht da. Wieder schalte ich die Glotze ein, sehe Tiere im Zoo. Als ein fauchender Tiger mit einem Blasrohr betäubt werden soll, erscheint urplötzlich eine Herde Emus auf dem Bildschirm. Ich mache den Fernseher aus, lege ein Dylan-Album auf. Doch weder All along the Watchtower noch Hurrycane können mich von meiner verfahrenen Finanzsituation ablenken. Nur Liria kann das. Ich fürchte mich vor ihren Anrufen, ihren Kurznachrichten, ihren Besuchen. Dabei hat sie sich seit Ewigkeiten nicht gemeldet. Mir ist kotzschlecht. Wo bleibt bloß Yvonne? Hoffentlich bringt sie Geld mit. Geld ist das Wichtigste im Leben. Wer sagt, dass Geld nicht glücklich macht, der war noch niemals arm. Erneut versuche ich es mit Musik. Dylan, Bowie, Jagger, die haben gut singen. Sie haben Geld - mehr als genug davon. Bald stehe ich so armselig da wie Oliver. Ein weiteres Mal wird er sich bestimmt nicht so leicht abwimmeln lassen. Und dann zieht er vielleicht auch noch ungefragt bei mir ein. Die Schachtel Zigaretten ist längst verraucht. Gern würde ich kurz vor die Tür gehen, aber das kann ich nicht riskieren. Irgendwo da draußen ist Liria. Ich habe Langeweile. Wie seit Jahren nicht mehr. Ich habe schreckliche Angst. Wie seit Jahren schon. Langeweile und Angst, eine brandgefährliche Mischung. Und kein Mensch in meiner Nähe, der mir helfen kann. Ich muss raus aus dieser Stadt.

***

»Junge, ich wollte mal nachfragen, ob du endlich eine neue Couch gekauft hast.«

»Marianne! Ich habe dir schon hundertmal gesagt, dass ich die alte Couch behalten möchte.«

»Und ich habe dir genauso oft gesagt, dass so ein Sofa in deine Wohnung nicht reingehört.«

Der Streit um meine Couch droht zum ultimativen Machtkampf zu eskalieren – das abgewetzte Sofa ist zum gepolsterten Symbol meines viel zu oft mit Füßen getretenen Rechtes auf Selbstbestimmung mutiert. In der Weigerung, mir eine neue Couch anzuschaffen, sehe ich inzwischen nicht weniger als die erste autonome Entscheidung meines Lebens. Und ich bin fest entschlossen, die Auseinandersetzung bis zur letzten Patrone auszufechten.

Allerdings ist meine Mutter von einem Rückzug ebenso weit entfernt wie ich. »Junge, ich hab dieses Ding mit eigenen Augen gesehen. Da setzt sich nun wirklich kein anständiger Mensch freiwillig drauf.«

»Das ist dermaßen übertrieben! So übel sieht die gar nicht aus.«

»Deine Couch ist so ekelig, die würde sich nicht mal ein Penner in seine Wohnung stellen!«

»Penner haben gar keine Wohnung, in die sie eine Couch stellen könnten. Gerade das macht sie zu Pennern!«

»Das tut doch nichts zur Sache!«

Zur Sache tut das mehr, als Marianne sich vorzustellen vermag. Schon den ganzen Tag spukt mir der obdachlose Oliver im Kopf herum, für den eine Wohnung samt einer noch so verschlissenen Couch derzeit einer Utopie gleichkommt. »Marianne, kannst du dich eigentlich an Olli erinnern, der damals bei uns in der Straße gewohnt hat?«

»Ja, selbstverständlich.«

»Hab ihn letztens getroffen.«

»Ach, schön, ja, wegen dem Sofa nochmal«, setzt meine Mutter erneut zur Debatte an, nur um sich gleich darauf mit einem auffallend intensiven Seufzer zu unterbrechen. »Hermann hat mich eben wieder darauf angesprochen. Er macht sich solche Sorgen, dass deine Gäste einen falschen Eindruck von dir bekommen könnten. Die sollen doch nicht meinen, du kämest aus einem schlechten Elternhaus.«

Mein Blick fällt auf die mich umgebende Müllhalde. Geht es bei der ganzen Geschichte etwa darum? Sitzen in zweihundert Kilometern Entfernung meine Eltern tatsächlich in ihrem von der Putzfrau blitzblank geschrubbten Haus und machen sich Gedanken, ob ich ihren guten Ruf versaue? Das kommt mir reichlich absurd vor. »Marianne! Das ist hoffentlich nicht dein Ernst!«

»Junge, es ist noch viel schlimmer als du glaubst! Dein Vater kann kaum mehr schlafen. Hermann wälzt sich im Bett nur noch von der einen Seite auf die andere. Er hat mich sogar letzte Nacht geweckt und gefragt, warum das so ein Problem für dich sein mag, eine neue Couch zu kaufen.«

Selbst psychologische Kriegsführung ist in diesem Konflikt offenbar ein adäquates Mittel zur Erringung des Endsieges. Dem unverhohlenen Vorwurf, ich gefährdete durch mein unnachgiebiges Verhalten gar die Gesundheit meines Vaters, ist kein vernünftiges Argument mehr entgegenzusetzen. »Ach, Marianne, lass uns bitte nicht weiter über das Sofa streiten. Ich hab noch einiges zu erledigen.«

»Vielleicht findest du ja eine Couch, die so ähnlich aussieht wie deine jetzige. Und damit wir nicht länger diskutieren müssen, hab ich eine Überraschung für dich.«

»Wie, eine Überraschung?«

»Hermann hat dir Geld für ein neues Sofa auf dein Konto überwiesen!«

»Was?«

»Ja, davon kannst du dir eine ganz besonders schöne Couch leisten.«

»Du meinst, das Geld ist schon angekommen?«

»Gewiss! Deswegen ist Hermann gestern eigens in die Stadt gefahren!«

»Äh, wie viel ist es denn?«

»Tausend Euro.«

***

Am Mittag habe ich Yvonne vorgelogen, ich benötigte mein Auto für einen extrem dringenden Termin. Leicht verstimmt hat sie sich von ihrem Arzt abholen lassen und wird, so hoffe ich zumindest, über Nacht fortbleiben. Glücklicherweise ist es mir gelungen, das gesamte Couch-Geld abzuheben, bevor eine meiner zahlreichen Einzugsermächtigungen zugeschlagen hat. Und bis sich jemand über das ungedeckte Konto beschweren kann, bin ich sowieso längst über alle Berge.

Mein Kram ist gepackt. Ein paar Klamotten, einige Toilettenartikel sowie meine wichtigsten Unterlagen sind in zwei großen Taschen verstaut und stehen für den Abmarsch bereit.

Nur wenige meiner CDs werden mich auf die Reise ins Ungewisse begleiten. In Windeseile habe ich fünf Live-Alben ausgewählt: Muddy Waters 1960 in Newport, Bob Dylan 1966 in Manchester, Jimi Hendrix 1970 in Monterey, Stevie Ray Vaughn 1986 in Montreux, Nirvana 1994 in New York. Alles andere muss zurückbleiben – der Punto ebenfalls. Zwar ist der Wagen mein einziger Besitz von Wert, doch die damit verbundenen Kosten werde ich auf absehbare Zeit mit Sicherheit nicht tragen können.

Die Aufgabe, das Auto zu verkaufen, habe ich meinen Eltern zugedacht – für ein wenig Beschäftigung werden sie mir bestimmt dankbar sein. Wagenpapiere und Schlüssel stecken bereits in einem Kuvert, ein paar Zeilen des Abschieds kritzele ich hastig dazu:

Liebe Marianne, lieber Hermann!
Ich habe mich zu einem Umzug in eine andere Stadt entschlossen. Meine neue Adresse teile ich euch mit, sobald ich dort eine Wohnung gefunden habe. Vorübergehend komme ich bei einer Freundin unter. Mein Auto brauche ich nicht mehr, deswegen wäre es nett, wenn ihr den Punto abmelden und verkaufen könntet. Er steht direkt vor der Haustür. Überweist den Erlös doch bitte auf mein Konto. Ich werde mich ganz bald wieder bei euch melden. Macht euch keine Sorgen!
Viele Grüße und bis dann.

Nervös schließe ich den Umschlag und nehme erneut den Stift zur Hand.

Hey Yvonne,
für mich ist es an der Zeit, die Stadt zu verlassen. Ich werde in den nächsten Tagen den Mietvertrag kündigen, also schnapp dir alles, was du von meinen Sachen gebrauchen kannst, und mach dich so

schnell wie möglich aus dem Staub. Ich hoffe, du findest rasch eine andere Bleibe, und dafür wünsche ich dir viel Glück.
Pass auf dich auf, Baby!

Mit einem Stück Tesafilm klebe ich den Zettel auf meine Jefferson-Airplane-CD und lege sie neben Yvonnes Invega-Vorrat. Es ist alles getan. Die beiden Reisetaschen in der Hand, lasse ich meinen Blick ein letztes Mal durch die Wohnung schweifen. Mein Vermieter wird sich über das Chaos sicherlich mächtig aufregen. Aber wofür hab ich beim Einzug eine Kaution bezahlt?

Erleichtert ziehe ich die Tür hinter mir zu, gehe zum Bahnhofsvorplatz, besorge bei der Post eine Briefmarke und werfe das Kuvert für meine Eltern in den Kasten. Nun gibt es kein Zurück mehr. In der Bahnhofshalle suche ich den Schalter mit der am wenigsten hässlichen Bahnangestellten, um mit flattriger Stimme das Ziel meiner Reise zu nennen: »Einen Fahrschein nach Berlin, bitte!«

»Hin und zurück?«

»Nein, nur hin!«

ENDE

Episodenguide

I. Jahreswechsel

Erster Januar… … … … … … … … … … … … … 5
Stonehenge… … … … … … … … … … … … … 7
Erwin's Braustübchen… … … … … … … … … 12
Neujahrsgrüße… … … … … … … … … … … … 14

II. Menetekel

Erweckungserlebnis… … … … … … … … … … …19
Job… … … … … … … … … … … … … … … …21
Bienenstock… … … … … … … … … … … … …26
Date… … … … … … … … … … … … … … … 31
Anweisungen… … … … … … … … … … … … …34
Eklat… … … … … … … … … … … … … … … 36
Scheiße im Glas… … … … … … … … … … … 42
Hotel Zum… … … … … … … … … … … … … .47
Lügen… … … … … … … … … … … … … … …50

III. Delieren geht über studieren

Himmlerstraße 44… … … … … … … … … … … 53
Bierdosen… … … … … … … … … … … … … 57
Todesbotschaft… … … … … … … … … … … … 63
Neustart… … … … … … … … … … … … … … 66
Mensa… … … … … … … … … … … … … … …69
Godzilla und der Gewaltbereite… … … … … … 73
Amerikanische Produkte… … … … … … … … … 78
Hanka… … … … … … … … … … … … … … 80
Trennungen… … … … … … … … … … … … … 88

IV. Feste Beziehungen

Aqualand... 91
Schweine auf der Autobahn... 94
Der Fleck... 104
Franziska... 106
Mutter Teresa... 108
Absage... 112
Frau Kronenberg... 113
Bericht... 118
Vietnam-Film... 119

V. Abwesenheit von Vernunft

In the Army now... 125
Metzger, Maurer, Mörder... 127
Enttäuschungen... 134
Kaffeetassen... 136
Somalia... 142
Winter... 147
In der Zwischenzeit... 154
Sommer... 157

VI. Immer aufs falsche Pferd

Die nackte Wahrheit... 163
Inspektion... 171
Radfahren, schwimmen, faulenzen... 176
Berlin Calling... 179
Durch Null lässt sich nicht teilen... 181
Zusage... 184
Handschellen... 185

Rückfrage… … … … … … … … … … … … … … … … 191
Die dicke Nina… … … … … … … … … … … … … …191
Die willigen Zwei… … … … … … … … … … … …195

VII. Schlechte Gesellschaft

Das große Geheimnis… … … … … … … … … … … 201
In der Unterwelt… … … … … … … … … … … … 205
Musiktheorie… … … … … … … … … … … … … 211
Girls, Ganoven & Gewalt… … … … … … … … … 214
Antons Weisheiten… … … … … … … … … … … .220
Bianca… … … … … … … … … … … … … … … 223
Körperlicher Verfall… … … … … … … … … … 226
Urlaub… … … … … … … … … … … … … … … 231

VIII. Absturz

Kamilla… … … … … … … … … … … … … … … 237
Das Angebot steht… … … … … … … … … … … 239
Schlampe… … … … … … … … … … … … … … .341
Verrat… … … … … … … … … … … … … … … ..347
Yvonne… … … … … … … … … … … … … … … 251
All Time high… … … … … … … … … … … … 257
Bettgeflüster… … … … … … … … … … … … … .261
Tripbericht… … … … … … … … … … … … … 262
All Cops Are Bastards… … … … … … … … … …266

IX. Traumata

Invasion der Russen… … … … … … … … … … .271
Heimat… … … … … … … … … … … … … … … 271
Mutprobe… … … … … … … … … … … … … … .275
Die Schatzsucher-Wünschelrute… … … … … … ..278

Der Pfadfinder ist treu… … … … … … … … … … .282
Der Teufel heißt Johannes… … … … … … … … .287
Pornographie… … … … … … … … … … … … 292
Abtreibungsdebatte… … … … … … … … … … .298
Ferien… … … … … … … … … … … … … .300

X. Endzeit

Der Wiedergänger… … … … … … … … … … … ..303
Blog… … … … … … … … … … … … … …308
Das Couch-Finale… … … … … … … … … … …309
Aufbruch… … … … … … … … … … … … …311

Lillith Korn

Better Life
Ausgelöscht

ISBN:
978-3-95991-088-0

€ 12,-

Kapitel 1

Berlin 2072

In Stockwerk 23, Zimmer 34 würde man also über seine Zukunft entscheiden. Warum auch nicht? Lieber zehn Jahre in Saus und Braus leben anstatt vierzig oder gar sechzig weitere in Armut. Sogar eine gute Tat würde er damit noch tun. In gewissem Sinne würde er das Geld wieder zurückbezahlen.

Trotzdem war ihm etwas mulmig zumute. Der Spiegel im Fahrstuhl zeigte einen jungen Mann mit verbitterten Gesichtszügen.

Seine vormals dunklen Haare waren teilweise ergraut. Feine Falten zogen sich über sein Gesicht, man hätte es bei näherem Hinsehen für eine Landkarte halten können. Hätte man den passenden Humor dazu gehabt. Aber den hatte Marvin nicht. Nicht mehr.

Ding.

»Es hat Verzögerungen gegeben. Bitte entschuldigen Sie die Unannehmlichkeiten. Ihr Berater ist in zwei Minuten für Sie da. Möchten Sie ein Erfrischungsgetränk?«

Er seufzte. Jetzt hing er auch noch im Fahrstuhl fest. »Nein, danke«, lehnte er ab, um sich in der Sekunde darauf anders zu entscheiden. »Ach, was soll's. Ich nehme eine Cola.«

Es schepperte und surrte. Kurz darauf öffnete sich ein kleines Fach im Fahrstuhl. Darin lag eine Dose Cola. Mit einem Zischen öffnete er sie und trank einen Schluck. Sie schmeckte köstlich. Die Vorzüge von Better Life waren nicht schlecht. Dennoch ließen ihn die Gedanken an Charlie nicht los. Er schluckte schwer. Nichts würde sie ersetzen können, aber vielleicht würde es erträglicher sein.

»Sitzmöglichkeit!«, befahl er. In seinem Wohnviertel, das für die armen Schlucker, gab es solche Dinge nicht und er hatte das schon immer mal machen wollen. Wo er bei Better Life war, musste er es einfach ausprobieren.

»Gern«, antwortete die freundliche Computerstimme und im selben Moment schob sich eine Bank aus der Fahrstuhlwand. Er setzte sich, schlug die Beine übereinander, trank seine Cola und sinnierte. Ob er ein richtig großes Haus bekommen würde? Mit Pool und hübschen Frauen? Würde er Charlie vergessen können?

Die freundliche Stimme ging dazwischen: »Ihr Berater ist jetzt für Sie da. Wir wünschen Ihnen einen angenehmen Aufenthalt.«

Das war eine geradezu lächerliche Aufforderung. Sobald er hindurchtrat, wurde er gescannt, so oder so. Er schritt durch die Fahrstuhltür, Terahertzstrahlen jagten unbemerkt durch seinen Körper. So war sichergestellt, dass er keine Waffen bei sich trug.

Zimmer 34 war direkt gegenüber. Er trat ein.

Eine blonde Frau mittleren Alters bat ihn, Platz zu nehmen und deutete auf einen geschwungenen weißen Wildledersessel ihr gegenüber. Der Raum war luxuriös eingerichtet und lud zum Verweilen ein, obwohl Marvin aufgrund seines Jobs kein Leder mochte. Es erinnerte ihn an die Tierkadaver, die er täglich entsorgen musste. Große Fenster boten einen Panoramablick über die Stadt. Efeu mit dunkelgrünen Blättern rankte sich an einer Blumenampel hinab und gab dem Zimmer eine freundliche Note. Hinter dem Schreibtisch befand sich ein in die Wand integrierter Bildschirm aus organischen Leuchtdioden. Auf der OLED-Wand prangte das Logo von Better Life, darauf waren die üblichen glücklichen Gesichter zu sehen.

»Bitte entschuldigen Sie die Verzögerung. Mein Name ist Ida Willmann. Nennen Sie mich ruhig Ida. Sie sind also hier, um sich über das Angebot von Better Life zu informieren«, stellte sie fest und wischte mit freundlicher Miene auf ihrem Rolldisplay, kurz *RD*, hin und her. Dann legte sie es vor sich ab.

Marvin setzte sich und betrachtete ihre hübschen Gesichtszüge. »Genau.«

»Okay, ich benötige zuerst einen Datenabgleich. Marvin Lenzen, einunddreißig Jahre alt, ist das richtig?«

Er schwitzte. »Ja, das ist richtig.«

Sie tippte auf das RD. »In Ordnung. Haben Sie Kinder?«

»Nein.«

»Sehr schön. Sind Sie verheiratet?«

»Nein.«

»Gut. Ihr derzeitiger Beruf?«

»Städtische Tierkadaverbeseitigung.«

»Mhm. Sind Sie körperlich und geistig in gesunder Verfassung?«

»Ja.«

»Sind Sie bereit, sich von unserem Arzt eingehend untersuchen zu lassen?«

»Ja.«

»Wunderbar. Dann hätten wir diese Formalitäten erledigt. Nun erzählen Sie mir, was wissen Sie bisher von Better Life und wie können wir Ihnen helfen?«

»Na ja, also ...« Marvin wippte mit dem Fuß herum. Sein Leben lag in ihren Händen.

»Keine Angst. Auf den ersten Blick sehen Ihre Daten gut aus.« Sie zwinkerte ihm zu.

Er lächelte und nestelte nervös an seinem Ärmel herum. »Also ... Ich habe über Ihre Firma gelesen. Wenn ich es richtig verstanden habe, organisieren Sie für mich ein besseres Leben. Das ist zwar kürzer, aber dafür richtig gut. Und später werden meine Erinnerungen gelöscht und ich arbeite für Sie.«

Sie legte den Kopf ein wenig schief und lächelte ihm weiter freundlich zu. »Nun, das war nicht ganz falsch und auch nicht ganz richtig. Es ist so: Zu uns kommen Menschen, die ihr Leben verbessern möchten, selbst aber nicht die Möglichkeit dazu haben. Sei es nun wegen fehlender finanzieller Mittel oder aus persönlichen Gründen. Manche kommen auch zu uns, weil sie ihrem Leben einen Sinn geben möchten. Wir bieten geeigneten Menschen an, sich unserem Programm anzuschließen. Sie bekommen einen hohen Lebensstandard geboten. Ein eigenes Heim, nahezu unbegrenzte finanzielle Mittel – für ganze zehn Jahre. Dafür verpflichten Sie sich, uns nach dieser Zeit Ihren Körper zu überlassen, den wir für unsere Zwecke nutzen dürfen. Sie werden davon aber nichts mitbekommen, denn wir haben ein besonderes und schonendes Verfahren zur Persönlichkeitsveränderung entwickelt. Sie werden sozusagen ein ganz neuer Mensch. Das heißt: Sie leben zehn Jahre ein unbesorgtes, glückliches Leben.«

»Das klingt toll, aber … wie geht es danach weiter? Sterbe ich?« Sein Herz klopfte schneller.

Sie lächelte ihm beruhigend zu. »Aber nein! Im Prinzip können Sie es als Verwandlung sehen. Sie werden leben, als ganz neuer Mensch!«

»Und … wird es wehtun?«

»Nein, Herr Lenzen, seien Sie bitte unbesorgt. Better Life hat es sich zum Ziel gesetzt, Menschen glücklicher zu machen. Sie werden keinerlei Schmerzen verspüren. Unsere Organisation achtet die Würde des Menschen. Es wird Ihnen gut gehen. Sehr gut sogar.«

Marvin nickte ein wenig beruhigt. »Wer werde ich denn? Und als was werde ich arbeiten?«

»Nun, in den zehn Jahren, die Sie absolut glücklich verbringen werden, lernen wir Sie besser kennen und werden uns für einen geeigneten Einsatzort und eine geeignete Persönlichkeit entscheiden. Unsere ehemaligen Nutzer von Better Life werden nur für gemeinnützige Zwecke verwendet.«

Marvin überlegte kurz. Würde er jemand Unsympathisches werden? Nein, ganz sicher nicht, davon hätte er doch etwas gehört. Also straffte er sich und sagte: »Das klingt ja gut. Und … wie würde das jetzt genau ablaufen?«

Sie öffnete ihre Schreibtischschublade und zog ein weiteres, größeres RD heraus. »Zuerst würde ich Sie bitten, mich zu unserem Arzt zu begleiten, der Sie eingehend untersuchen wird. Ich werde derweil den Vertrag aufsetzen. Wenn der Arzt Ihre Eignung für das Better-Life-Programm bestätigt, werde ich Ihnen den Vertrag und unser Informationsmaterial aushändigen. Sobald Sie unterzeichnet haben, erhalten Sie Ihren Better-Life-Identitäts-Chip mit allen genannten Vorzügen und verlassen unser Institut als glücklicher und besserer Mensch.«

»Klingt ja wirklich nicht schlecht …« Er zögerte kurz. Was, wenn Charlie doch wiederkäme? Was, wenn er sie nicht mehr erkennen würde? Was, wenn er sich kurz nach einem Wiedersehen von ihr trennen müsste, um ein neuer Mensch zu werden?

»Haben Sie noch Fragen, Herr Lenzen?« Sie hatte sein Zögern bemerkt und sah ihn an.

Dann gab sich Marvin einen Ruck. Sie war schon so lange weg. Und schließlich hatte er sonst nichts zu verlieren. »Nein. Von mir aus kann es losgehen.«

Die Dame schien erfreut. »Sie werden es nicht bereuen. Folgen Sie mir bitte.«

Er erhob sich aus dem Sessel und folgte ihr in den Fahrstuhl.

Die Türen schlossen sich.

»Bitte halten Sie Ihr Handgelenk an den Scanner.«

Die Frau folgte der Anweisung.

»Ida Willmann, Termin für Proband Marvin Lenzen bei Doktor Wilhelm Brand, Sicherheitszone Drei B«, ertönte die gut gelaunte Computerstimme.

Sein mulmiges Gefühl ließ sich nicht abschütteln, aber er war sich sicher, das Richtige zu tun. Ida lächelte ihm immer wieder aufmunternd zu und er erwiderte ihr Lächeln. Marvin spürte, wie die Aufwärtsbewegung des Fahrstuhls seinen Körper nach unten drückte.

»Bitte gehen Sie durch den Scanner. Wir wünschen Ihnen einen angenehmen Aufenthalt.«

Wieder diese schwachsinnige Aufforderung.

Ida bedeutete ihm, ihr zu folgen, und er trottete ihr hinterher. Wie es schien, bestand in diesem Gebäude – ausgenommen des angenehmen Zimmers von Ida Willmann – alles aus Metall. Steril und kalt.

Marvin betrachtete die Umgebung genauer, während sie durch den langen, schmalen Gang marschierten. Die kahlen Wände, die ganzen Türen links und rechts verströmten Kälte und Marvin schlang die Arme um sich. Ida Willmann fror offensichtlich nicht. *Vielleicht habe ich nur Angst?* Bei der Erkenntnis machte sein Herz einen Satz. *Ganz ruhig. Es wird alles gut. Es ist viel schlimmer, wenn ich auf Charlie warte, die sowieso nie mehr wiederkommt.* Dennoch las er neugierig einige der Schildchen: *Probanden-Testraum 45D oder MEMORY EXTINCTION Gruppe D-F.*

Ob das der Raum war, wo ihm irgendwann eine neue Persönlichkeit gegeben wurde? Er schlang die Arme noch fester um sich.

Marvin bekam keine weitere Zeit, darüber nachzudenken. Der Gang bog rechts um die Ecke und Ida blieb vor dem ersten Raum auf der linken Seite stehen.

Untersuchung Gruppe J-L stand auf dem Schild. Neben dem Raum standen zwei Stühle.

»Da wären wir, Herr Lenzen. Bitte nehmen Sie noch kurz Platz. Herr Brand wird Sie gleich aufrufen. Ich gehe wieder nach unten und mache Ihre Vertragsdateien fertig.«

Damit lächelte sie ihm ein letztes Mal zu und drehte sich um. Das Klackern ihrer Absätze verhallte in dem leeren Gang.

Während des Wartens kämpfte Marvin wieder mit seinen Zweifeln. Würde er wirklich keine Schmerzen spüren, wenn seine zehn Jahre zu Ende waren? Was würde er für einen Job bekommen? Wer würde er sein? Gedankenverloren strich er über sein Tattoo am Bein, ein Unendlichkeitszeichen. Er hatte es sich gemeinsam mit Charlie stechen lassen, als …

»Herr Lenzen?«

Marvin fuhr hoch. Der Doktor stand bereits vor ihm.

»Äh, ja«, stotterte er. »Der bin ich.«

»Folgen Sie mir.«

Ohne sich noch einmal umzudrehen, marschierte er in den Untersuchungsraum. Marvin folgte ihm gehorsam. Hinter ihm schloss sich die Tür automatisch und seine Brust schnürte sich zusammen.

Ganz ruhig. Es ist doch nur die Untersuchung.

Er sah sich um. Links von ihm stand der grauhaarige Angestellte vor einem Tisch mit Instrumenten und brummte etwas Unverständliches in seinen Vollbart. Ihm gegenüber befand sich eine Liege, an dessen Ende sich eine Röhre aus einem durchsichtigen Material befand. Oben waren Gerätschaften befestigt, die für eine Operation am Patienten genutzt und aus der Ferne bedient werden konnten. Laserskalpelle, Sensoren, Tupfer, Nahtmaterial ... Marvin wurde übel. Gerade wollte er sich auf die Untersuchungsliege setzen, da hielt ihn der Arzt zurück. »Halt! Stehen bleiben und Hemd ausziehen. Dalli, ich habe nicht den ganzen Tag Zeit.«

Er war eindeutig nicht so freundlich wie Ida Willmann. Marvin blieb stehen und wollte sich das Hemd ausziehen, da packte ihn der Mediziner grob am Arm und hielt sein Scangerät über Marvins Chip am Handgelenk. Es piepte, der Doktor ließ ihn wieder los und schaute auf das Lesegerät.

»Hinsetzen jetzt«, befahl er.

Eingeschüchtert zog Marvin sich das Hemd aus und legte es auf einem weißen Hocker neben der Liege ab. Der Arzt befestigte ein Sensorarmband an Marvins Arm, schnaufte und tippte murrend Daten in sein RD. »Die Vorarbeit sollte doch die Krankenschwester machen«, brummelte er. »Ich bin Arzt und keine lächerliche Hilfskraft!«

Marvin fühlte sich zutiefst unwohl. Als würde jemand mit einer Schaufel in seinem Magen herumgraben und mit Hammer und Meißel in seinem Kopf hantieren. Aber jetzt gab es kein Zurück mehr.

Als Nächstes drückte der Arzt ihn schroff zu der Liege.

»Den Kopf da rauf.« Dr. Brand deutete auf eine halbmondförmige Erhebung auf der Liege. Marvin gehorchte. Zu seinem Staunen war es bequemer als gedacht. Es fühlte sich an, als ob er mit diesem Teil verschmelzen würde. Kalt und weich, aber angenehm. Es surrte leise, als Marvin in die Röhre geschoben wurde und sein Herz hämmerte gegen seine Brust. Es zischte, roch chemisch. Einige Sekunden später überkam ihn eine innere Ruhe; seine Aufregung verpuffte. Was war das? Ein Beruhigungsmittel? Er sank tiefer, immer tiefer in die Liege ein. Als der Arzt ihm die erste Frage stellte, zuckte er kurz. War er tat-

sächlich eingenickt? Dr. Brands Fragen behandelten alles, von seiner Kindheit über sein Sexualleben bis hin zu seinen Lieblingsspeisen.
Haben Sie homosexuelle Neigungen?
Wann haben Sie zum ersten Mal sexuelle Interessen verspürt?
Fühlten Sie sich in Ihrer Kindheit geliebt und akzeptiert?
Nein?
Wieso nicht?
Marvin antwortete wie ferngesteuert. Wie viel Zeit vergangen war, konnte er nicht sagen, als das Prozedere vorbei war.
»Gut«, schloss der Arzt. »Die Ergebnisse sind zufriedenstellend.« Er ließ die Liege aus der Röhre fahren. »Arm ausstrecken.«
Marvin streckte seinen Arm aus. Der Doktor spritzte etwas in sein Handgelenk und machte sich sofort daran, den ID-Chip herauszuholen. Es tat kein bisschen weh. Wahrscheinlich hatte er ihm ein Betäubungsmittel gespritzt. Dann setzte der Arzt einen neuen Chip ein und verschloss die Wunde wieder.
»Das ist Ihr neuer Identitäts-Chip von Better Life. Sie können gehen. Den Gang links runter geht es zum Fahrstuhl.«
Marvin stutzte, folgte aber dem Befehl. Wieso hatte er jetzt schon den Chip? Er hatte doch noch gar nicht unterschrieben.
Egal, es würde schon alles seine Richtigkeit haben.
Schließlich hatte er bereits mündlich zugesagt und Better Life hatte ihn kostenfrei untersucht. Marvin zog erleichtert sein Hemd über, dabei fiel ihm das kleine Loch am Ärmel auf. Bald würde er sich ein besseres leisten können. Endlich. Beim Zuknöpfen wanderte sein Blick durch den Raum. Eine Tapete mit organischen Leuchtdioden, also ganze OLED-Wände, wie es sie hier in den Büros und Untersuchungsräumen gab, könnte er sich nie leisten. Auch hier war eine, sie zeigte eine Villa am Strand. Davor das Meer, beinahe konnte er das Salz riechen und die sanft rauschenden Wellen hören. Er würde eine Menge Kohle haben! Voller Vorfreude verließ er den Untersuchungsraum und torkelte, noch leicht benommen, den Gang zurück, bis er am Fahrstuhl angelangte.
Die Türen öffneten sich, er stieg ein.
»Bitte halten Sie Ihr Handgelenk an den Scanner.«
Da war sie wieder, die Computerstimme. Marvin fügte sich.

»Vorbereitungsraum Gruppe J bis L, Sicherheitszone Drei A.«

Vorbereitungsraum? Er war doch fertig, oder nicht?

»Ich glaube, hier liegt ein Fehler vor. Ich müsste wieder zu Frau Ida Willmann. Ich bin fertig mit der Vorbereitung.«

»Negativ. Vorbereitungsraum Gruppe J bis L, Sicherheitszone Drei A. Bitte gehen Sie durch den Scanner. Wir wünschen Ihnen einen angenehmen Aufenthalt.«

Ding.

Das konnte kaum wahr sein.

Das wird sich sicher gleich aufklären, dachte er und betrat den Gang. Er sah eigentlich genauso aus, wie der andere. Metallisch. Kalt. Steril.

»Hallo?«

Nichts.

Doch, da war etwas. Er hörte Schritte.

Er blickte nach rechts. Von Weitem sah er zwei Männer in weißen Kitteln in seine Richtung laufen. Marvin winkte ihnen zu, aber sie hatten ihn schon gesehen. Der linke Mann, der dunkelhaarige, winkte zurück und grinste dann seinen Kollegen an. Sie redeten irgendwas.

Bei ihm angelangt, sagte der dunkelhaarige Mann: »Herr Lenzen?«

»Ja, woher wissen Sie …«

»Bitte folgen Sie uns«, unterbrach ihn der andere.

Marvin setzte wieder an: »Das Computersystem hat scheinbar eine Fehlfunktion, ich wollte …«

»Ja, ja. Wir wissen schon Bescheid. Bitte kommen Sie mit.«

Beide Männer setzten sich in Bewegung, der Dunkelhaarige lief vor Marvin, der andere hinter ihm.

Marvins Herz pochte schneller, seine Brust schnürte sich abermals zusammen.

Er versuchte es noch einmal: »Wo ist Frau Willmann? Ich sollte zu ihr und den Vertrag unterzeichnen.«

Der Mann hinter ihm lachte. »Zu Frau Willmann wollen sie alle! Nein, kleiner Scherz am Rande. Wir müssen nur noch kurz eine kleine Untersuchung durchführen, dann können Sie sofort unterzeichnen gehen.«

»Das geht ganz schnell und ist absolut schmerzlos«, fügte der dunkelhaarige Mann hinzu.

Marvin gab auf. Er hatte zwar schreckliche Angst, aber was konnte er schon tun? Er würde diese blöde Untersuchung hinter sich bringen und als reicher Mann hinausspazieren. Als reicher und glücklicher Mann. Es wäre nicht nötig gewesen, ihn patrouillenartig zu der Untersuchung zu geleiten.

Vor einem Raum mit der Aufschrift *MEMORY EXTINCTION Gruppe J-L* blieben sie stehen.

Der Dunkelhaarige öffnete die Tür mit seinem Chip, deutete hinein. »Nach Ihnen!« Er klang gut gelaunt, machte zum Scherz eine kleine Verbeugung und grinste. Zögernd setzte Marvin einen Fuß in den Raum. Bevor er sich versah, bekam er einen Schubs und hinter ihm machte es *Klick*.

Die Ärzte – oder wer zum Henker sie auch waren – hatten ihn eingesperrt!

»Hey!« Marvin trommelte gegen die Tür. Fieberhaft suchte er nach einem Knopf oder einer Vorrichtung, um sie zu öffnen. Es gab keine.

Er nahm Anlauf und rammte mit seiner Schulter dagegen. Keine Chance.

Marvin schwitzte. Was sollte das? Was hatten diese Leute mit ihm vor?

Er sah sich um. Der Raum war leer. Nichts als Metall.

Plötzlich ertönte die vertraute Stimme.

»Marvin Lenzen, einunddreißig, alleinstehend, gesund. Erinnerungslöschung und Programmierung. Bitte entspannen Sie sich, Sie werden keine Schmerzen spüren.«

»Was?« japste Marvin, nun in absoluter Panik.

»Sofort anhalten! Stopp! Lassen Sie mich raus, es handelt sich um einen Fehler! Mir wurden zehn Jahre glückliches Leben versprochen! Stooooopp!«

»Negativ«, sagte die Computerstimme, bestimmt, aber gut gelaunt.

»Beginne Löschung.«

Marvin trommelte wie verrückt gegen die Tür.

»Bitte nicht! Hilfe, Hilfeee!«

Hätte er doch nur auf sein Gefühl gehört! Wäre er doch bloß nicht auf die Versprechungen von Better Life hereingefallen! Sie hatten ihn betrogen.

In dem Raum hob ein Surren und Rattern an. Sein Kopf dröhnte, schmerzte. Alles um ihn herum drehte sich. Seine Haut löste sich ab, nein, sie tat es nicht wirklich. Aber es fühlte sich so an. Als würden Tausende von Nadeln in sein Fleisch bohren, ihn auseinanderzerren. Seine Beine zitterten immer heftiger, bis er zusammenbrach. Er lag auf dem Boden und wimmerte. Diese Schmerzen waren unerträglich.

»Ihr könnt mich nicht löschen!« Er schrie, er weinte und schlug in seiner Verzweiflung heftig um sich. »Mein Name ist Marvin Lenzen, mein Name ist Marvin Lenzen, mein ...«

Was hatte er eben sagen wollen? Wo war er überhaupt? Er hatte furchtbare Kopfschmerzen.

Was war denn das in seinem Gesicht? Er tastete danach. Es war ganz nass.

»Igitt!« Angeekelt wischte er sich den Schweiß an seiner Hose ab. Dann stand er auf und drehte sich einmal um sich selbst. Seltsam, er hatte keine Ahnung, wo er war. Oder wer er war.

»Löschprozess achtzig Prozent.«

»Hallo?«

»Löschprozess neunzig Prozent.«

Das klang wie eine Computerstimme.

»Wie bitte? Wer ist da?«, fragte er. Keine Antwort. Was war hier los?

»Beginne Programmierung.«

Ein heftiger Stich fuhr durch seine Schläfen, in seinen Kopf, bahnte sich den Weg zu seinem Handgelenk, verbrannte ihn von innen. Dann war es vorbei.

Er öffnete die Augen.

»Nennen Sie mir Ihre Kennzeichnung.«

»Proband 1274, Gruppe A.«

»Nennen Sie Ihren Namen.«

»Paul Bornemann.«

»Vorgang erfolgreich abgeschlossen.«

...

DRACHENMOND VERLAG

BÜCHER MIT HERZBLUT